Heinrich Giesen

Sei fünf Minuten still

Ein Andachtsbuch für 365 Tage

Blaukreuz-Verlag
Wuppertal-Barmen

Die Verse von Siegbert Stehmann wurden seinem Gedichtband »Opfer und Wandlung« (Eckart-Verlag, Witten und Berlin), die Verse von Rudolf Alexander Schröder seinen Gesammelten Werken (Suhrkamp-Verlag, Frankfurt), die Verse von Albrecht Goes und Heinz Flügel dem Sammelband »Licht der Welt«, einer Gedichtsammlung, herausgegeben von Otto von Taube (Chr. Kaiser-Verlag, München), mit freundlicher Genehmigung der Verlage entnommen.

ISBN 3 920 106 25 3 Blaukreuz-Verlag Wuppertal
Lizenzausgabe des Kreuz-Verlages, Stuttgart · Berlin
Umschlagentwurf: Eberhard Platte, Wuppertal
4. Auflage als TELOS-Taschenbuch

Gesamtherstellung:
St.-Johannis-Druckerei C. Schweickhardt
7630 Lahr-Dinglingen
Printed in Germany 22141/1986

1. Januar *O Herr, hilf! o Herr, laß wohl gelingen!* Psalm 118,25

»Komm gut hinüber!« sagten die Kollegen gestern beim Abschied. »Na, gut herübergekommen?« werden sie morgen fragen.

Hinter diesen dürftigen Formeln verbirgt sich mehr, als wir noch wissen: Grenzsituation! Barriere. Und jeder wünscht dem andern möglichst ungeschorenen Übergang. — Aber wir haben aus dem Übergang einen munteren Karneval gemacht mit Knallerei draußen oder Sektpfropfen drinnen, mit lustigen Hausparties oder mürrischem »Wir sind ab 9 im Bett«.

Schade! Denn zu Beginn des neuen Jahres haben wir einen wichtigen Termin: Gott will uns empfangen und Gutes an uns tun, Hilfe und gutes Gelingen schenken. Aber wer in solchen Stunden des Übergangs knallt oder mürrisch zu Bett geht, verdrängt heimlich nur seine Angst, entzieht sich dem Angebot Gottes und sorgt selber für sein gelungenes Jahr. Es kann aber nicht gelingen. Mag es gelingen im Blick auf Gehaltserhöhung und allerlei neue Anschaffungen — ach, das alles und noch vieles andre kann Gott ja mit der linken Hand schenken. Aber Gottes rechte Hand will uns in seiner Nähe behalten. Denn ein gelungenes Jahr ist doch das alle Tage nahe bei Gott verbrachte Jahr.

Wer heute so betet, wie die Gemeinde von jeher beim Übergang betete, der hat nicht sein eigenes Jahr begonnen, sondern steht bereits in Gottes Jahr — Anno Domini. Welch ein Übergang!

Die Zeit ist mitternächtig, so manches Herz erstarrt, die Welt, im Eigenen mächtig, trotzt deiner Gegenwart. Ein jeder steht am Rande und zittert vor der Nacht, du aber löst die Bande und hast das Heil gebracht.

Siegbert Stehmann

2. Januar *Meine Zeit steht in deinen Händen.* Psalm 31,16

Wer das sagen kann, hat's gut. Der braucht keine Sorgen zu haben im Blick auf das, was gestern war, und noch weniger Angst zu haben im Blick auf das, was morgen kommt. Unsere Zeit steht in seinen Händen. Auch das gestern begonnene Jahr. Es ist doch so, wie es bei Kindern zu sein pflegt, wenn sie den vollen Teller auf den Tisch bringen wollen: Es ist der Teller des Kindes. Die Suppe gehört ihm. Aber die Mutter trägt den Teller, damit er nicht zerbricht und das Kind satt wird. So dürften wir neben Gott hergehen, der unsere Zeit in Händen hat. Sie gehört uns, aber Gott übernimmt die Verantwortung. Wir müssen aber unsere Zeit in seine Hände legen und nicht selbst mit ihr wirtschaften. Das muß gelernt sein. Wie man das tut? Indem man keinen Tag ohne ihn beginnt und keinen Tag ohne ihn schließt. Wer aber jetzt meint, dann habe er ja keine eigenen Entscheidungen mehr zu fällen, der wird noch staunen, wie voll der Tag und wie gefüllt das Jahr sein wird mit notwendigen eigenen

Entscheidungen und mit großem Risiko. Aber wir gehen mit ihm. Wir gehen das Risiko mit ihm ein. Er ist kein Risiko. Das macht ruhig und läßt uns getrost von Tag zu Tag schreiten. Wir sollten es in den ersten Tagen dieses Jahres schon versuchen. Wer es erst später tut, schiebt auf und macht sich arm damit.
O Gott und Herr, in deine Hände legen wir unsere Zeit. Bleib du der Herr darüber alle Tage dieses Jahres und laß uns staunen darüber, wie gnädig du uns bleiben willst!

3. Januar *Und Jesus kam gen Nazareth und sprach: Heute ist diese Schrift erfüllt vor euren Ohren.* Lukas 4,21
Das mußten die Leute in Nazareth jetzt wissen. Er war nicht irgendeiner. Sondern mit ihm, dem Jesus aus ihrem Dorf, war erfüllt, was in der Buchrolle stand, die sie ihm aushändigten: »Der Geist des Herrn ist bei mir; er hat mich gesandt, zu verkündigen das Evangelium den Armen, zu verkündigen das angenehme Jahr des Herrn.« Das war nun erfüllt. Alles, was vor ihm gesagt war, faßte er zusammen. Vor alles, was nach ihm kam, setzte er nun den Doppelpunkt. Er stand in der Mitte. Es war erfüllt vor ihren Ohren.
Wenn wir am dritten Tag des neuen Jahres darüber nachdenken, welche Rolle Jesus gespielt hat, der Nazarener unter den Leuten von Nazareth, dann wird uns hoffentlich dieser unmenschliche Anspruch klar: Diesen einen zu erkennen als den Sohn des lebendigen Gottes. Als die Mitte der Zeiten, die Anfang und Ende umspannt! Anfang und Ende, den Anfang des eben begonnenen bürgerlichen Jahres und das Ende des sich in 363 Tagen schließenden bürgerlichen Jahres, den Anfang der Welt und das Ende der Welt. Wohl dem, der so sagen kann, daß alles, was hinter ihm liegt, und alles, was noch vor ihm liegt, von Gott bereits angenommen ist: Das Jahr hat angefangen. Das von ihm angenommene Jahr, mit uns annehmbar gemachten Leuten! Die Schrift ist erfüllt.
O Gott und Herr, Dank sei dir, daß du uns angenehm gemacht hast in deinem geliebten Sohn! Nimm unser Jahr auch an.

4. Januar *Lasset uns aufsehen auf Jesum, den Anfänger und Vollender des Glaubens.* Hebräer 12,2
Wenn man auf Jesus sehen will, muß man das Wegsehen lernen, denn unsere Blicke sind gefangen durch tausend Blickpunkte. Wir orientieren uns als normale Menschen nicht an Christus, sondern an unseren Gesichtspunkten, und unser bewährtester Gesichtspunkt ist unsere Erfahrung und unser gesunder Menschenverstand. Nein! sagt die Bibel. Unser einziger Gesichtspunkt soll Jesus Christus sein. Auf ihn sollen wir sehen. Das ist nicht leicht. Dieses Aufsehen geht nicht

mechanisch. Und Gott will unsere Augen nicht operieren, will unsere Augenmuskeln nicht festklammern. Wir können immer nein und immer ja sagen. Aber Gott will uns Jesus Christus großmachen, daß er uns deutlich wird und wir unseren Blick durch ihn gefangennehmen lassen, daß wir ihn nicht mehr übersehen. Ihn nicht mehr ausschalten, nicht einmal mit unseren Gesichtspunkten gleichschalten. Darum laßt uns aufsehen allein auf ihn.

Jesu, gib gesunde Augen, die was taugen, rühre meine Augen an. Denn das ist die größte Plage, wenn am Tage man das Licht nicht sehen kann. Chr. Fr. Richter

5. Januar *Wer reichlich tränkt, der wird auch getränkt werden.* Sprüche 11,25

Viele Christen leben von einem Termin ihrer Jugendzeit: Da war Entscheidung, da war Bekehrung, da war Bewegung. Aber das ist lange her. Sie erzählen zwar dauernd davon, aber es bewegt sich heute nichts mehr. Menschen kommen zwar in ihre Nähe, voller Erwartung, bei ihnen sei Lebenshilfe und Glaubenshilfe. Aber es dauert nicht lange, dann kommen sie dahinter: Abgestanden! Keine Hilfe, keine Weisung aus gelebtem Glauben! — Gottes Wort für heute sagt die volle Wahrheit über solche Menschen. Sie sind wie eine Röhre, die unten verstopft ist. Es fließt nichts nach, oben fließt alles drüber. Es kann noch soviel Wasser von oben tropfen, das Wasser in der Röhre fault, weil unten nichts abfließt. Nur wer reichlich tränkt, der wird auch getränkt werden. Nur wenn wir das lebendige Wasser weitergeben, werden wir bei uns kein gestandenes Wasser bergen. Mit solchem Wasser werden wir selber krank und machen andere kränker, als sie waren. Er aber will, daß wir reichlich tränken. Er will immer neu nachschütten. Heute auch.

Vermagst du's heute nicht, ein Herz zu trösten, gelingt dir jetzt nicht, was du lang erstrebt, so stehst du morgen unter den Entblößten als einer, der vergeblich überlebt. Heinz Flügel

6. Januar *So wir im Licht wandeln, wie er im Lichte ist, so haben wir Gemeinschaft untereinander.* 1. Johannes 1,7

Im Dunkeln sind alle Katzen grau. Aber damit, daß Jesus Christus auf die Erde kam, gab es Konturen, Unterscheidungen, die Anonymität wurde aufgehoben, man war nicht mehr Nummer, man bekam seinen Namen: Gott will Geschichte mit dem einzelnen Menschen machen. Nur damit, daß die Anonymität aufgehoben ist, nur damit ist die Masse überwunden. Wir leben im Massenzeitalter. Andere haben auch schon darin gelebt, lange vor uns. Ohne Christus gibt es nur die Masse der Verlorenen, alle grau in grau. Seitdem er da ist, gibt es die Schar der Erlösten. Seitdem Jesus Christus in sein Eigentum gekommen ist, ist Gemeinschaft möglich. Masse ist nicht das Endziel Gottes mit der Welt; Gemeinschaft ist das Endziel, Gemeinschaft mit ihm und Gemeinschaft untereinander. Das ist die weltpolitische Wirkung der Erscheinung Jesu Christi auf dieser Welt. Und wir sollten es wissen: Nur wenn wir in seinem Licht wandeln, haben wir Gemeinschaft. Wer sie außerhalb sucht, isoliert sich von Gott und Menschen, und lebte er unter Tausenden.

Glaubt nicht der Dunkelheit! Ihr habt das Licht empfangen. Durch eure arme Zeit ist Gott hindurchgegangen. Ihr habt das Licht empfangen, auf das ihr's selber seid. Siegbert Stehmann

7. Januar *Was heißet ihr mich aber Herr, Herr, und tut nicht, was ich euch sage?* Lukas 6,46

Vor einer Woche haben wir das Jahr angefangen, Pläne gemacht, Zusicherungen und Versprechen formuliert. Wir haben »Herr, Herr!« gesagt. Wir haben das alte Jahr Gott in die Hände gegeben und das neue Jahr ihm vor die Füße gelegt.

Und nun trifft uns am siebten Tag des neuen Jahres dieser Text: »Ihr seid Doppelspieler. Ihr wollt zwei Rollen zugleich spielen. Zwar legt ihr mir das Jahr vor die Füße, aber ihr laßt mich doch nicht gelten als den Herrn. Die ersten Termine des neuen Jahres habt ihr schon geklärt, ohne mich zu fragen, und die ersten Entscheidungen habt ihr gefällt, ohne mit mir darüber im Gebet zu reden, was ich wohl dazu zu sagen habe.«

Steht es wirklich so? Dann müßten wir ja in den ersten Tagen des neuen Jahres schon erschrecken. Bei Gott ist kein Doppelspiel möglich. Schon nach den ersten falschen Anfängen sollten wir abbrechen. Laßt uns abbrechen!

Laßt uns sofort Ernst machen mit der Herrschaft Jesu Christi über unserem Leben! Er ist bereit, die ersten Schritte wieder mit uns zurückzugehen und uns auf den guten Weg seiner Herrschaft zu stellen. Da geht er uns voran. Er sieht sich nach uns um, ob wir nachkommen, daß wir nicht verweilen, ihm getreulich nachzueilen. Ihm, dem Herrn, Herrn.

Laß dies sein ein Jahr der Gnaden, laß mich büßen meine Sünd', hilf, daß sie mir nimmer schaden und ich bald Verzeihung find', Herr, in dir; denn du, mein Leben, kannst die Sünd' allein vergeben.

Johann Rist

8. Januar *Und der Herr reckte seine Hand aus und rührte meinen Mund an und sprach zu mir: Siehe, ich lege meine Worte in deinen Mund.* Jeremia 1,9

Anders geht es auch nicht. Wer von Gott redet, ohne daß Gott zu ihm gesprochen hat, der redet wie ein Blinder von der Farbe. Dabei

war Jeremia erst 20 Jahre alt. Können Zwanzigjährige denn schon von Gott reden? Man muß nicht Theologie studiert haben, um von ihm zu reden. Das Studium macht es nicht. Auch das Alter nicht. Es gibt Siebzigjährige, die faseln von Gott, und es gibt Zwanzigjährige, die reden von Gott. Das Alter macht es nicht, das Studium macht es nicht. Der Gehorsam macht es. Wenn Gott zu einem geredet hat, muß man reden, man kann dann nicht schweigen. Wie aber haben wir die Gewähr, daß es nicht unsere Worte sind, nicht unsere Einbildungen, nicht unsere Meinungen, also nicht Faselei ist, was wir sprechen? Wir sagten es schon: Der Gehorsam macht's. Gehorsam kommt von hören, horchen. Das ist schlecht, wenn wir reden, ohne gehört zu haben. Dann muß man ja falsch reden. Und es gibt manche, die sich angewöhnt haben, dauernd von ihm zu reden, ohne daß sie auf ihn gehört haben. Dem Propheten legte Gott die Worte in den Mund. Tut Gott das auch bei uns? Ja. Aber gefaltete Hände über der offenen Bibel, möglichst allein, sind die Augenblicke solcher Wortübertragung. Solche Stunde tut uns not. Denn uns und anderen ist nicht mit unserem Wort gedient, nur mit seinem Wort.
O Herr, sprich nur ein Wort, so wird dein Knecht gesund.

9. Januar *Gott, dein Weg ist heilig.* Psalm 77,14a

Sein Weg ist heilig, undiskutabel, unantastbar. Es gibt daran nichts auszusetzen. Wir stehen im Abstand, tastend, überrascht, überwältigt, stumm. Sein Weg, den er zu Israel gemacht hat, war heilig. Sein Weg, den er zur Welt gemacht hat, war heilig. Der Weg, den sein Sohn genommen hat, war heilig, und schließlich der Weg, den er mit der Gemeinde in dieser Welt geht, ist heilig. Unantastbar, undiskutabel. So schwer es uns fällt, ausgerechnet den Weg mit seinem Volk und mit den einzelnen in seinem Volk als heilig zu bezeichnen, es ist so und es bleibt so.
Selbst bei uns Heiligen, ich wiederhole: bei uns Heiligen, also bei uns, die Gott geheiligt hat durch das Blut seines Sohnes und die Teilhaberschaft an seinem Leibe, selbst bei uns bäumt sich die Seele auf. Sie ruft angesichts des Weges, den Gott mit seiner Gemeinde geht und mit uns einzelnen, angesichts der Tatsache, daß Söhne uns genommen werden und Töchter erkranken, daß wir den Weg nicht wissen und nur achselzuckend ihn registrieren können: »Du verstehst dich schlecht auf dein Geschäft. Wie kannst du deine Gemeinde in solche Bedrängnis bringen, und wie kannst du deine Heiligen so miserabel schützen!« Gott weiß, daß wir so sprechen. Und weil Gott unsere Stunden der Anfechtung genau kennt, ist er uns gerade dann fühlbar nahe und hilft uns, aller Widerwärtigkeiten zum Trotz an ihm zu bleiben. Denn er ist nahe den zerbrochenen Herzen.
Hand, die nicht läßt, halte mich fest!

10. Januar *Siehe, ich mache alles neu!* **Offenbarung 21,5**

Hat Gott denn alles falsch gemacht, daß er nun alles neu machen müßte? Die Welt sieht so aus, daß man schon auf den Gedanken kommen könnte. Am Anfang aber stand: »Und siehe, es war sehr gut.« Aber inzwischen haben wir Menschen in das Werk gegriffen, haben reparieren wollen und gemeint, wir könnten es besser.

Die Bibel hat das so formuliert: Sie wollten sein wie Gott. Was dabei herausgekommen ist, liegt auf der Hand. Aber schon damals zur Zeit dieses schlimmen Eingriffes des Menschen griff Gott ein mit seiner Zusage. Da begann die neue Schöpfung bereits. Und als Christus erschien, konnte Gott sagen: An ihm habe ich mein Wohlgefallen. Er wird die verdorbene Sache in die Hand nehmen und endgültig ändern und wird dafür sorgen, daß am Ende der Zeiten steht, was am Anfang stand: »Und siehe, es war sehr gut.«

Jetzt schon hat es angefangen, sehr gut zu werden. Denn wer sich von ihm erlösen läßt, wer seinen Sohn Jesus Christus als seinen Bruder erkannt hat, der darf schon Vater zu Gott sagen und ist hineinversetzt in das Reich. Schon jetzt.

Du wirst dein herrlich Werk vollenden, der du der Welten Heil und Richter bist; du wirst der Menschheit Jammer wenden, so dunkel jetzt dein Weg, o Heilger, ist. Drum hört der Glaub nie auf, zu dir zu flehn; du tust doch über Bitten und Verstehn. Albert Knapp

11. Januar *Ihr werdet meine Zeugen sein.* **Apostelgeschichte 1,8**

Zeugen sind Märtyrer. Die Bibel ist voll davon. Johannes und Stephanus fingen damit an, und in der Offenbarung werden sie aufgezählt. Zeugen sind solche, die alles einsetzen, selbst ihr eigenes Blut. Ja, es ist leicht zu singen: »Nehmen sie den Leib, Gut, Ehr, Kind und Weib, laß fahren dahin . . .« Wer wagt das noch zu singen, wer wagt es laut zu singen? Wer wagt es zu singen, ohne heimlich zu beten: O Gott, hilf, daß ich meine Güter wirklich lassen kann! Was wird Gott heute von uns verlangen: Leib? Gut? Ehre? Kinder? Weib? Wir können heute nicht alles behalten. Etwas werden wir heute fahrenlassen müssen. Habt acht heute! Etwas steht auf dem Spiel. Dies steht auf dem Spiel: ob wir seine Zeugen sind oder nicht. Nicht nur an der Art, wie wir »Zeugnis ablegen« in einer Versammlung: an viel kleineren Dingen entscheidet es sich, ob wir seine Zeugen sein werden. An ganz kleinen, alltäglichen Dingen.

Lebendiger Gott und Herr, wir danken dir, daß du uns eine große Schar der Zeugen und Märtyrer in deiner Kirche geschenkt hast. Bewahre uns davor, uns auf große Gelegenheiten später einmal einzustellen, sondern schenk uns heute Zeugensinn, helle Augen in die Wahrheit und ein munteres Herz zum Gewinn.

12. Januar *Gnade sei mit euch und Friede von Gott, unserem Vater, und dem Herrn Jesus Christus!* Römer 1,7

Das ist der Kanzelgruß vom Sonntag. Damit fängt Paulus seinen Brief an die Leute in Rom an.

Es wird heute darauf ankommen, ob wir ohne seine Gnade leben und aus fremdem Frieden leben wollen. Also einem Frieden, der nicht von Gott kommt, sondern den wir uns selber besorgt haben. Der Friede, der nicht von Gott kommt, muß ein fauler Friede sein. Es kann sich nur um Kalten Krieg handeln. Wer sich von dem Bund, den Gott mit uns in Christus gemacht hat, löst und andere Bündnisse schließt, gerät in deren Sklaverei. Womit bändeln wir denn dauernd an?

Dieser Gruß, daß Gnade und Friede mit uns sei, schafft Tatsachen. Wenn wir jemandem einen guten Tag wünschen, so hat er noch lange keinen guten Tag. Wenn wir aber einander als Begnadigte und in seinem Frieden Lebende uns grüßen, so will er mit dem Weitersagen dieses Grußes einen Tatbestand schaffen: daß andere mit in diese Gnade und in diesen Frieden kommen.

Wir können diesen Gruß sicherlich nicht jedem ins Gesicht sagen. Aber wir können ja diesen Gruß heimlich sagen. Was wäre dieser Gruß, heimlich gesagt, denn anders als ein Gebet? Wir beten andere in die Gnade und in den Frieden hinein. Tun wir das? Wie, wenn andere auf solchen Gruß warteten, und wir grüßten nicht!

O Herr und Gott, hab Dank, daß dein Kanzelgruß gilt, uns und denen, deren wir vor dir gedenken.

13. Januar *Denn der Vogel hat sein Haus gefunden und die Schwalbe ihr Nest, da sie Junge hecken: deine Altäre, Herr Zebaoth, mein König und mein Gott.* Psalm 84,4

Einer der schönsten Psalmen! Es ist von der Schwalbe die Rede und dem Vogel, der ein Haus gefunden hat. Wie lange suchen Vögel, bis sie wissen, wo sie ihre Nester anlegen, windgeschützt, und daß die Katze nicht dran kann! Dann steht mitten im Text: »Deine Altäre, Herr Zebaoth.« Sind wir so auf der Suche gewesen, wie der Vogel nach einem Nestplatz? Sind wir so auf der Suche gewesen nach einer Bergung, windgeschützt, wo uns die Verfolger nichts anhaben können? Die ganze Bibel ist voll davon, daß es diesen Ort gibt, daß es eine »Stadt gibt mitten in der Wüste«. Diesen Ort gibt es unter uns. Es wird Zeit, daß wir erschrecken über die Gleichgültigkeit, mit der wir zur Kirche gehen. Denn die Kirche, wo das Wort Gottes uns erreicht, wo wir mit der lobenden Gemeinde zusammen sind und mit ihr beten und die Sünden vergeben bekommen, ist das Nest, da wir Junge hecken. Dort brauchen wir nicht unser Soll zu erfüllen, »zweimal im Jahr«, sondern dort dürfen wir Bergung suchen und finden. Doch, wir finden sie. Wir und unsere Kinder. Wir dürfen sie dort auf-

ziehen, denn ein anderer ist da, der sich unser und unserer Kinder annimmt: Jesus Christus. Bei wem anders möchten wir bleiben?
Laß uns in deiner Nähe leben und in deiner Gemeinde zu Hause sein.

14. Januar *Und Jakob hieß die Stätte Pniel, denn ich habe Gott von Angesicht gesehen, und meine Seele ist genesen.* 1. Mose 32,31

Gott darf man sehen in seinem Wort und Sakrament. Schmecket und sehet, wie freundlich der Herr ist. Aber dann darf man seiner auch gewahr werden im täglichen, sogar im allzu täglichen Leben. Erinnern wir uns nur der Stoppschilder unseres Lebens! Jeder kennt sie. An manchen Stellen könnten wir ein Ausrufungszeichen setzen: Hier hat Gott Signal gegeben. An manchem Kilometerstein könnte ein Kreuz stehen und unser Name drauf: Hier hat Gott bewahrt, hier hat Gott uns noch eine Chance gegeben, wir dürfen weitermachen. Jeder kennt solche Punkte auf seinem Lebensweg. Aber wir benehmen uns wie die Tollen. Bei genauem Zusehen müssen wir uns doch wie Leute vorkommen, die im Rausch mit Alkoholprozenten im Blut durchfahren, haarscharf bewahrt, aber nicht darauf reagierend. Dabei müßte doch an solchen Stellen ein Schild mit eigener Unterschrift angebracht werden: Meine Seele ist genesen.
O Gott und Herr, du hast deutlich genug zu uns gesprochen. Laß uns deine Warnungen nicht in den Wind schlagen. Du bist langmütig und freundlich. Aber bewahre uns davor, mit deiner Barmherzigkeit mutwillig umzugehen. Laß uns verstehen, was du meinst.

15. Januar *Und er ging hinein, bei ihnen zu bleiben.* Lukas 24,29

Sie wollten ihn nicht verabschieden. Die Jünger wollten ihn mit hineinnehmen. Wie wir alle. Als wir zum Beispiel mit unserer Ehe anfingen, sangen wir: Ach bleib mit deiner Gnade bei uns, Herr Jesu Christ! Ach bleib! Blieb er? Ja, was an ihm lag, er blieb. Aber dann kam die Zeit, da wir ihn nicht mehr achteten. Er blieb trotzdem. Wir hatten keine Zeit für ihn, er blieb. Wir redeten ihn nicht an, er blieb. Wir sprachen nicht einmal von ihm, er blieb. Er blieb, bis daß er ging. Aus manchem Elternhaus, aus den meisten ist er fortgegangen, weil er nicht vorkam in ihren Reden und in ihrem Handeln, in ihrem Denken und in der Art ihres Zusammenseins. Aber es gibt die Möglichkeit, ihn wieder zurückzubitten, selbst nach fünf, nach zehn, nach dreißig Jahren Familie ohne ihn. Er kommt, wenn wir bereit sind, ihn zu rufen. Wir haben viel mit ihm zu besprechen. Er hat uns viel zu sagen. Und er hat viel an uns zu tun.
Unser Herr Jesus Christus, geh nicht von uns fort, auch wenn wir zu wenig von dir sprechen. Bleibe bei uns, wir können ohne dich nicht beieinander bleiben. Komm auch zum Nachbarn. Er wartet auf dich.

16. Januar *Nikodemus ging zu Jesus bei der Nacht.* Johannes 3,2

Hauptsache, daß er hinging. Daß er nachts kam, daß er Angst hatte, von den Leuten gesehen zu werden, schadet nicht. Jesus ist nachts auf. Wir müssen alle zu ihm hin, ob Tag oder Nacht. Alle müssen wir das Gespräch mit ihm aufnehmen, ob in der Arbeitszeit oder in der Pause, ob in der gedrängten Hast unserer Termine oder endlich im Urlaub. Gott hat keine festen Sprechstunden. Immer ist er für uns da. — Aber was sagen wir, wenn wir kommen? Was sollen wir denn sagen? Der kluge Professor Nikodemus fing falsch an. Er erzählte, was er wußte. Viel richtiger ist es, zu erzählen, was man nicht weiß. Luther fing richtig an: Wie bekomme ich einen gnädigen Gott? So dürfen wir anfangen. Und er wendet sich zu uns, er läßt uns nicht stehen.

O Gott und Herr, wir wissen nicht, wie wir klarkommen sollen. Mach du uns deinen ganzen Ratschluß klar. Nur dann sehen wir durch. Wir bitten dich, führe uns von Erkenntnis zu Erkenntnis und laß uns leben vor dir.

17. Januar *Er breitete den Brief aus vor dem Herrn.* Jesaja 37,14

Einige Dinge müssen zwischen Gott und uns allein passieren. In der Bibel steht, daß ein König mit einem Brief die Stille aufsuchte, ohne Ratgeber und ohne seine Minister, ohne irgendeinen Menschen. Er breitete den Brief aus vor dem Herrn, er besprach ihn mit Gott. Wir haben alle einen Brief, alle eine Nachricht, die wir vor Gott in Ordnung bringen müssen. Wir haben alle ein Leben hinter uns, das wir vor Gott ausbreiten sollen und dürfen. Wie ein Bügeleisen über die verknitterte Wäsche geht, so muß Gottes Hand sich auf unser Leben legen und es glätten. Aber man kann das Leben nicht im Knäuel Gott anbieten. Ausbreiten muß man es. Also muß man's Gott sagen: Da und da liegen die Punkte und die Schwierigkeiten, hier ist mein Leben verkorkst. Wir kennen doch die Stellen, die Gott glätten muß. Und wer dies Leben vor ihm ausbreitete, bekam es geglättet wieder zurück, neu, von ihm entknäuelt, von Gott entwirrt. Und wer's nicht glaubt, der soll bei denen fragen, die es erfahren haben. Es gibt viele Zeugen.

O Gott und Herr, ich breite meine Sache vor dir aus. Nichts will ich dir verschweigen. Hilf mir, der du so vielen geholfen hast, und laß mich fröhlich werden.

18. Januar *Liebe Brüder, betet für uns!* 1. Thessalonicher 5,25

»Ich denke viel an dich« oder »Denk in den Tagen an uns«, pflegen wir uns zu sagen, wenn es um die Fürbitte geht. Damit umschreiben wir einen Vorgang, der ein großes Vorrecht der christlichen Ge-

meinde ist: den Namen des anderen vor Gott zu nennen. Glaube keiner, darauf verzichten zu können. Und jeder, der diese Zeile liest und von dieser Zeile hört, soll wissen, daß für ihn gebetet wird. Es gibt Großeltern, die für ihre Enkel beten, es gibt Eltern, die für ihre Kinder beten, selbst wenn sie noch nicht am Leben sind. Wir leben in einer Gebetskette. Ein Grund wird uns gegeben von Generation zu Generation, auf dem die, die nach uns kommen, existieren. Tun wir das für unsere Nachkommen?
Wir könnten uns ruhig angewöhnen, es deutlicher zu sagen, als wir es in unseren Briefen tun: »Denk an uns!« Der Apostel Paulus schämte sich nicht, die Sache sehr deutlich zu sagen: »Betet für uns, liebe Brüder!« Damit ist nicht nur das Fürbittengebet in der Kirche gemeint, auch unser eigenes. Und wenn andere es für uns tun, ist es dann nicht egoistisch, wenn wir den Dienst anderen nicht leisten? Für wen sollten wir noch heute beten?
Sonderlich gedenke deren, die es, Herr, von mir begehren, daß ich für sie beten soll. Auf dein Herz will ich sie legen, gib du jedem solchen Segen, wie es not; du kennst sie wohl. Gerhard Tersteegen

19. Januar *Lasset uns aber Gutes tun und nicht müde werden!*

Galater 6,9

Wir wollen also unsere Güter locker haben, immer am Geben sein: der Gehaltsempfänger vom 1. bis 31., wer die Lohntüte bekommt vom Freitag bis zum Donnerstag, Kaufmann und Fabrikant von Steuererklärung zu Steuererklärung.
Warum? Weil es zum Geheimnis Gottes gehört: Wer festhält, bekommt nichts nach. Wer die Hand besetzt hat, kann nicht nachfassen. Wer den Inhalt für sich bergen will, betrügt sich: Es kommt nichts nach.
Wissen es die Kinder schon? Wenn sie mit der Mutter in die Stadt gehen, lassen sie beim Armen am Wege nicht locker: »Mutter, Vater sagt, wir dürfen an keinem Bettler vorbei!« Warum?
Um die Not zu wenden? Um die soziale Frage zu lösen? Um, um, um ...? Weil!
Weil Gott uns Gutes tut. Der dir alle deine Sünden vergibt, der dich vom Verderben erlöst — und dabei nicht müde wird. Man stelle sich vor, Gott würde müde, Gott hätte es satt mit uns! Aber seine Barmherzigkeit hat kein Ende, sie ist alle Morgen neu. Alle Morgen! Lasset uns Gutes tun, alle Morgen, von Freitag bis Donnerstag, vom 1. bis zum 31., und nicht müde werden — weil!
Laß mich an andern üben, was du an mir getan, und meinen Nächsten lieben, gern dienen jedermann ohn Eigennutz und Heuchelschein, wie du mir erwiesen, aus reiner Lieb allein.

Justus Gesenius

20. Januar *Und nun, Herr, sieh an ihr Drohen und gib deinen Knechten, mit aller Freudigkeit zu reden dein Wort.*
Die Jünger hatten Redeverbot bekommen. Apostelgeschichte 4,29
Was geschieht, wenn uns das passiert? Sollen wir jammern? Sollen wir die Lage besprechen, wie man das Gebot umgehen kann und wie man am besten jetzt Verbindung aufnehmen sollte mit irgendwelchen Hintermännern des Gremiums, das das Verbot ausgesprochen hat? Alles dies geschieht nicht beim ersten klassischen Redeverbot in der Urgemeinde. Sondern die Gemeinde betet!
Wenn wir in Drangsal kommen, wenn es um unsere Karriere geht und unser Gehalt in Frage gestellt ist mit der Begründung, daß wir Christen sind, ist der erste Gesprächspartner, mit dem wir reden sollten, der lebendige Gott. Die Darlegung des Tatbestandes vor dem lebendigen Gott tut not. Der ordnet die Sinne. Der gibt den Verstand. Der bewahrt uns vor taktischen Halbwahrheiten, die nur selbstgewählte Auswege der Angst sind, mit denen man sich am Gehorsam vorbeischmuggeln will.
Wir sollten daraus lernen, daß es keine Engpässe gibt, die wir nicht auf direktem Wege dem anheimstellen müßten, der in Engpässen zu Hause ist. Er wußte ja auch nicht, wohin er sein Haupt legen sollte. Er weiß also Bescheid und rettet aus vielen tausend Nöten. Unsere Not ist bestimmt mit dabei.
Erhalt uns, Herr, bei deinem Wort und steure deiner Feinde Mord, die Jesum Christum, deinen Sohn, wollen stürzen von deinem Thron.
Martin Luther

21. Januar *»So spricht der Herr . . .«* Jesaja 44,6
Mit solchen Worten haben die Propheten das Gotteswort eingeleitet. Es ist also kein Zweifel mehr daran: »So spricht der Herr!« Es ist wie bei der Ankündigung eines Gesetzes oder eines Rechtsspruchs, etwa beim Gericht. Dann erheben sich die Richter und die Rechtsanwälte und die Angeklagten und die Zeugen und das ganze Volk im Zuschauerraum: »Im Namen des Gesetzes . . .« Was dann kommt, gilt. Es gilt über Leben und Tod. So ist es mit der Bibel. Sie gilt; aber nicht nur über Leben und Tod entscheidet sie, sondern über Zeit und Ewigkeit, also viel weiter, viel konsequenter, viel endgültiger. Wer will sich dem entziehen? Viele gibt es, die sich diesem Spruch entziehen: »So spricht der Herr . . .«
Das ist aber genauso töricht, wie wenn einer im Gerichtssaal anschließend dem Richterkollegium mitteilen wollte: »Euer Urteil betrifft mich nicht, ich erkenne euer Gesetz nicht an.« Was hilft ihm solch ein Widerspruch? Das Gesetz gilt doch, und die Gefängnistüren werden sich unweigerlich hinter ihm schließen.
Laßt uns die Bibel als endgültiges Wort Gottes nehmen: »So spricht der Herr . . .« Gott sei Dank, daß es so ist. Es ist endgültig, und es

meint von Anfang bis zu Ende die über uns beschlossene Barmherzigkeit.

Dein Wort ist wahr und trüget nicht und hält gewiß, was es verspricht, im Tod und auch im Leben. Du bist nun mein und ich bin dein, dir hab ich mich ergeben. Leipzig 1597

22. Januar *Ob tausend fallen zu deiner Seite und zehntausend zu deiner Rechten, so wird es doch dich nicht treffen.* Psalm 91,7

»Wir sind noch einmal davongekommen«, hieß das Stück, das nach dem Krieg über alle Bühnen ging. Das war das einzige, was man sagen konnte. Wozu man davongekommen war, wurde nicht ausgesagt. Millionen Männer und Frauen in der Welt können den heutigen Text für sich wiederholen. Es hat sie nicht getroffen, wohl Tausende zu ihrer Seite und Zehntausende zu ihrer Rechten, sie selbst aber nicht. Aber wenige haben diesen Satz in Dankbarkeit Gott ins Ohr gesagt.

Noch entsinne ich mich, daß mein Vater, gelähmt im Bett, bei überraschendem Luftangriff die ganzen Fensterscheiben und Mauerbrokken auf seinem Bett liegen sah. Hilflos lag Vater in den Kissen, als wir bestürzten Kinder hineineilten. Und dennoch — keine Schramme, keine Schnittwunde. Das erste, was Vater sagte, war dieser Text: »Ob tausend fallen zu deiner Seite und zehntausend zu deiner Rechten, so wird es doch dich nicht treffen.« Damit nannte er Gott mit Namen.

Frage: Haben wir den Text ganz ernst als unseren Text gewählt? Gott hatte doch einen Sinn und einen Zweck dabei: Sein Name sollte weiter auf dieser Welt bekannt bleiben. Was haben wir Übriggebliebenen dazu getan? Gott wollte, daß wir Versprechen sind, große Versprechen! Haben wir sie eingelöst? Wir sind die Übriggebliebenen. Daß wir doch ein Los wären mit sicherer Nummer und keine Niete. Sind wir Nieten?

O Gott und Herr, du hast mich erhalten in Krieg und Frieden. Laß mein Leben dir gehören und mache mich tauglich, heute dein Werkzeug zu sein.

23. Januar *Wer mir folgen will, der verleugne sich selbst und nehme sein Kreuz auf sich täglich.* Lukas 9,23

Das sollen wir jedenfalls wissen: Sturm gibt es nur für uns, wenn wir meinen, uns eine Pause in der Nachfolge leisten zu können. Hinter ihm ist Windschatten. Aber weit von ihm weg, da werden wir zerzaust und müssen erfahren, was es für Jammer und Herzeleid bringt, den Herrn, unseren Gott, zu verlassen.

Wer ihm also nachfolgen will, muß wissen, daß er nicht mehr selbst

das Tempo zu bestimmen hat. Er geht voran, und wir dürfen nicht verweilen, ihm getreulich nachzueilen.
Es gibt keinen Tag, an dem wir uns von ihm dispensieren könnten. »Täglich!« steht im Text, täglich in Gemeinschaft seiner Leiden. Wir können also seine Leiden nicht aussparen. Wer meint, sich die Leiden Christi aussparen zu können, tut sich selbst Leid an. Das ist aber Selbstverstümmelung und bringt nichts ein. Im Gegenteil: Unser selbstbereitetes Leid verwirrt nur die Welt und uns selbst. Mit seinen Leiden aber geschieht das Gegenteil. In ihm ist Freude in allem Leide.
Stimmt das? Wer ihm nachfolgt, kann das bezeugen. Nachfolge ist eine fröhliche Sache, wenn sie ganz eng hinter ihm geschieht.
Weicht, ihr Trauergeister, denn mein Freudenmeister, Jesus, tritt herein. Denen, die Gott lieben, muß auch ihr Betrüben lauter Freude sein. Duld ich schon hier Spott und Hohn, dennoch bleibst du auch im Leide, Jesu, meine Freude. Johann Franck

24. Januar *Weiset meine Kinder und das Werk meiner Hände zu mir.*
Jesaja 45,11

Unsere Kinder sollen anständige Staatsbürger werden; sie sollen mal ordentlich Geld verdienen; sie sollen es besser haben als wir; sie sollen mit dem Leben fertig werden. Ja, aber ist das alles? Wie, wenn unsere Kinder dahinterkommen, daß wir ihnen das eigentliche Geheimnis des Lebens vorenthalten haben? »Schwielige Hände habt ihr euch gemacht, um uns großzuziehen, aber im Entscheidenden habt ihr doch versagt.« Das ist ihr Urteil über uns.
Was ist das Entscheidende? Daß wir als Eltern das Werk seiner Hände, also unsere Kinder, die wir aus Gottes Hand empfingen, auf Gott hinweisen. Zu ihm hinführen. Kann man das tun?
Vererben kann man den Glauben nicht. Gott baut das Haus des Glaubens. Aber das Material dürfen wir liefern. Allerhand können wir tun: unser Gebet für sie, mit Gott über sie reden und ihnen die Bibel liebmachen. Doch, das können wir.
Aber nur dann, wenn uns die Bibel lieb ist. Was den Eltern nicht schmeckt, schmeckt auch den Kindern nicht. Wovon die Eltern nicht leben wollen, davon wollen die Kinder auch nichts wissen. Leben wir von Gott? Viel liegt an uns. Viel.
Ich und mein Haus, wir sind bereit, dir, Herr, die ganze Lebenszeit mit Seel und Leib zu dienen. Du sollst der Herr im Hause sein; gib deinen Segen nur darein, daß wir dir willig dienen. Philipp Spitta

25. Januar *Wer mich bekennet vor den Menschen, den will ich bekennen vor meinem himmlischen Vater.* Matthäus 10,32
Wann sind wir endlich entdeckt? Wann soll diese andauernde Ver-

leugnung aufhören, dies Doppelspiel, dies »auf beiden Seiten versiert«, dies Halbdunkel, diese Unentschiedenheit?
Dann, wenn Jesus sich umsieht. Und er tut es mit diesen Zeilen. Er sieht uns an: Wer mich bekennet vor den Menschen. Er sieht sich nach uns um. Sein Blick trifft nicht die Spötter und Gottlosen, sondern uns, die wir uns in ihre Kreise mengten. Er meint uns!
Wer mich nun bekennet — ja, da fängt unser Bekenntnis an als Sündenbekenntnis. Unsere Väter hatten dasselbe Wort »Confessio« für Sünden- und Glaubensbekenntnis. Wer den Glauben bekennt, bekennt damit, daß er Sünder ist und zu den Entdeckten sich rechnet, die hinausgehen, sich lösen von den Gesellen und bitterlich weinen.
So sehen Bekenner aus: Es sind von Jesus im Leugnen Gefundene, die sich nur darauf verlassen, daß er sich zu uns Leugnern bekennt. Ob er es tut? Und ob er es tut! Des sind wir alle Zeugen.
Ich Betrübter komme hier und bekenne meine Sünden: laß, mein Heiland, mich bei dir Gnade zur Vergebung finden, daß dies Wort mich trösten kann: Jesus nimmt die Sünder an. Erdmann Neumeister

26. Januar *Sehet darauf, daß nicht jemand Gottes Gnade versäume.*
Hebräer 12,15

Gott will uns nicht erst als Greise haben. Paulus hätte als Siebzigjähriger Europa nie erreicht. Wir sind uns Gott schuldig in unseren besten Jahren. Die Jünger Jesu waren durchschnittlich mit Jesus gleichaltrig, also Dreißigjährige. Gott läßt es sich nicht bieten, daß wir die Entscheidung verschieben. Unseren Kindern sollen wir den Glauben vorleben, nicht erst unseren Enkeln. Die Kinder haben ein Recht darauf, daß sie sich an uns Vätern und Müttern orientieren können in Sachen des Glaubens. Wir dürfen sie nicht allein auf ihre Großeltern verweisen. W i r sind dran.
Wenn wir meinen, Gottes Sache an uns aufschieben zu können, wertet Gott dies als Beweis dafür, daß wir ihn nicht ernst nehmen. daß wir sein Angebot ausschlagen, seine Gnade verkleinern zum »seligen Sterben«. Aber Gott will, daß wir auch selig damit leben. Weil Gott groß ist, darum kann man Gnade versäumen.
Richt unsre Herzen, daß wir ja nicht scherzen mit deinen Strafen, sondern fromm zu werden vor deiner Zukunft uns bemühn auf Erden.
Paul Gerhardt

27. Januar *Heile du mich, Herr, so werde ich heil.* Jeremia 17,14

Man geht nicht gern zu einem unbekannten Arzt. Wir lassen uns unsere Ärzte gern empfehlen. Wir vertrauen auf die Erfahrungen, die andere gemacht haben, und gewinnen Mut und Vertrauen, daß dieser Arzt uns auch helfen werde, nachdem seine Heilmethode so gut bei anderen angeschlagen hat. So hat sich Gottes Heilkraft her-

umgesprochen. Einer sagt es dem anderen weiter: Er ist ein Heilender. Er nimmt eine Krankheit von uns, die ohne ihn zum Tode führt. Er will uns seine Arznei geben, die uns zum Leben durchhilft. Wer davon lebt, ist herrlich dran, ob er auch im Krankenhaus liegt. Wer davon nimmt, nimmt Ewigkeit vorweg in dieser Zeit: Sie vertreibt durch ihre Macht unsre Nacht. Es hat sich herumgesprochen. Und jeder rühmt die Erfahrung, die er mit solchem Arzt gemacht hat. Was tun wir, daß er bekannt wird? Sind wir so egoistisch, die Heilung anderen nicht zu gönnen? Wir müßten viel mehr von ihm reden.
Ein Arzt ist uns gegeben, der selber ist das Leben; Christus, für uns gestorben, der hat das Heil erworben. Ludwig Helmbold

28. Januar *Aber was mir Gewinn war, das habe ich um Christi willen für Schaden geachtet.* Philipper 3,7
Man kann nicht nach vorn laufen und gleichzeitig zurück. Man kann nicht zum anderen Ufer wollen und gleichzeitig am Strand bleiben. Man kann nicht Christus nachfolgen und gleichzeitig stehenbleiben. Haben wir mitten in der Nachfolge abgebrochen? Haben wir uns, als es uns ganz ernst war um unseren Glauben, von dem gelöst, der uns nach sich zieht? Das kann unheimlich schnell geschehen. Die Verbindung reißt ab, und plötzlich stehen wir im Leeren. Es gibt dann zwei Möglichkeiten: Entweder verkrümeln wir uns und suchen das wieder auf, was uns einmal lieb war, bevor wir Christus kannten, oder wir holen nach vorn auf und erreichen Christus um jeden Preis.
Viele tun sich wieder mit denen zusammen, die ihnen ehemals Gewinn brachten. Sie haben den »Schaden« nicht überwinden können. Ihnen war die Welt zu schade und all das, was mit Christus nicht zusammengedacht werden kann.
Viele stehen ohne Bindung nach hinten und ohne Bindung nach vorn mitten auf dem Weg und wissen nicht, wohin. Es gibt nur einen Rat: Ganz schnell aufholen und Verbindung aufnehmen! Wir wissen genau, wie das geht. Wir wissen es gut.
Herr, ich hab nicht die Welt geflohn; du hießt sie selber fliehn, um den zutiefst verlorenen Sohn grad an dein Herz zu ziehn.
R. A. Schröder

29. Januar *Denn es werden falsche Christi und falsche Propheten aufstehen und große Zeichen und Wunder tun, daß verführt werden in den Irrtum (wo es möglich wäre) auch die Auserwählten.*
Matthäus 24,24
Im Toto muß man Glück haben.
Aber Sachen des Glaubens sind keine Glückssachen. Es wird genau angezeigt, was falsch und was richtig ist. Das kann man vorher wissen. Falsche Propheten gibt es und richtige Propheten. Es ist uns gesagt, was richtig ist: Jesus Christus ist richtig. Wir haben die

Wahl zwischen den richtigen und den falschen Propheten. Wer die Wahl hat, sollte wählen. Hier gibt es Wahlrecht und Wahlpflicht zugleich. Und wenn man weiß, daß es auf Leben und Tod geht, dann bleibt uns keine andere Wahl. Ober ist es uns noch nicht um Leben und Tod gegangen? Wer meint, warten zu können, bis es an den Kragen geht, der wird entdecken, daß er dann nicht mehr wählen kann, daß er dann weggeschwemmt wird in die Menge derer, die sich nach falschen Propheten orientieren. Darum ist der heutige Tag wieder eine neue uns von Gott gegebene Chance, die wir nutzen sollten, uns gegen die falschen Propheten zu wehren. Es gibt solche die uns heute wieder allerlei vorreden. Sie haben es auf uns abgesehen. Die Auserwählten sind ihre Zielscheibe.

Was hilft mir Menschenlehre, die Zorn und Zweifel schafft? O ewig Wort, gewähre mir Kraft aus deiner Kraft! R. A. Schröder

30. Januar *Der Herr, dein Gott, ist bei dir, ein starker Heiland.*

Zephanja 3,17a

Gott ist aktiv. Wenn Gott bei uns ist, ist er tätig bei uns. Wie man bei dem Beruf eines Arztes zugleich an dessen Heilfunktion denkt, wie man beim Bauingenieur an Brücken und beim Lehrer an die Schule denkt, so steht der Name Gottes in direkter Verbindung mit seinem Tun. Darum ist der Satz »Es gibt einen Gott« zwar ein philosophischer Satz, aber nicht ein christlicher Satz. Denn unser Glaubensbekenntnis zählt sofort die Funktionen Gottes auf: ein starker Heiland! Heiland kommt von heilen. Wir sind alle verwundet.

Wie heißt also unser Glaubensbekenntnis? Haben wir Heilerfahrungen mit Gott gemacht? Dazu ist Gott da. Es ist Gottes Beruf: Christi Wunden heilen Wunden. Ein starker Heiland! Viele sagen, so persönlich könne man das nicht erfahren. Aber das Kind, das vom Vater unpersönlich spricht, kann doch höchstens ein Straßenkind sein. Der Mensch, der so von Gott spricht, kann doch höchstens gottlos sein. Gott will mehr, viel mehr.

Gebt, ihr Sünder, ihm die Herzen, klagt, ihr Kranken, ihm die Schmerzen, sagt, ihr Armen, ihm die Not! Wunden müssen Wunden heilen, Heilsöl weiß er auszuteilen, Reichtum schenkt er nach dem Tod. Ph. Fr. Hiller

31. Januar *Wenn ich dich anrufe, so erhörst du mich und gibst meiner Seele große Kraft.* Psalm 138,3

Beten-Dürfen ist Antworten-Dürfen. Wer betet, redet nicht über Gott, sondern redet mit Gott, nachdem Gott ihn rief. Doch, Gott tut's immer zuerst. Wenn wir doch schneller reagierten! Wir reden mehr über Gott als mit ihm. Wir sollten es nicht weiter tun, sondern heute den ganzen Tag diesen Spruch nachsprechen.

Wir beten damit, und es wäre schon Antwort auf sein Rufen. Kraft ist das Ergebnis, Kraft unserer Seele. Spürbar! Die Psychologen nennen das Spannungsbogen. Richtig ist an dem Ausdruck, daß Betende mehr tragen können. Betende sind in der Zerreißprobe des Alltags zuverlässiger als Nichtbetende. Warum? Darauf können Psychologen die Antwort nicht geben, das muß die Bibel tun: weil Gott erhört und Kraft gibt. »Du erhörst mich und gibst große Kraft.« Also Gott tut's, in seiner Kraft dürfen wir laufen.

Was könnten wir nicht alles tragen, wenn wir Gott mehr anriefen! Wir würden dann nicht wie Schwächlinge die Lasten liegenlassen, als gingen sie uns nichts an. Heute sind wieder Lastträger gesucht! Also — Beter. Laßt uns beten!

Ach Gott, verlaß mich nicht! Ach laß dich doch bewegen, ach Vater, kröne doch mit reichem Himmelssegen die Werke meines Amts, die Werke meiner Pflicht. Ach Gott, verlaß mich nicht! Salomo Franck

1. Februar *Aber am siebenten Tage ist der Sabbat des Herrn, deines Gottes; da sollst du kein Werk tun.* 2. Mose 20,10

Aber! Aber! Aber!

Wir Menschen haben kein Aber mehr. Wir Menschen machen immer weiter. So rutschen wir langsam ab, und am Schluß des Lebens steht auf der Todesanzeige: »Nur Arbeit war sein Leben!« Wer nicht seine Arbeit unterbrechen und sagen kann: »Aber nun ruhe ich!«, vergißt, daß Gott dies Aber uns früh genug gesagt hat. Es kommt in den Zehn Geboten vor: Sechs Tage sollst du arbeiten, aber am siebenten Tag! Aber am siebenten Tag!

Wer diesen siebenten Tag nicht gelten läßt, wer ihn auch schon zum Arbeitstag gemacht hat, oder — was dasselbe ist — wer am siebenten Tag einfach Pause macht von der Arbeit, aber nicht mit Gott redet, wer nicht mehr vor ihm Pause machen kann, dem wird die Arbeit unter den Händen zerrinnen wie dem Kinde die Perlen. Sie fallen in den Sand.

So verplempern wir uns selbst. Wir sagen »Arbeit», und es ist doch Verlust. Wir sagen »Gewinn«, und es ist doch verschobener Bankrott. Wir sagen »Keine Zeit«, und es ist widerliche Versklavung.

Es ist alles noch zu retten. Alles. Und zwar für den, der jetzt sagt: Bis jetzt machte ich es falsch, aber ab heute! Ich mache Pause vor Gott.

Herr Gott, mein Herz verlangt danach, frei zu werden von der Knechtschaft der Arbeit. Laß mich endlich Zeit für dich haben. Denn du wartest auf mich.

2. Februar *Ihr habt mich nicht erwählet, sondern ich habe euch erwählet.* Johannes 15,16

Daß Jesus seinen Jüngern das sagte, war zeit ihres Lebens ein großer Trost. Auch wir haben uns Jesus Christus nicht ausgedacht, sondern er hat an uns gedacht, wie wir sein sollten werden. Seitdem geht alles auf seine Rechnung.
Gott hat schon zu unseren Vätern ja gesagt, nicht erst zu uns. Den Bund, den er mit unseren Vätern geschlossen hatte, hält er uns auch. Nicht nur Abraham, Isaak und Jakob gehören zu unseren Vätern. Denn die vom Herrn erwählten Jünger haben in des Herrn Namen zu Jüngern gemacht viele Völker. Auch uns. Wir leben damit in einer Kirchengeschichte. Es ist die Geschichte derer, die in den Bund Gottes aufgenommen worden sind, obwohl sie keinen Anlaß dazu boten; die Geschichte derer, die nicht fallengelassen wurden, obwohl sie Gott dauernd fallenließen; die Geschichte derer, die nicht vergessen werden, obwohl sie Gott dauernd vergessen. Warum reden wir soviel von unserer Wahl, von unserer Entscheidung, von unserer Bekehrung, von unseren Konsequenzen? Er hat es doch getan. Es ist auch gut so! Denn wir sind doch Leute, die dauernd die Wahl wieder zurücknehmen, die in Bedrängnis rufen: »Ich war nur Mitläufer!« Wir sind unzuverlässig. Er aber ist verläßlich. Er steht zu seiner Wahl.
Nicht wir haben dich erwählet, du selbst hast unsre Zahl gezählet mit deinem ewgen Gnadenrat. Unsre Kraft ist schwach und nichtig; und keiner ist zum Werke tüchtig, der nicht von dir die Stärke hat.

A. Knapp

3. Februar *Jesus sprach: Lasset die Kindlein und wehret ihnen nicht, zu mir zu kommen; denn solcher ist das Himmelreich.* Matthäus 19,14

Wer die Jugend hat, der hat die Zukunft. Er aber hat die Jugend nicht nötig, um die Zukunft zu haben. Er hat Zukunft. Darum vergewaltigt Christus weder die Alten noch die Jungen. Mit seinem majestätischen Wort: »Lasset sie zu mir kommen!« spricht er alle Garantie aus für seine und ihre Zukunft. Weil er die Zukunft hat, darum kann er zu sich rufen: »Lasset die Jugend zu mir kommen!« Eigenartig, die Jugend kommt nur zum Teil. Fast, als hätte er gesagt: »Geht, verschwindet, ich will euch nicht haben!« Woran liegt es, daß der, der die Zukunft hat, die ganze Jugend doch nicht hat? Weil der Mensch schon als Säugling auf dieser Erde den Weg nicht auf Gott zu, sondern von Gott weg läuft. Wir werden als Gottlose geboren.
Aber weil er uns nicht zwingt, weil er mich nicht drängt, weil er keine Bedingungen stellt, sondern nur sagt: »Kommt, denn ich habe die Zukunft auch ohne euch, wirklich, auch ohne euch« — darum laßt uns zu ihm gehen. Denn er ist der Erste und der Letzte, er ist der, der da war und der da kommt. Wer auf seiner Seite ist, der darf erfahren, daß seine eigene Vergangenheit, Gegenwart und Zukunft eng verknüpft ist mit Jesu Vergangenheit, mit Jesu Gegenwart und Zukunft. Was kann uns dann schon passieren?

Laß mich dein sein und bleiben, du treuer Gott und Herr, von dir laß mich nichts treiben, halt mich bei deiner Lehr. Herr, laß mich nur nicht wanken, gib mir Beständigkeit; dafür will ich dir danken in alle Ewigkeit. Nikolaus Selnecker

4. Februar *So denn ihr, die ihr doch arg seid, könnt dennoch euren Kindern gute Gaben geben, wieviel mehr wird euer Vater im Himmel Gutes geben denen, die ihn bitten!* Matthäus 7,11

Wenn schon die Großmütter einfach närrisch sind auf ihre Enkelkinder, wenn die Eltern ihre Kinder aufpäppeln und behüten und bewahren, bis sie groß sind, wieviel mehr . . .

Ja, wieviel mehr hängt Gott an uns Menschen; wieviel mehr sorgt er sich um uns, wieviel mehr umfriedet er uns und birgt er uns, bewahrt uns und zeigt uns den Weg. Gott läßt sich von der Liebe der Eltern nicht übertreffen. Auch nicht von der Liebe der Großeltern. Das ist ja alles nur ein ganz kleiner Abglanz, das ist ja wie ein Schimmer, der auf dem Staub im Sonnenstrahl liegt, im Vergleich zu der Sonne selbst.

Denn Gott hat ganz was anderes getan für uns. Er hat seinen Sohn gegeben. So hat er uns geliebt. Wer so liebt, kann doch nur Gutes den Geliebten geben. Wer solch schlagenden Beweis seiner Liebe angetreten hat, verdient unser höchstes Vertrauen. Warum nehmen wir es so wenig in Anspruch? Gott hat es doch um uns verdient.

Von nun an werden wir ihm alles sagen.

Wie Väter sich erbarmen ob ihrer jungen Kindelein, so tut der Herr uns Armen, wenn wir ihn kindlich fürchten rein. Er kennt das arm Gemächte und weiß, wir sind nur Staub, ein bald verwelkt Geschlechte, ein Blum und fallend Laub; der Wind nur drüber wehet, so ist es nimmer da: also der Mensch vergehet, sein End, das ist ihm nah. Johann Gramann

5. Februar *Dein Wort ward meine Speise, da ich's empfing.* Jeremia 15,16

Man kann nicht in Freundschaft leben, ohne daß man sich vergewissert durch Briefe und Geschenke. Man kann auch nicht in einer Ehe leben, ohne daß man einander bekundet: »Ich habe dich lieb!«, mit Ring und Gemeinsamkeit. Denn Menschen haben Zeichen nötig, Beweise, daß sie in Freundschaft miteinander leben und in einer Ehe. So ist es auch nicht möglich, Christ zu sein, ohne die Zeichen Gottes ernst zu nehmen und sich daran zu erfreuen und durch sie seiner Treue gewiß zu bleiben. Christentum in Gedanken gibt es nicht, wie es Freundschaft in Gedanken auf die Dauer auch nicht gibt — und Ehe in Gedanken erst recht nicht. Gott will mit uns Gemein-

schaft haben, nicht in Gedanken allein, sondern in Beweisen. Er beweist seine Libe zu uns auf dem Weg der Sakramente.
Kommen wir ohne sie aus? Beim Abendmahl sollen wir sein Wort als Speise nehmen dürfen, es schmecken, wie man Speise schmeckt, wie gut Gott ist. Leben wir ohne Abendmahl? Sind wir ohne Sakramente Christen: Wer so meint, schlittert ab in Einsamkeit, hat Gott bald nicht mehr nötig und ist allein mit sich selbst.
Nein, wir haben Bindung nötig. Er bindet uns, und es ist gut so. Er macht uns seine Liebe ganz gewiß. Das Abendmahl schafft Tatsachen!
Ach gib an deinem kostbaren Heil uns alle Tage vollkommnen Teil.

Christian Gregor

6. Febraur *Ich will noch mehr zu dem Haufen derer, die versammelt sind, sammeln.* Jesaja 56,8

Gott hat viel vor. Nicht nur uns, auch andere will er sammeln. Gott ist großzügig. Einer in der Familie? Nein, das reicht ihm nicht, damit ist Gott nicht zufrieden. Wenn er schon seinen Sohn gab, müssen alle davon leben.
Das ist ja das Geheimnis der missionierenden Kirche: Gott greift weit aus mit seinen Armen und holt das, was sich verloren hat, zusammen. Noch mehr! Noch mehr will er hinzutun.
Gottes Wille ist Gottes Wille. Wenn wir meinen, die Zahl reiche, müssen wir wissen, daß dies Gottes Willen entgegensteht. Wenn wir meinen, wir wären genug, müssen wir erfahren, daß in Gottes Augen die Zahl nicht voll ist. Wenn wir meinen, wir könnten die großen Haufen nicht ertragen, in denen Menschen singend und betend zusammenkommen, sagt uns dieses Vorhaben Gottes in der Bibel: Ich ertrage noch ganz andere Zahlen. Und im Himmel wird es sich erweisen, wieviel Millionen ich mir versammelt habe.
Sind wir dabei? Wenn wir uns noch nicht zu dieser Zahl rechnen, so sollen wir wissen, daß wir ein Programmpunkt Gottes sind. Denn wir gehören zu denen, die er versammeln will zur großen Familie Gottes.
Ach, laß dein Wort recht schnelle laufen; es sei kein Ort ohn dessen Glanz und Schein. Ach führe bald dadurch mit Haufen der Heiden Füll zu allen Toren ein. Ja wecke doch auch Israel bald auf und also segne deines Wortes Lauf! K. H. von Bogatzky

7. Februar *Verstehst du auch, was du liesest?* Apostelgeschichte 8,30

Eine weite Reise hatte er gemacht. Er war Finanzminister in Abessinien und befand sich auf der Rückreise von Jerusalem. Seine Reiselektüre beschäftigte ihn schon seit Stunden. Er grübelte und grübelte. Da kam einer auf ihn zu und fragte ihn: »Verstehst du auch, was du liesest?«, und die Antwort lautete: »Wie kann ich, wenn mir nicht jemand hilft?« Philippus, der auf ihn zugekommen war, setzte

sich im Wagen neben ihn. Und nun begann das gute Gespräch. Denn einer von beiden wußte, worum es ging.
Alles andere verstehen wir schneller, die Kurzgeschichten und die Langgeschichten, die Reisebeschreibungen und die Romane: Es ist alles unsere Sprache. In der Bibel aber spricht ein anderer. Wir sind weit entfernt von ihm, wir kennen seine Sprache nicht mehr. Dabei ist es die Sprache, aus deren Land wir herkommen: Gottes Land.
Aber es gibt Leute, die uns dabei helfen. Solche Leute müssen wir haben, die mit uns in den Wagen steigen. Vielleicht wohnt solch ein Mann nebenan. Vielleicht ist es die Großmutter, die noch die Sprache versteht. Der Nachbar, der Kollege, der Pfarrer: Es gibt welche, die Bescheid wissen, und an die sollten wir uns halten. Sie steigen bestimmt mit in den Wagen. Sie helfen bestimmt. Und wir müssen mit ihnen schnell Kontakt aufnehmen. Denn es wird Zeit, höchste Zeit.
Unser Wissen und Verstand ist mit Finsternis verhüllet, wo nicht deines Geistes Hand uns mit hellem Licht erfüllet; Gutes denken, tun und dichten mußt du selbst in uns verrichten. Tobias Clausnitzer

8. Februar *Der Herr sprach: Finde ich fünfzig Gerechte zu Sodom in der Stadt, so will ich um ihrer willen dem ganzen Ort vergeben.*
1. Mose 18,26

Es gibt viel mehr Christen, als wir ahnen. Entdecken muß man sie. Und es gibt viele, die es werden wollen. Die warten auf uns, daß wir hingehen und ihnen dabei helfen, auch glauben zu können. Wenn schon eine Familie von dem Segen lebt, den einer allein bringt, wie erst wird die Gnade Gottes über einer Stadt ausgebreitet sein, wenn dort Christen in großer Zahl den Namen Gottes nennen und keiner sich dessen schämt, zur Schar der Christen zu gehören! Wir sind es der Stadt schuldig, dem Beruf, der Familie, dem Volk, der Welt. Ja, der Welt! Denn solange Christen in der Welt leben, steht noch die Verheißung über dieser Welt, die Tatsache, daß Gott nicht will, daß einer aus ihr verlorengeht.
Ob der Bürgermeister ein Interesse an uns hat? Die Stadt und die Stadtverordneten? Von den meisten Städten in Deutschland und in der Welt kann man nur sagen: An Christen kein Interesse! So töricht sind sie. Dabei vergessen sie, daß sie praktisch nur leben, weil es Christen gibt. Nur dadurch haben sie die Möglichkeit, im Leben und im Sterben bei Gott vorzukommen. Denn Christen sind die Zeugen Jesu Christi, und solange der Name Jesu genannt wird, so lange ist Gott noch gnädig unserer Welt.
Andre traun auf ihre Kraft, auf ihr Glück und Ritterschaft; deine Christen traun auf dich, auch dich traun sie festiglich. Laß sie werden nicht zuschand, bleib ihr Helfer und Beistand, sind sie dir doch all bekannt.
Johann Heermann

9. Februar *Die Krankheit ist nicht zum Tode, sondern zur Ehre Gottes, daß der Sohn Gottes dadurch geehrt werde.* Johannes 11,4

Kommt plötzlich die Krankheit über uns — mitten wir im Leben sind! —, hat Gott doch mit der Krankheit seinen Plan. Wir, die wir ein Leben lang laut waren, sollen still werden; die wir ein Leben lang geschäftigt waren, müssen untätig liegen. Gott will etwas damit. Nun kommt sein Programm. Jetzt kann es sein, daß Menschen, die ans Krankenbett kommen und trösten wollen, getröstet weggehen. Jetzt kann es sein, daß Menschen, die mitleidig ans Krankenbett herantreten, im Grunde genommen die Bemitleidenswerten sind. Jetzt kann es sein, daß diejenigen, die voll Trauer am Krankenbett stehen, auf einmal entdecken, daß da jemand liegt, durch den Gott eine besondere Sprache spricht.

Doch, das kann geschehen. Darum sind Kranke oft gute Evangelisten. Und wie Jesus die Krankheit und das Sterben des Lazarus nutzte, um seine eigene Herrlichkeit zu zeigen, so möchte Gott, daß auch unsere Krankheit nicht zum Tode und zur Sinnlosigkeit führt, sondern daß durch unsere Krankheit der Name Gottes geehrt werde. Welch ein Thema für Kranke! Welch ein Thema für Gesunde!

Unverzagt und ohne Grauen soll ein Christ, wo er ist, stets sich lassen schauen. Wollt ihn auch der Tod aufreiben, soll der Mut dennoch gut und fein stille bleiben. Paul Gerhardt

10. Februar *Auf dein Wort will ich das Netz auswerfen!* Lukas 5,5

Wer hat in unserem Leben die Macht, daß wir ihm blind gehorchen? Der Staat? Die Polizei? Der Herr Direktor? Der Parteiführer? Der Hausbesitzer? Die Frau? Der Mann? Die Braut? Kümmerlich! Wenn wir schon einem total gehorchen, dann muß es einer sein, der nicht irrt, der nicht nachher zurücknimmt, was er sagt, der Garantien übernehmen will, der dafür einsteht. Wenn schon, denn schon!

Haben wir solchen Garanten? Den gibt es. Als Petrus zum Beispiel den gefunden hatte, sagte er: »Auf dein Wort will ich das Netz auswerfen. Dein Wort genügt mir. Bei dir ist es keine Fahrt ins Blaue. Bei dir ist es kein Risiko. Bei dir ist alles klar. Du stehst selbst dafür ein. Ich traue es dir zu. Auf dein Wort hin tue ich's!«

Jesus Christus hat dieses Wort gegeben. Wer die Bibel aufschlägt, hört dies Wort. Und er wird sie wieder schließen und sagen: »Jetzt weiß ich's. Auf dein Wort will ich's wagen!«

Wer es wagte, wer es wirklich wagte, hat immer gewonnen.

Herr, dein Wort, die edle Gabe, diesen Schatz erhalte mir; denn ich zieh es aller Habe und dem größten Reichtum für. Wenn dein Wort nicht mehr soll gelten, worauf soll der Glaube ruhn? Mir ist's nicht um tausend Welten, aber um dein Wort zu tun. Zinzendorf

11. Februar *Du bist bei mir, dein Stecken und Stab trösten mich.*
Psalm 23,4

Dieser Hirte, der mit Stecken und Stab nach links und nach rechts eine Bahn bricht für uns, ist ein mächtiger Hirte. Er tröstet uns. Wohlgemerkt, er vertröstet uns nicht, er sagt nicht: »Später mal!«, sondern: »Heute!«. Darum müssen wir das Wort »trösten« in der Sprache der Bibel wieder neu entdecken. Trösten heißt: Raum verschaffen! Wenn wir also ersticken, wenn wir in die Sackgasse geraten, wenn wir nicht mehr weiter können, haben wir ihn, der mit Stecken und Stab nach links und rechts ausbricht. Wir haben einen, der uns Luft macht, der mit Stecken und Stab die Gassen öffnet, daß wir hinter ihm her durch einen weiten und freien Raum laufen dürfen. Sein Stecken und Stab trösten uns. Das Wort Gottes hat diese Gewalt; sobald wir mit dem Wort durch den Tag gehen, geht das Wort praktisch immer vor uns her und macht einen Raum für uns frei, daß wir atmen können. Wir kriegen Luft. Was sollen wir ohne Luft? Was sollen wir ohne Gottes Wort? Wir ersticken und gehen ein. Darum sein Stecken und Stab. Darum sein Wort am heutigen Tag. Wir kommen bestimmt nicht weiter, wenn wir das Wort Gottes nicht haben und wenn wir diesem Wort nicht die Rolle zubilligen, die es einnehmen will. Und wir müssen doch weiterkommen.

O Herr, dein Wort kann große Dinge tun. Ich traue dir und deinem Wort — heute den ganzen Tag. Hilf mir weiter!

12. Februar *Ich bin dein Pilgrim und dein Bürger wie alle meine Väter.*
Psalm 39,13

Haben wir solche Väter? Der hätte einen Ahnennachweis sondergleichen, der aufzeigen könnte durch Generationen, daß seine Vorfahren im Gehorsam gelebt und von Gottes Vergebung existiert haben. Pilgrime seit Urgroßvaters Zeiten, eine gerade Linie bis heute. Wenn wir aber einen solchen Ahnennachweis nicht bringen können, gilt uns der Satz trotzdem, denn wir leben in einer großen Geschichte Gottes. Seine Geschichte ist nicht eine Familiengeschichte, sondern sie beginnt bereits bei unseren Vätern Abraham, Isaak und Jakob und geht über Paulus und Luther und Zinzendorf und Bodelschwingh bis in unsere Zeit: Es ist die Kirche unterwegs. Wir alle dürfen Väter des Glaubens haben. Wir dürfen uns verstehen in einer großen Schar derer, die auf dieser Erde als Pilger unterwegs auf Gott zu mit dem Bürgerbrief in Händen gelebt haben. Darauf kommt es an. In meinem Zimmer füllt sich ein großer Bilderrahmen mit vielen Photographien: Es sind meine Väter. Mein eigener Vater ist auch dort zu sehen als Glied in der Geschichte Gottes. Ob unsere Kinder sich einmal so verstehen? Viel hängt davon ab, ob wir selbst solche Pilgrime unterwegs sind.

O Herr Christus, hab Dank, daß es deine Kirche gibt durch alle Zeiten und daß wir in ihr leben dürfen. Gib, daß wir mit deiner Kirche unterwegs bleiben und unsre Kinder in uns Pilger haben, unterwegs zu dir.

13. Februar *Sündigt aber dein Bruder an dir, so gehe hin und strafe ihn zwischen dir und ihm allein.* Matthäus 18,15

Wir hängen es an die große Glocke. Wir sind froh, ihn ertappt zu haben. Wir sagen es dann Dritten. Sobald dies geschehen ist, ist seine Umkehr erschwert. Denn jedes Erzählen und Berichten, jedes Argwöhnen mit Dritten macht ihn fester auf seinem falschen Weg. Mit Dritten über einen Zweiten zu reden, ist leicht. Der Dritte gibt uns sofort recht. Und schnell ist es dann beim Vierten und beim Fünften, bis eine Mauer entsteht, in die der Bruder eingeschlossen wird und sich nur noch verzweifelt wehrt. Dabei wäre er frei geblieben zur Erkenntnis, wenn man mit ihm persönlich, unter vier Augen, direkt, ohne Unterstützung durch andere, zu sprechen gewagt hätte. Warum holen wir uns sofort Unterstützung bei Vierten und bei Fünften? Sind wir zu schwach? Sind wir zu feige? Schlimmer noch: Wir nehmen den nicht mit, vor dem das Gespräch doch stattfinden müßte, der wenige Zeilen später die Zusage gibt: »Wo zwei oder drei versammelt sind in meinem Namen, da bin ich mitten unter ihnen.« In dessen Gegenwart muß das Gespräch zu zweien geschehen. In Jesu Gegenwart. Das würde allerdings den Streit vermindern. Denn er will Frieden schaffen zwischen zweien, nachdem er Friede zwischen sich und uns geschaffen hat.

Geht es uns eigentlich um Frieden?

Wenn wir wie Brüder beieinander wohnten, Gebeugte stärkten und der Schwachen schonten, dann würden wir den letzten heilgen Willen des Herrn erfüllen. Nach J. A. Cramer

14. Februar *Sie lassen's sich sauer werden, aber sie werden's nicht genießen; sie werden ihres Einkommens nicht froh werden.* Jer. 12,13

Eine wilde Nervosität hat uns gepackt. Als müßten wir schneller leben, vor Angst, wir lebten zu kurz. Unheimlich werden wir getrieben von Termin zu Termin. Der Prophet, der dies Wort von seinem Volk ausspricht, vor 3000 Jahren, sieht den Tod im Topf. Bei uns ist er auch im Topf. Wir kalkulieren falsch. Nach zwei verlorenen Kriegen und mehreren Inflationen sind wir immer noch nicht klug geworden. Wir wollen Endgültigkeit, und doch ist nur Vorläufigkeit zugesichert. Wir reden uns selber ein, wir schafften es ohne Gott. »Wir laden ihn zum Jubiläum ein, die ersten 25 Jahre machen wir es ohne ihn.« — »Du Narr!« sagt Jesus in solchem Zusammenhang, 1000 Jahre nach diesem Propheten und 2000 Jahre vor uns.

Sind wir Narren? Zwar lassen wir es uns sauer werden. Daran ist kein Zweifel. Zwar sind wir Deutschen fleißig, das hat uns noch kein Volk bestritten. Zwar steigt unser Einkommen, das sieht man an den Anschaffungen. Aber alles geschieht ohne Gott. Wir arbeiten, aber nicht vor ihm; und das ist schlimm. Wir machen es ohne ihn. Wir betrügen Gott und uns und unser Volk. Wie damals. Wir werden nicht froh.

Laß fahren drum, was dich verstört in kluger Sorgen Pein, wir haben neu das Wort gehört: Die Macht hat Gott allein. Heinrich Vogel

15. Februar *Was fehlt mir noch?* Matthäus 19,20

Der reiche Jüngling in der Bibel war ein geistig hochqualifizierter junger Mann. Anspruchsvoll, wie wir alle sein möchten. So stehen wir vor Jesus und sagen ihm: »Das, was vom christlichen Glauben auszusagen ist, das paßt wohl für die Alten; die Predigt, die ich gerade gehört habe, galt wohl meinem Nachbarn. Die Andacht, die ich hier lese, ist höchstens was für meinen Kollegen. Ich aber, ich, der ich doch jahrelang in Frömmigkeit gelebt habe und von Hause aus schon weiß, was los ist und worauf es ankommt, ich habe einen besonderen Anspruch: Was fehlt mir noch? Das kann doch nicht alles sein! Er muß doch Religion für Fortgeschrittene geben.«

Die gibt es nicht. Wer mit Jesus nicht zufrieden ist, für den gibt es keine weiteren Möglichkeiten. Für den reichen Jüngling gab es auch keine andere als Jesus oder nicht Jesus. Und er entschied sich für die zweite Lösung. Es fragt sich, ob wir noch lange so anspruchsvoll vor Jesus auftreten können. Wären wir doch endlich soweit, daß wir ihm bekennen:

Eins ist not! Ach Herr, dies eine lehre mich erkennen doch; alles andre, wie's auch scheine, ist ja nur ein schweres Joch, darunter das Herze sich naget und plaget und dennoch kein wahres Vergnügen erjaget. Erlang ich dies eine, das alles ersetzt, so werd ich mit einem in allem ergötzt.

J. H. Schröder

16. Februar *Wir sehen jetzt durch einen Spiegel in einem dunklen Wort; dann aber von Angesicht zu Angesicht. Jetzt erkenne ich's stückweise; dann aber werde ich erkennen, gleichwie ich erkannt bin.*

1. Korinther 13,12

Wir sehen es jetzt indirekt. Später wird es eine Zeit geben, da wir es direkt sehen können, und zwar ihn selbst: das Wort, das Fleisch wurde, Jesus Christus.

Es gibt eine Motette, in der die Sänger es fünf-, zehn-, zwanzigmal dauernd wiederholen: »Denn wir werden ihn sehen, wie er ist.« So groß ist die Freude darauf. Sie überschlagen sich mit ihren Melodien.

Wenn wir uns daran nicht freuen können, daß unser Stückwerk aufhört und er Vollendung schafft — worauf freuen wir uns noch? Wenn wir nicht den Augenblick herbeisehnen, wo wir ihn selber sehen werden, wie er ist.
Je mehr einer sich auf die Vollendung in der Ewigkeit freuen darf, um so nüchterner ist er all dem gegenüber, was hier bereits Anspruch auf Vollendung erhebt. Weil Christen hier so nüchtern sind, Stückwerk Stückwerk sein lassen und nicht von Meisterstück reden, wenn es sich um Lehrlingsarbeit handelt, füllt sie schon jetzt eine unbändige Freude: Denn wir werden erkennen als die von ihm Erkannten.
Ach, könnten wir sie sehen, uns wär das Herz schon satt! All Weinen müßt vergehen, weil sie in Ehren stehen bei Gott an Sohnes Statt.

Erich Klapproth

17. Februar *Wenn ich schwach bin, so bin ich stark.* 2. Korinther 12,10

Wie gegensätzlich die Bibel doch formulieren kann! Nach unseren Spielregeln muß es doch lauten: Wenn ich schwach bin, dann bin ich schwach. Also muß ich mich stark machen!
Wenn wir uns aber allein helfen wollen, kommt nicht viel dabei heraus. Dann mögen wohl Dinge in der Welt passieren, die anderen imponieren, aber wir treten doch auf der Stelle.
Darauf kommt es an, daß Gott bei uns zum Ansatz kommt. Das ist schwer. Darum hat er bei einem Paulus allerlei arbeiten müssen, um ein Stück nach dem andern bei ihm auszuschalten, um endlich sich ganz einschalten zu können. Wieviel muß Gott bei uns ausschalten? Laßt es uns nicht kämpfend mit Seufzen und mit Grämen Stück um Stück abgeben, sondern es ihm aushändigen. Wir stören ihm das Konzept, solange wir stark bleiben. Stark sind wir nur, wenn wir ihn stark sein lassen an uns. Dann merken andere auch bald, daß sie es mit Gott zu tun haben, wenn sie mit uns reden. Und sie brennen darauf, nicht mit uns zu tun zu haben, sondern durch uns mit Gott.
Du willst dich meiner gar nicht schämen, ich mag dich ja zu allem nehmen, du willst mir selber alles sein; so sollst du denn in allen Sachen den Anfang und das Ende machen, dann stellt sich lauter Segen ein.

18. Februar *Um die Mitternacht aber beteten Paulus und Silas und lobten Gott.* Apostelgeschichte 16,25

Daß sie nicht getobt haben! Daß sie keine Beschwerde eingelegt haben! Und wenn das keine Aussicht gehabt haben sollte, daß sie dann Gott nicht alles vor die Füße geworfen haben, der sich doch so schlecht zu ihnen bekannte! Was wollten die beiden alles in Philippi unternehmen! Großaktionen im Namen Gottes! Kurz nach dem Start aber liegen sie im Gefängnis »und loben Gott«! Ja, das ist gekonnt. Die verstanden sich auf Gott. Die beiden wußten, daß er

keine Fehler macht. Die konnten selbst in der Tiefe den Namen loben, um dessentwillen sie gefesselt waren. Die Geschichte ist voll davon. Paulus und Silas haben etliche Nachfolger gefunden. Die haben es genauso gemacht. Auch heutzutage gibt es Leute, die als Gefesselte die Freiheit der Kinder Gottes besingen und Gottes gute Taten preisen mitten in der Qual. Nicht, daß wir uns zu Heiligen erklären. Das ist nicht nötig. Denn dann könnten wir auf den Gedanken kommen, wir brauchten es nicht zu können. Wir dürfen Gott auch loben mitten in der Nacht mancher Ausweglosigkeit. Laßt es uns heute üben, damit wir es können, wenn es ganz schwer wird.
Von guten Mächten wunderbar geborgen, erwarten wir getrost, was kommen mag. Gott ist mit uns am Abend und am Morgen und ganz gewiß an jedem neuen Tag. Dietrich Bonhoeffer

19. Februar *Ich ließ sie ein menschlich Joch ziehen und in Seilen der Liebe gehen und half ihnen, das Joch an ihrem Hals tragen, und gab ihnen Futter.* Hosea 11,4
An Seilen der Liebe. Die Schlinge geht nicht zu. Es ist nicht wie beim Lasso, mit dem man wilde Pferde fängt. Wenn Gott ein Seil um uns wirft, will Gott nicht zerren, will Gott nicht einfangen, auch nicht vergewaltigen. Nein, Gottes Seile sind leichte Zügel. Gott will, daß wir auf leichten Wink nach links oder nach rechts reagieren. Er, der uns zieht, weiß die Plätze unseres Lebens, an denen wir nicht verderben, und er kennt die Menschen, die uns tiefen inneren Schaden zufügen. Wir wissen sie nicht! Wir würden uns verlaufen, einen falschen Weg gehen. Wir würden uns verheddern. Er aber hat die Übersicht. Er weiß das Ziel. Auch nachts, auch im Nebel, auch bei verhangenem Himmel.
Reagieren wir auf seine Zügel? Oder ziehen wir geradeaus wie ein wildgewordenes Pferd, das sich nicht mehr bändigen lassen will? Es sind Seile der Liebe. Und mancher Druck, den wir spüren, auch wenn er uns schmerzt, ist ein Merkmal, daß wir angebunden sind, von Gott festgehalten sind. Wir müssen nur verstehen, was er damit meint. Es lebt keiner unter uns, der ohne seine Zügel leben könnte. Es sind immer Seile der Liebe. Immer.
Zeuch mich, o Vater, zu dem Sohne, damit dein Sohn mich wieder zieh zu dir; dein Geist in meinem Herzen wohne und meine Sinne und Verstand regier, daß ich den Frieden Gottes schmeck und fühl und dir darob im Herzen sing und spiel. Bartholomäus Crasselius

20. Februar *Ich will dich segnen, und sollst ein Segen sein.* 1. Mose 12,2
Ein Spatz in der Hand ist besser als eine Taube auf dem Dach! Darum ist die Geschichte mit Gottes Segen immer etwas peinlich, weil

damit die große Unbekannte verbunden ist. Darum regen wir uns lieber selbst. Darum: Wenn schon Segen, dann schaffe ihn jeder selbst! So ist unsere genormte Meinung.
Grausames Mißverständnis! Segen ist doch nicht dann erst eingetreten, wenn unser Acker sein Soll erfüllt hat oder uns in der Lebensmitte das Eigenheim anstrahlt. Beides kann auch Fluch bedeuten. Ob Rekordernte oder Eigenheim, beim Segen spielt es keine Rolle. Segen ist etwas anderes.
Ablesbar ist dies an der Stelle unseres Textes in der Bibel. Gott sagt zu Abraham: »Dich meine ich. Mit dir will ich mein Werk tun. Durch dich will ich etwas tun auf der Welt. Du bist mein. Ich will dich segnen.«
Wenn dies aber geschieht, daß Gott ja zu uns sagt, fällt uns zunächst so ziemlich alles aus der Hand, fast als hätte einer draufgeschlagen. Denn Gott mutet Abraham zu, auf seinen Sohn zu verzichten. Auf den Sohn, den Garanten des Segens. Das haben wir noch nicht gewußt? Gesegnet sind die Leute, die die Hände frei haben für das, was Gott hineinlegen will. Das ist meist etwas anderes, als wir uns vorgenommen haben. Heute auch.
O Gott, was hast du mit mir vor? Gib, daß ich mich dir ganz ausliefere. Denn nur auf einen ganzen Gehorsam legst du deinen ganzen Segen.

21. Februar *Mein Herz hält dir vor dein Wort: »Ihr sollt mein Antlitz suchen.« Darum suche ich auch, Herr, dein Antlitz.* Psalm 27,8
Es ist doch so, daß wir uns einfach schämen, wieder zu Gott zu kommen. Wir sehen selber ein, daß die Art, in der wir leben, vor Gott ungehörig ist. Wir ziehen also die klare Konsequenz: Wir gehen nicht mehr zu Gott zurück! Der Beter dieses Psalms wollte auch diese Konsequenz aus seinem gottlosen Leben ziehen. Von sich aus sieht er keine Möglichkeit der Rückkehr mehr. Von uns aus besteht auch keine mehr. Verscherzt ist verscherzt! Wir müssen aber die Bibel zu Ende lesen. Unser Text sagt es deutlich genug: Mag zwischen Gott und uns passiert sein, was auch passiert sein mag, dennoch hat Gott gesagt: »Ihr sollt mein Antlitz suchen.«
Auf diese Aufforderung beruft sich der Psalmist. Auf keine andere können wir uns berufen. Wir »dürfen« sein Antlitz suchen? Das steht nicht da. Gott sagt: »Ihr sollt! Was ihr auch inzwischen getan habt, was ihr auch inzwischen gesucht habt, woran ihr euch auch inzwischen verloren habt, mein Antlitz sollt ihr suchen!« Dies Wort dürfen, ja sollen wir ihm vorhalten: O Gott, du hast es ja selbst gesagt. Ich hätte es mir nicht ausdenken können. Du selbst hast es ja befohlen. Was ich auch alles wieder an Torheit hinter mir habe, es soll mich nicht von dir wegtreiben. Ich komme mit dem allem zu dir. Du hast es ja selber gesagt, ich solle zu dir kommen.

Ich Betrübter komme hier und bekenne meine Sünden; laß, mein Heiland, mich bei dir Gnade zur Vergebung finden. Erdmann Neumeister

22. Februar *Bekehre du mich, so werde ich bekehrt; denn du, Herr, bist mein Gott.* Jeremia 31,18

Wer so beten kann, hat das Beste getan, was er tun konnte. Er hat sich an den gewandt, der Bekehrungen vornimmt. Was Menschen da aneinander tun, schafft oft nur einen Schock, aber keine Umkehr. Gott bringt zur Umkehr! Er steht hinter uns und ruft: »Drehe dich doch um!« Wohl dem, der es dann tat! Viele bleiben stur, sie rennen weiter geradeaus, von ihm weg. Denen passiert es dann, daß er sich in den Weg stellt, daß er sie überholt, so daß sie doch geradeaus in seine Hände jagen. Zu spät!

Es kommt also darauf an, daß wir frühzeitig dies Gebet sprechen: »Bekehre du mich, so werde ich bekehrt.« Der uns bekehrt, der meint es gut. So gut, daß wir es nicht begreifen können, so lange fortgelaufen zu sein. Denn: »Du, Herr, bist mein Gott«, ist ja doch die Erkenntnis, daß wir ihm gehören. Nicht unsere Sturheit, nicht unsere Angst, nicht unsere Lebensverhältnisse und nicht unsere Erfahrungen, selbst nicht der Tod sollen uns weiter weglaufen lassen von ihm. Denn er hat sich uns vorgenommen. Wir kommen nicht von ihm los. Er hat uns fest geliebt. Sollen wir mit abgewandtem Gesicht mit ihm verkehren? Es geht nicht. Wir beleidigen ihn; ist er doch unser Gott! Er will uns nicht verlieren. Wir gehören ihm. Ziehen wir doch die Konsequenzen: »Bekehre du mich!«

Doch wie könnt ich dir entfliehen? Du wirst allenthalben sein: Wollt ich über See gleich ziehen, stieg ich in die Gruft hinein, hätt ich Flügel gleich den Winden, gleichwohl würdest du mich finden.

23. Februar *Mose sprach zum Volk: Her zu mir, wer dem Herrn angehört!* 2. Moses 32,26

Wir haben alle den Tanz ums goldene Kalb mitgemacht, ob wir nah dran waren oder am Rande standen. Jeder war beteiligt. Aber das Entscheidungswort trifft uns: »Her zu mir!« Wenn uns das Entscheidungswort Gottes trifft: »Her zu mir, wer dem Herrn angehört!«, dann brauchen sich nicht nur die »bewährten Kämpfer« des Glaubens zu sammeln, nicht nur diejenigen, die vor aller Welt das Zeugnis bekommen, daß sie ein Leben lang in christlichem Glauben gelebt hätten. Nein, immer, wenn das Entscheidungswort uns trifft, kann jeder kommen. Denn es gibt keine Entscheidung gegen Gott, die endgültig wäre. Unsere Entscheidungen gegen Gott sind immer noch zu ändern. So groß ist keine Sünde, daß Gott nicht mit ihr fertig würde. Solange uns also dieser Ruf trifft: »Her zu mir, wer dem

Herrn angehört!« — uns Tänzer ums goldene Kalb —, dürfen wir zurück. Wir dürfen uns auf die Seite derer schlagen, die den Herrn liebhaben allezeit. Das hat Jesus deutlich gesagt: Auch die Spätkommenden werden ganz hineingenommen in den Reichtum seiner Vergebung. Darum sollten wir nicht zurücksehen auf das, was hinter uns liegt. Sünde darf nicht hindern, zu Gott zu kommen. Denn sein Ruf gilt Sündern, denen, die getanzt haben ums goldene Kalb.
So will ich, wenn ich zu ihm komm, nicht denken mehr an gut und fromm, sondern: Da kommt ein Sünder her, der gern fürs Lösgeld selig wär. Zinzendorf

24. Februar *Werft euer Vertrauen nicht weg!* Hebräer 10,35
Weil etwa ein Silberstreifen am politischen Horizont steht? Etwa, weil es bergauf geht in der Wirtschaft, etwa, weil es sich doch langsam wieder lohnt, zu leben, da ja das Lämpchen wieder glüht? Nein! Das ist keine Begründung. Das hat man uns schon tausendmal gesagt, und zu spät sind wir wach geworden und haben gemerkt, daß es falsch war, das Vertrauen darauf zu setzen.
Wenn Christen rufen: »Werft euer Vertrauen nicht weg«, dann meinen sie das Vertrauen auf den, der unser Vertrauen verdient hat.
Doch, er hat es verdient. Gott hat es verdient. Er hat seinen Sohn gegeben, uns zugut. Seinen Sohn hat er als Brücke über den Graben gelegt, uns zugut. Seinen Sohn hat er Mensch werden lassen, uns zugut. Und Gott hatte doch nur einen Sohn. Diese Tatsache schafft Vertrauen. Mehr kann Gott nicht tun. Und wer meint, es sei zuwenig, bedenkt nicht, daß Gott es war, der seinen Sohn gegeben hat. Gott selbst! Es war bei ihm fürwahr kein Scherz. Er ließ es sein Bestes kosten. Darum: Werft euer Vertrauen nicht weg!
Sollt ich meinen Gott nicht singen? Sollt ich ihm nicht dankbar sein? Denn ich seh in allen Dingen, wie so gut er's mit mir mein'. Ist's doch nichts als lauter Lieben, das sein treues Herze regt, das ohn Ende hebt und trägt, die in seinem Dienst sich üben. Alles Ding währt seine Zeit, Gottes Lieb in Ewigkeit. Paul Gerhardt

25. Februar *Freuet euch in dem Herrn allewege!* Philipper 4,4
Allewege! Also nicht dann und wann, sondern immer. Der Normalfall zu Fastnacht lautet: »Bis Dienstag abend wird sich gefreut! Dann ist Aschermittwoch. Bis dahin haben wir Zeit.«
Wer sich nur bis Dienstag vor Aschermittwoch freut, freut sich falsch. Die Freude bis Dienstag ist nicht die Freude, von der die Bibel spricht. Denn die Freude, von der die Bibel spricht, ist eine Freude, die über Aschermittwoch hinaus gilt. Wer von solcher Freude weiß, wird sehr kritisch mit der Freude sein, die bis Dienstag Gül-

tigkeit hat. Und wer genau hinsieht, weiß, daß diese Freude auch gar nicht freut. Man muß allerdings genau hinsehen. Man muß mit sich selbst kritisch genug sein können. Man muß mit sich selbst allein reden können. Mit sich selbst?
Das reicht nicht. Man muß mit Gott reden können. Dann werden wir dahinterkommen, wie schal die Möglichkeiten der Freude sind, die sich die Menschen in diesen Wochen ausgedacht haben. Aber wir entdecken, welchen Gehalt die Freude birgt, die durchzieht. Über Dienstag hinaus. Ein Leben lang. Jesus ist Anlaß wirklicher Freude.
O Gott, du weißt, daß nicht alle meine Freuden mit dir zu tun haben. Laß mich einen wirklichen Begriff von der Freude im Herrn gewinnen. Laß ich in dieser Welt mich so freuen dürfen, daß du dich freust.

26. Februar *Freut euch mit mir!* Lukas 15,9

Nur, weil sie den Groschen wiedergefunden hatte, rief die Frau ihren Freundinnen und Nachbarinnen zu, sie sollten sich mit ihr freuen. Jesus sagt, wenn jemand mit Gott ins reine gekommen sei, sei das solch eine Freude, daß man sie nicht für sich allein behalten könne. Es fragt sich, a) ob wir mit Gott ins reine gekommen sind, b) ob wir an dieser Tatsache eine Freude gefunden haben, von der andere etwas merken. Denn mit Gott ins reine gekommen zu sein, schafft Freude. Die Bilder, die die Bibel gebraucht, um solche Freude zu beschreiben, sind zahlreich. Alle Bilder fragen uns, ob andere mit uns in der Atmosphäre der Freude leben. Wissen eigentlich unsere Angehörigen, daß wir mit Gott ins reine gekommen sind? Die müßten es doch wissen, die müßten es so merken, daß sie sich heimlich anstoßen und sagen: »Was ist nur mit ihm passiert?«
Ja, so sollten wir sein, so dürfen wir sein. Jeder hat seine Freunde. Jeder hat seine Nachbarn. Was die Frau im Gleichnis Jesu tut, dürfen wir alle. Wen fordern wir heute auf, sich mitzufreuen?
Freuet euch, ihr Christen alle, freue sich, wer immer kann; Gott hat viel an uns getan. Freuet euch mit großem Schalle, daß er uns so hoch geacht', sich mit uns befreundt gemacht. Freude, Freude über Freude: Christus wehret allem Leide. Wonne, Wonne über Wonne: Christus ist die Gnadensonne. Christian Keimann

27. Februar *Haltet an am Gebet!* Römer 12,12

»Ich kann nicht beten, ich darf nicht beten, ich bin nicht reif genug zu beten«, sagen wir oft. Gott sagt: Haltet an! Betet dauernd! Gott wartet, daß wir doch reden möchten. Gott steht auf dem Sprung, daß wir ihn anrufen. Hilft Gott denn?
Das haben unsere Kinder sich noch nie gefragt, bevor sie uns anredeten, ob wir Väter ihnen wohl helfen würden, ob es sich denn

lohne. Nein, noch nie. Sie rufen und winken und kommen und reden: »Vater, sieh doch!« Dauernd. So sollen wir uns auch nicht fragen, ob Gott helfen kann. Was man Gott sagt, ist ausgesprochen, ist angekommen, ist gut bewahrt. Betet!
Anhaltend heißt: pausenlos. Man kann beten und reisen zugleich, beten und verhandeln zugleich, man kann zugleich Schuhe sohlen und beten, Kohlen fördern und beten, Straßenbahn fahren und beten, verkaufen und beten, sich verhaften lassen und beten. Es gibt nichts, das uns daran hindern könnte, Gott zu bitten, es mitzutun, Gott also hineinzunehmen in den Alltag. Anhaltend, das heißt, daß wir unsere gottlosen Hemmungen nicht ernster nehmen als Gottes Warten auf unseren Ruf.
Wenn wir das täten, kämen wir aus der Nervosität heraus, aus dem Zufall, aus dem »Mal oben, mal unten«. Denn Beständigkeit tut uns not. An Gott liegt es nicht, wenn sie uns fehlt. Es liegt an uns. Gott will uns immer haben.
Ja, er will gebeten sein, wenn er was soll geben, er verlanget unser Schrein, wenn wir wollen leben und durch ihn unsern Sinn, Feind, Welt, Fleisch und Sünden kräftig überwinden. J. B. Freystein

28. Februar *Ihr könnt nicht zugleich trinken des Herrn Kelch und des Teufels Kelch.* 1. Korinther 10,21

Die glaubten wenigstens noch an den Teufel. In Korinth verstand man diesen Satz sehr genau. Die hatten in ihrer griechischen Religion Gemeinschaftsmahle, bei denen man das Fleisch, das man Götzen geopfert hatte, gemeinsam verzehrte, um damit an den Götzen selber teilzuhaben.
Es gibt Gemeinschaft mit Götzen! Es gibt Gemeinschaft mit dem Teufel. Das steht schon in der Bibel. Und darum ist es wahr. Wer es erst glaubt, weil es auch Goethe sagte, der lese den »Faust«. Dabei müßten wir ja der Bibel schon recht geben, wenn wir nur bereit wären, ehrlich uns selbst zu fragen: Wem gehören wir denn? Mit wem wollen wir keinesfalls abbrechen? Welche Menschen können wir nicht vergessen? Welche Gedanken können wir nicht abstellen? Welche Pläne binden uns? Schon die Erwähnung dieser Vokabeln — binden, gehören, nicht abstellen können, nicht abbrechen, nicht vergessen — zeigt, daß wir beherrscht werden.
Wessen Kelch trinken wir? Von wem leben wir? Die Korinther wollten nicht abbrechen. Sie wollten wohl zugreifen mit der rechten Hand nach der Botschaft von Christus, mit der linken Hand aber wollten sie nichts aufgeben. Was wollen wir? Die Gemeinschaft mit dem einen schließt die gemeinsame Sache mit dem andern aus. Es geht nicht ohne ein Entweder-Oder.
O Gott, gib, daß ich eindeutig lebe!

29. Februar *Wisset, daß ihr nicht mit vergänglichem Silber oder Gold erlöst seid.* 1. Petrus 1,18

Sklaven kann man mit Geld loskaufen. Versklavte Länder kann man mit Waffen befreien. Diese Knechtschaft war weder durch Geld zu beseitigen noch mit Waffen. Es ging nur durch Christus selber und sein Opfer. Folglich gibt es keinen höheren Preis. Folglich gibt es keine größere Knechtschaft. Sklaverei unter Menschen und deren Systemen steht in keinem Verhältnis zu der Sklaverei unter Sünde, Tod und Teufel. Darum bedurfte es des höchsten Preises. Darum ist diese Befreiung auch unverlierbar. Befreiungen von Systemen können sehr zeitweilig sein. Und wir in unserer Geschichte und unsere Generation sind dessen Zeuge. Er aber macht endgültige Tatsachen. Nicht mit Gold oder Silber oder Waffen.

O Gott und Herr, wir danken dir, daß wir wissen dürfen, daß wir nicht mit vergänglichem Silber oder Gold erlöst sind, sondern mit dem teuren Blut deines Sohnes Jesu Christi, des unschuldigen und unbefleckten Lammes. Mach uns immer deutlicher, was das heißt. Laß uns heute davon leben, damit wir endgültig froh werden.

1. März *Wer euch verachtet, der verachtet mich.* Lukas 10,16

Man kann keine Minderheit ausrotten, ohne deren Garanten zu treffen. Man kann keine Christen verfolgen, ohne den Christus zu meinen. Man kann keine Hand abschlagen, ohne den Körper zu ruinieren. Man kann nicht über einen Frommen lachen, ohne Christus zu beleidigen. Wer die Glieder trifft, trifft auch das Haupt. Solche Personalunion ist Christus mit seiner Gemeinde eingegangen. Das müssen sich alle merken. Obrigkeiten und Volksführer müssen wissen, was sie tun, wenn sie die Christen verachten. Und wir müssen wissen, was wir tun, wenn wir mit leichter Überheblichkeit andere registrieren. Wir treffen immer Christus damit. Immer sind wir gefragt, auf welcher Seite wir stehen. Denn wer die Gemeinde verachtet, schlägt sich auf die Seite des Antichristen. Man ist eher da, als man glaubt. Die Grenze ist schnell überschritten.

O Herr, laß mich nicht vergessen, daß man deinen Sohn verachtet, wenn man deine Gemeinde verachtet. Und bewahre mich davor, die Verächter zu verachten. Sie sind ja auch von dir geliebt. Laß mich erschrecken, wenn es mich packt. Denn wenn ich deine Geliebten, auch wenn sie von deiner Liebe noch nichts wissen wollen, verachte, treffe ich ja dich selbst. Hilf mir, Herr!

2. März *Jesus sprach zu seinen Jüngern: Euer Herz erschrecke nicht! Glaubet an Gott und glaubet an mich!* Johannes 14,1

Die Hausfrau erschrickt bei dem Gedanken, die Butter könne wieder knapper werden. Der Vater hat Angst, er könne doch noch arbeitslos werden. Die Tochter wird wach vor Schrecken, ihr Bräutigam bleibe ihr nicht treu. Dem Sohn wird bange über seine Berufswahl wegen der Überfüllung. Und alle haben die gemeinsame Angst obendrein noch, es könne wieder Krieg geben.

Meint Jesus dies Erschrecken? Nein.

Wenn es für uns nicht ein anderes Erschrecken gibt, dann meint Jesus uns auch nicht. Er läßt uns laufen mit unseren Ängsten. Denn Jesus meint ein Erschrecken davor, daß Gott gegen uns ist. Eben weil wir solch ein Erschrecken nicht mehr kennen, bleiben wir stekken in unseren Ängsten vor Butterpreisen und Arbeitslosigkeit, vor falscher Berufswahl und vor Krieg.

Wenn wir aber in Angst vor Gott wären, wenn wir nachts nicht schlafen könnten vor der entsetzlichen Tatsache, daß Gott gegen uns ist, wenn wir aus der Tiefe schrien: »O Gott, sei nicht gegen mich!« — dann käme Christus mit seinem Trostwort, daß unser Herz nicht zu erschrecken brauche, weil er da ist. Denn so wie Gott gegen den Menschen war, war er gegen den Christus. Seitdem sind wir Menschen ausgewechselt. Gott ist für uns, denn er war gegen seinen Sohn. Total gegen ihn. Das ist vollbracht.

Darum: Euer Herz erschrecke nicht! Es braucht uns wirklich nichts zu erschrecken. Es ist wirklich kein Grund mehr vorhanden.

Herr, ich glaube; hilf meinem Unglauben!

3. März *Sie treten nicht vor die Lücken und machen sich nicht zur Hürde um das Haus Israel und stehen nicht im Streit am Tage des Herrn.* Hesekiel 13,5

Hier ist auch von unseren Pastoren die Rede. Auf die muß man sich doch verlassen können in Augenblicken, da es hart auf hart geht. Jawohl, auch! Aber außer ihnen ist von jedem Christen die Rede. Vom Vater und von der Mutter, vom Sohn und von der Tochter. Auch von Kollegen: Jedem kann die Rolle zufallen, von der Gott hier spricht. Die Gemeinde muß wissen, daß es etliche gibt, auf die man sich im Dunkeln verlassen kann; die in der Zeit der Anfechtung genau wissen, was jetzt zu tun sei, und im Augenblick der Bedrohung genau sagen, wie jetzt zu reagieren sei. Solche muß es geben, die selbst bereit sind, in die Lücke zu treten und zum Opfer sich zu stellen. Trauen wir uns solches zu, wenn es zur Entscheidung kommt? Wir werden unseren Mund nicht voll nehmen dürfen. Wir sollten uns schon jetzt an den wenden, der vor die Lücke getreten ist und sich zur Hürde des Hauses Israel gemacht hat: Christus selbst. Je näher wir ihm sind, um so mehr wird uns die Rolle des Bewahrens zuteil.

Sind wir nahe bei ihm? Wer kann sich auf uns verlassen?

Legt es unter euch, ihr Glieder, auf so teures Lieben an, daß ein jeder für die Brüder auch das Leben lassen kann. So hat uns der Freund geliebet, so vergoß er dort sein Blut. Zinzendorf

4. März *Laß nicht zuschanden werden an mir, die dein harren, Herr Zebaoth!* Psalm 69,7

Man stelle sich vor: Wir sind andern im Wege, wir können mit unserer Frömmigkeit andere hindern, an Gott zu glauben. Andere werden an uns zuschanden. An uns! Keiner, wirklich keiner ist von diesem Gebet ausgeschlossen. Wenn wir meinen, es habe bei uns keine Not, dann laßt uns ruhig einpacken. Gott wird uns nämlich eine Liste derer präsentieren, die an uns zuschanden wurden. Wenn wir nur der anderen Seufzen über uns vernähmen, dann merkten wir, wie notwendig solch ein Gebet für uns persönlich ist. Inwiefern sind wir als Eltern den Kindern im Weg, inwiefern sind wir Kinder den Eltern im Weg, an Gott zu glauben? Eine ganze Welt könnte jetzt aufstehen und ihren ganzen Jammer und ihren Ärger an den Christen bekunden. Woran liegt das? Es kommt daher, daß wir Christen uns mehr einbilden, als Gott zuläßt. Was uns not tut, ist, daß wir an die Seite treten, damit Gott durch kann; daß wir uns nicht in den Weg stellen, als könnten wir es an anderen schaffen. Er will es tun! Darum ist viel wichtiger, mit Gott über die andern zu reden, als mit den andern über Gott zu reden; viel wichtiger, den eigenen Jammer bekanntzugeben, damit Gott handelt. Lassen wir doch Gott das seine tun. Bitten wir ihn, er will es ja tun.

O Gott, du kennst die Namen derer, die an uns zuschanden werden. Erbarme dich, hole du sie selbst zurück und steh uns bei, daß wir deinem Namen Ehre machen.

5. März *Von der Zeit an fing Jesus an und zeigte seinen Jüngern, wie er müßte hin gen Jerusalem gehen und viel leiden von den Ältesten und Hohenpriestern und Schriftgelehrten und getötet werden und am dritten Tage auferstehen.* Matthäus 16,21

»Ich gebe euch einen ganz kurzen Text mit.« So fing mein Konfirmator die Predigt am Konfirmationstag an. Weil er so kurz war, habe ich ihn nicht vergessen. Die drei Worte lauteten: »Christus mußte leiden.« Das sagt Jesus im heutigen Text, daß er nach Jerusalem gehen und dort viel leiden müsse. Anders war es nicht möglich. Was mit uns passiert war, war nicht anders zu beheben. Mußte er wirklich? Gab es keinen anderen Weg? Gott hätte doch ... So furchtbar zu leiden, wäre doch gar nicht nötig gewesen ... Es stand doch so schlimm nicht mit uns, daß er ausgerechnet ans Kreuz gehen mußte! Doch, so schlimm stand es mit uns. Das beweist uns die

Bibel nicht an unserer Verworfenheit, sondern an der Tatsache der Kreuzigung und seines Todes. Daran, an solcher Liebe, wird uns erst klar, wie tief wir abgerollt waren: Es ging nicht ohne Leid und Blut ab, als wir gerettet wurden! Es mußte sein, Christus mußte leiden. Wer das leugnet, bagatellisiert seine eigene Lage und schlägt Gottes Liebe ins Gesicht.

Dein Kampf ist unser Sieg, dein Tod ist unser Leben; in deinen Banden ist die Freiheit uns gegeben. Dein Kreuz ist unser Trost, die Wunden unser Heil, dein Blut das Lösegeld, der armen Sünder Teil.

Adam Thebesius

6. März *Und Petrus nahm ihn zu sich, fuhr ihn an und sprach: Herr, schone dein selbst, das widerfahre dir nur nicht!* Matthäus 16,22

Nein, auf keinen Fall, das darf doch nicht sein, das ist doch Wahnsinn, sagt Petrus. Wörtlich übersetzt steht im Text: »Da sei Gott vor.« So wirft sich Petrus in den Plan seines Meisters. »Wer hat das denn von dir verlangt? Schone dein selbst! Um meinetwillen brauchst du nicht zu leiden. Wenn du sagst, du müßtest so tief herunter – schone dich, halbtief genügt; ich bin nicht im Sumpf, ich bin auf halber Höhe; ich bin nicht im Schlamm, ich bin noch immer auf ziemlich festem Weg.« Aber Jesus geht in den Sumpf und sucht den Schlamm. Entweder muß sich Petrus irren oder Jesus. Entweder hat Gott sich geirrt, daß er seinen Sohn preisgab, oder wir irren uns über unseren Standort. Haben wir den Mut, zu sagen, Gott habe sich geirrt? Oder erkennen wir, daß Gott uns mit der Tatsache, daß sein Sohn leiden mußte, den Ort zeigen wollte, wo wir tatsächlich sind? Man stelle sich vor, wir wären nicht da, wo er uns sucht! Das sollen wir am Kreuz lernen: Sündenerkenntnis entsteht nicht schon da, wo wir merken, wie lumpig wir sind, sondern Sündenerkenntnis entsteht da, wo uns aufgeht, wie Gott uns liebt!

Ich, ich und meine Sünden, die sich wie Körnlein finden des Sandes an dem Meer, die haben dir erreget das Elend, das dich schläget, und das betrübte Marterheer. Paul Gerhardt

7. März *Und Adam versteckte sich.* 1. Mose 3,8

Damit es von vornherein klar ist: Es handelt sich nicht allein um Adam. Eva versteckte sich auch. Es war nicht nur das erste Ehepaar, das sich versteckte. Adam heißt: der Mensch! Seit der Zeit verstekken wir uns alle. Adam versteckte sich vor dem Angesichte Gottes. Wir auch. Gott kommt auf uns zu, und wir sind nicht da. Gott will uns einholen, und wir laufen weg. Darum geht seit der Zeit der Ruf: Wo bist du? Kehre um! Dreh dich doch um!

Das ist die christliche Botschaft: Dreht euch doch um!

Ist das eine Mutfrage? Man könnte es meinen. Denn wir haben alle

Angst vor Gott. Wenn Gott so wäre, wie wir ihn uns denken! Aber Gott ist nicht so, wie wir ihn uns denken. Gott hat einiges getan, um uns zu zeigen, wie er ist. Er vernichtet uns nicht. Er drückt uns nicht wie eine Fliege an der Wand kaputt, er zertritt uns nicht, wie man einen Käfer zertritt, wenn man durch den Wald schreitet. Gott bückt sich und hebt den Käfer auf, trägt ihn vom Weg weg und legt ihn aufs grüne Blatt.

Wenn Gott doch zufassen könnte! Wenn er uns doch entheben könnte dem allem, dem wir verfallen sind. Aber Gott kann nicht greifen, wir entwinden uns ihm, wir verstecken uns. Wie lange noch?

Welche Sünde könnt ich tun, daß du mein vergäßest? Gott, in welchem Abgrund ruhn, den du nicht bemäßest? R. A. Schröder

8. März *Gott hat euch berufen durch unser Evangelium zum herrlichen Eigentum unseres Herrn Jesu Christi.* 2. Thessalonicher 2,14

Man sollte sich diese beiden Worte unterstreichen: »Herrliches Eigentum.« Wenn man es auch nur staunend unterstreichen kann oder kopfschüttelnd. Es ist kein Irrtum! Es ist wahr. Gott hat uns berufen zum herrlichen Eigentum Jesu. Wir waren nicht vorher herrlich, wir sind erst herrlich geworden. Was er anrührt, das wird verwandelt. Nach außen hin ist dabei nicht viel zu sehen. Wer Runzeln hat, wird Runzeln behalten, und trotzdem ist er herrlich gemacht. Weil seine Herrlichkeit uns angesteckt hat. Wenn Gott uns sieht, sieht er uns mit Jesus zugleich. Denn seine Herrlichkeit ist unsere Herrlichkeit, weil sein Blut uns reingemacht hat von aller Sünde. Jetzt kann Gott uns ansehen, ohne sich zu ärgern. Über ein herrliches Eigentum ärgert man sich nicht. Er sieht uns an in dem geliebten Sohn, immer wieder sieht er uns an und kann sich nicht von uns trennen.

So bin ich dein geworden, eh ich mich selbst gewann; du nahmst mich in den Orden der Söhn' und Brüder an. Weil ich noch kaum von Weiten durch Dunst und Nebel sah, warst über meinem Schreiten du wie die Sonne nah. R. A. Schröder

9. März *Sorget nichts! sondern in allen Dingen lasset eure Bitten im Gebet und Flehen mit Danksagung vor Gott kund werden.*

Philipper 4,6

Wer mit Gott in Kontakt steht, darf ihn mit Danksagung anflehen. Er darf Gott also sagen: »O Gott, du bleibst dir treu, auf dich ist stets Verlaß. Auch was ich jetzt vorbringe, kommt bei dir vor. Denn du kennst die Deinen. Du kannst dich selber nicht verleugnen.« Damit, daß wir mit diesem Lobpreis das Vertrauen zu ihm bekundet haben, stehen wir schon mitten drin in der flehenden Bitte: »Sieh an meine Not, sieh an den Fall, den ich nicht bewältigen kann. Dein ist die Macht.«

Wer so sprechen kann, wer dankend fleht, sorgt nicht.

Wir haben Grund dazu, so zu sprechen. Doch, allen Grund! Paulus wußte davon (er schreibt dies Wort im Gefängnis!). Vor ihm wußten Menschen davon, nach ihm auch. Und heute gibt es solche, die davon wissen. Wer Augen hat zu sehen, entdeckt, daß die Kirche voll davon ist.

An die sollten wir uns halten. Man kann von ihnen lernen, wie man mit Dank anfängt zu bitten.

Lehr uns danken, ewig Licht, für die finsteren Stunden, auch für die, da dein Gesicht über uns verschwunden. R. A. Schröder

10. März *Ist nicht Ephraim mein teurer Sohn und mein trautes Kind? Denn ich denke noch wohl daran, was ich ihm geredet habe; darum bricht mir mein Herz gegen ihn, daß ich mich sein erbarmen muß, spricht der Herr.* Jeremia 31,20

Gott muß sich unser erbarmen.

Muß sich Gott unser erbarmen? Kann man das wirklich sagen? Gott selbst sagt es. Das Herz bricht Gott in Stücke, daß er sich unser erbarmen muß. Denn er denkt noch wohl daran, daß wir ja mit Jesus Christus gekreuzigt und begraben und auferstanden sind. Er denkt daran, daß sein Sohn Jesus nicht umsonst gestorben ist, sondern eine große Beute eingebracht hat. Gott denkt daran, daß wir Beute Jesu Christi sind. Beute gibt man nicht aus der Hand. Sie hat Kampf gekostet, einen wunderlichen Krieg. Nun kann Gott nicht mehr anders. Gott muß sich im Blick auf seinen Sohn unser erbarmen. Jetzt bleibt uns nur noch eins übrig: mit Jesus Christus uns vor Gott zu stellen, nicht allein zu Gott zu gehen, nicht auf unsere Rechnung und auf eigene Kosten. Wie hieß doch unser Kindergebet? »Christi Blut und Gerechtigkeit, das ist mein Schmuck und Ehrenkleid!« Können wir dies so sagen? Gott muß sich unser erbarmen, wenn wir in Christi Ehrenkleid kommen.

Mein Sünd sind schwer und übergroß und reuen mich von Herzen; derselben mach mich quitt und los durch deinen Tod und Schmerzen; und zeig mich deinem Vater an, daß du hast gnug für mich getan, so werd ich los der Sünden Last. Herr, halt mir fest, wes du dich mir versprochen hast. Konrad Hubert

11. März *Des Menschen Sohn ist gekommen, selig zu machen, das verloren ist.* Matthäus 18,11

Die Amerikaner haben das Gallup-System erfunden, mit dem man die öffentliche Meinung befragen kann. Was käme wohl dabei heraus, wenn heute die Öffentlichkeit aussagen sollte, wozu man Jesus nötig habe? Und wie, wenn wir uns selber fragen möchten. An welchen Stellen würden wir ihn einsetzen? Sicherlich nicht da, wo er sich einsetzen will. Denn gerade da sehen wir kaum eine Bedrohung. Dabei ist genau dort der unbereinigte Ort, von dem aus der ganze Jammer ausbricht. Es ist der Platz, wo es sich entscheidet, ob wir in Frieden mit Gott leben oder nicht.

Denn dazu ist er gekommen. Die Bibel drückt das aus mit dem Satz: »... selig zu machen, was verloren ist.«

»Selig, selig, ich höre immer selig! Brot wollen wir haben. Arbeit wollen wir haben. Anständigen Feierabend wollen wir haben. Die verdammten Kriege sollen aufhören. Darum soll sich Jesus kümmern. Und wenn er schon Menschen selig machen will, dann möge er anfangen bei den hohen Politikern. Wir leben doch immer auf der Schattenseite.«

Mitten in unseren Vorwürfen hat Jesus gerade uns gemeint. Wenn wir nicht selig werden, bleiben wir die Verlorenen. Dann nützt auch eine sogenannte Sonnenseite nichts. Denn selig sein heißt ja: von seinem Frieden leben dürfen.

Sollst alle Tage wissender begleiten, daß du verstehst, wenn Mensch den Menschen schlägt. Die Völker müssen um ihr Leben streiten, doch selig ist, wer ihre Wunden pflegt. Siegbert Stehmann

12. März *Sage an, wie du gerecht willst sein.* Jesaja 43,26

Diesen Augenblick gibt es in jeder Schlacht: Arme hoch oder tot, Waffen niederlegen oder fallen. Auch in der Schlacht zwischen Gott und Menschen. Der Krieg ist angezettelt vom Menschen. Es geht auf Leben und Tod. Wir haben ihn vom Zaun gebrochen, als wir den Bund brachen, den Gott mit den Menschen gemacht hat. Wir sind gegen ihn. Es fragt sich, wie lange wir das machen können, wie lange wir Atem haben, und ob uns nicht die Munition ausgeht. »Laß uns miteinander rechten! Sage an, wie du gerecht willst sein. Welche Möglichkeiten hast du noch? Ist deine Munition nicht ausgegangen? Wie lange willst du noch mit Steinen gegen Panzer werfen?« So bedrängend ist der Satz, den Gott Israel sagt.

Gott bietet eine Lösung an. Es gibt doch nur eine: daß wir uns durch ihn die Waffen aus der Hand nehmen lassen. Es gibt nur eine Möglichkeit, gerecht zu werden: daß wir uns rechtfertigen lassen. Es liegt doch alles bei ihm.

Wer den Kampf jetzt weiterführt, gilt zwar als heroisch in der Welt und als titanisch in der Literatur. Wer aber nachgibt, gibt der Liebe recht. Er kommt dahinter, daß sein Kampf und sein Krieg dem galten, der ihn liebte; daß wir ausgerechnet fliehen, was wir suchten.

Was Hochmut spricht, das dauert nicht. Wir allein sind Erben an dem Hort, dem nie gebricht für Leben und für Sterben. Unverweslich Eigentum!

R. A. Schröder

13. März *Wir liegen vor dir mit unserem Gebet, nicht auf unsere Gerechtigkeit, sondern auf deine große Barmherzigkeit.* Daniel 9,18

Es fragt sich, worauf wir uns berufen, wenn wir zu Gott gehen. Wir sind alle heimlich Pharisäer. Wir zählen vor ihm eine Liste von solchen Dingen auf, mit denen er doch einverstanden sein dürfte: »Nicht wahr, lieber Gott, damit hast du keine Schwierigkeit, das habe ich selbst besorgt; ich gebrauche dich nur noch für den Rest.« Daniel sagt es ganz deutlich: Es gibt nichts, worauf wir uns berufen können, und es gibt kein Stück in unserem Leben, das nicht durch ihn erst gerecht gemacht, zurecht-gemacht werden müßte, gerechtfertigt, richtig fertig-gemacht werden müßte.

Ausgerechnet Daniel hätte doch Grund gehabt, sich auf seine Gerechtigkeit zu berufen, jener fromme und bekennende Christ am Hof des heidnischen Königs, durch Feuer bewährt und in Versuchung wunderbar bestätigt.

Wie kommt es, daß ausgerechnet er von Gottes Barmherzigkeit lebte? Er wußte: wenn er bekannte, dann war es Gott, der ihn hielt; wenn er treu war, dann war es Gott, der ihn stark dazu machte; wenn er widerstand, dann geschah es nur in Gottes Namen. Daniel tat nichts anderes, als Gott bei seinem eigenen Namen und Amt zu nehmen: Barmherzigkeit.

Wir sollten es tun wie Daniel. Oder sind wir Bekenntnischristen mehr als Daniel?

Das muß ich dir, mein Gott, bekennen, das rühm ich, wenn ein Mensch mich fragt; ich kann es nur Erbarmung nennen, so ist mein ganzes Herz gesagt. Ich beuge mich und bin erfreut und rühme die Barmherzigkeit.

Ph. F. Hiller

14. März *Sehet, welch eine Liebe hat uns der Vater erzeiget, daß wir Gottes Kinder sollen heißen!* 1. Johannes 3,1

Sehet! Man sieht es nicht von selbst. Unser Normalblick sieht nicht, welche Liebe uns der Vater erzeigt hat. Wir beschäftigen uns törichterweise mit Nebensachen. Wir sind Leute, die dauernd am Bilderrahmen herumkritisieren, das Bild aber nicht ernst nehmen. Wenn es z. B. um den Gottesdienst geht, um die Kirche, wenn es um die Bibelstunde geht, um all das, wozu man sich in der christlichen Gemeinde versammelt, dann sehen wir auf den Nachbarn und die Kirchgänger und den Pfarrer und auf die komische Architektur in der Kirche, und schließlich kommen wir auf die unangenehmen Sitzbänke und die unpassende Uhrzeit: Wir sehen nicht, worauf es ankommt. Worauf kommt es denn an? Daß wir die Liebe des Vaters erkennen, die uns in der Kirche und Gemeinde vor Augen gestellt wird: Sehet doch da! So ruft uns dieser Vers zur Sache. Die Sache ist die Liebe des Vaters. Er hat sie gezeigt. Klar liegt sie vor uns. Es gibt keinen in der Welt, der mit Recht sagen könnte, er habe diese Liebe nicht gesehen, sie sei für ihn nicht erreichbar. Denn Golgatha ist ein Berg, der auf dieser Erde steht. Was dort geschehen ist, ist für uns geschehen. Erreichbar mit dem nächsten Griff zur Bibel und dem Gang zum Gottesdienst.

Zeuch mich o Vater, zu dem Sohne, damit dein Sohn mich wieder zieh zu dir; dein Geist in meinem Herzen wohne und meine Sinne und Verstand regier, daß ich den Frieden Gottes schmeck und fühl und dir darob im Herzen sing und spiel. Bartholomäus Crasselius

15. März *Das sind die Propheten Israels, die Jerusalem weissagen und predigen von Frieden, so doch kein Friede ist, spricht der Herr.*

Hesekiel 13,16

Das nennt man Verdummung! Einen Arzt würden wir gefälligst hinausbitten, der uns bewußt die Wahrheit verschweigt und selbst bei sicherster Aussicht auf schnellen Tod uns immer noch einzureden sucht: »Ach was, lieber Freund, Sie werden bald wieder herumhüpfen.«

Wenn das aber im Krankheitsfalle noch entschuldbar ist, weil der Arzt meint, mit solchen Aussichten dem Patienten Lebenskräfte einflößen zu können, so wirkt es sich als persönliche und sogar staatliche Katastrophe aus, unseren Krankheitszustand vor Gott zu verharmlosen. Man kann gesund und krank vor Gott sein. Unser Krankheitsempfinden ist dabei ganz unerheblich. Wir sind objektiv vor Gott krank. Aber wir sagen es uns und anderen dauernd mit suggestiver Kraft: Es ist doch alles gut! Wir kommen doch in den Himmel! — Nein! Denn es ist vor Gott nicht möglich, Friede zu sagen, wenn Unfriede ist. Oder meinen wir wirklich, Gott hätte seinen Sohn aus Sport hingegeben? Man entschuldige das harte Wort. Gott läßt's sein Bestes nicht wegen eines Irrtums kosten. Wenn Gott seinen Sohn drangibt, dann ist etwas Entsetzliches passiert. Es ist Krieg zwischen uns und Gott, Aufruhr, meist in nichtssagender Neutralität verpackt. Wenn schon Gott seinen Sohn gibt, wie schwer muß dann der Krieg zwischen Gott und uns im Gange sein.

O Gott, bewahre uns davor, daß wir den Tatbestand verharmlosen. Du hast recht! Du allein. Laß uns deinen Friedensschluß ganz ernst nehmen.

16. März *Ihr habt allezeit Arme bei euch, mich aber habt ihr nicht allezeit.* Matthäus 26,11

Was die Frau an Jesus getan hat und was alle Jünger zum Groll trieb, hätte gerade die Jünger beschämen müssen. Was hat sie denn getan? Sie hatte erkannt, daß seine Worte, er werde gekreuzigt werden müssen, tatsächlich in Erfüllung gehen sollten. Und sie wußte doch, daß Gekreuzigte verscharrt werden. Da nahm sie die Liebe, die man einem Verscharrten ja nicht mehr zuwenden konnte, vorweg. Da man der Verscharrten Grab nicht findet, hatte sie schon jetzt einen Trauerkranz bereit. Sie wußte mehr, als die Jünger wußten, obwohl sie es ja hätten wissen müssen.

Sie wußte, daß Gott seinen Plan durchführte und daß der Sohn sterben mußte. Und in Erkenntnis dieses Müssens tat sie das, was sie noch tun konnte. Man kann am Tisch sitzen und Reichgottespläne machen und Frömmigkeitspläne und Kirchenbaupläne. Man kann alles tun — Wohnungsbau, Kleiderspende, Hilfsspeisungen — und ausgerechnet verpassen, was Jesus von einem will. Es kann uns passieren (man stelle sich das vor!), daß man in der frommen Konferenz, in einer Synode, ja bei der Organisation christlicher Nächstenliebe im Kirchenvorstand ausgerechnet das tut, was Jesus gerade nicht von uns will! Denn es geht nicht nur um Arme! Es geht um Christus! und nicht jeder Dienst an den Armen (und nicht jede Konferenz, s. o.!) gilt Christus.

Herr, habe acht auf uns, daß wir nicht unversehens uns selber dienen, die wir dir doch dienen wollen. Zeige uns heute, was du von uns willst.

17. März *Ja, Herr, wir, unsre Könige, unsre Fürsten und unsre Väter müssen uns schämen, daß wir uns an dir versündigt haben.* Daniel 9,8

Das nennt man Kollektivschuld. Das nennt man aber auch Kollektivvergebung. Daniel schließt sich ein. Er sagt »wir« und meint auch die aktiven Politiker. Daniel schimpft nicht auf irgendwelche »da oben«, die den Herrn verlassen und törichte Gesetze machen. Er meint sich auch: Wir müssen uns schämen. Wir Christen sind oft geneigt, den Politikern gegenüber zu sagen: »Ihr habt ja die Verantwortung gehabt, ihr seid ja selber schuld!« Nein, das geht nicht; wir und die Politiker und unsere Väter, wir haben gesündigt. Was wir gesündigt haben? Warum fragen wir lange? Vielleicht sind wir mitten in der Sünde drin; vielleicht schweigen wir lieber zu dem, was oben geschieht; vielleicht lassen wir die Verantwortung die Politiker tragen — allein. Vielleicht verschweigen wir sie im Gebet, sie spielen keine Rolle bei uns. Also schon wieder mitten in der Sünde. Denn wie sollten Politiker Gottes Willen tun, wenn wir ihnen nicht in der Gemeinschaft des Glaubens dauernd sagen: »So meint es Gott nicht, aber so!« Und laßt uns daran denken, was Daniel wußte:

Es gibt nicht nur Kollektivschuld, es gibt auch Kollektivvergebung. Ob Gott nicht mit Deutschland neu anfangen kann, wenn wir — unsere Könige, unsere Fürsten, unsere Väter: wir alle — davon wissen?

Herr, höre, Herr, erhöre, breit deines Namens Ehre an allen Orten aus; behüte alle Stände durch deiner Allmacht Hände, schütz Kirche, Obrigkeit und Haus! Benjamin Schmolck

18. März *Wohlan, alle, die ihr durstig seid, kommet her zum Wasser! und die ihr nicht Geld habt, kommet her, kaufet und esset; kommt her und kauft ohne Geld und umsonst beides, Wein und Milch!* Jesaja 55,1

»Ich lasse mir nichts schenken«, sagen die Menschen, die nicht in Bindungen zu anderen geraten wollen. Solange wir geben, binden wir andere an uns, aber sobald wir nehmen, binden wir uns an andere. Daher hört man oft den Satz, wenn einer dem andern eine Zigarette gibt: »Ich werde mich revanchieren!« Bei Gott gibt es jedenfalls kein Revanchieren. Gott will, daß wir uns durch seine Liebe an ihn binden lassen. Der ganze Idealismus als Weltanschauung und Religion will sich um keinen Preis beschenken lassen. Er will um jeden Preis anbieten, immer wieder anbieten. Wer immer strebend sich bemüht! Warum zählt ihr Geld dar? Es ist umsonst! Wer dennoch dauernd zahlt (man lese den Satz in der Bibel weiter!), zahlt Geld, wo kein Brot ist, und tut Arbeit, da man nicht satt werden kann. Wie lange zahlen wir, wo keiner das Geld annimmt? Wir meinen, Gott imponieren zu können, und Gott sieht es nicht. Denn Gott will uns imponieren.

Warum zählt ihr Geld dar? Die Währung stimmt nicht. Unsere Bemühungen sind Inflationspapier. Vor Gott gilt nur das Gold seines Sohnes: das Blut Jesu Christi. Wie lange noch machen wir in Selbstbetrug?

Sehet, was hat Gott gegeben! Seinen Sohn zum ewgen Leben. Dieser kann und will uns heben aus dem Leid ins Himmels Freud.

Paul Gerhardt

19. März *Siehe, um Trost war mir sehr bange. Du aber hast dich meiner Seele herzlich angenommen, daß sie nicht verdürbe; denn du wirfst alle meine Sünden hinter dich zurück.* Jesaja 38,17

Die Sünden haben die Kraft, zu sondern. Sondern und Sünden kommen aus demselben Wortstamm. Die Sünde schafft eine Trennung zwischen Gott und uns. Nun aber hat Gott das Große getan, daß er das, was zwischen ihm und uns liegt, einfach wegräumt. Wohin? Hinter sich. Er wirft die Sünden hinter sich zurück. Es ist nichts mehr zwischen Gott und uns. Wenn Gott alle unsere Sünden hinter sich zurückwirft, dann sieht Gott sie nicht mehr, Gott sieht nur noch uns.

Er sieht uns anders, als wir uns sehen. Er sieht uns ohne Sünde, weil sie hinter ihm liegt. Das zu besorgen, war ihm nicht leicht. Es hat seinen Sohn gekostet. Die Sünde wiegt so schwer, daß es des größten Hebelarmes bedurfte: des Hebels Jesus Christus. Mit diesem Hebel hat er die Sünde zwischen sich und uns weggeräumt.
Jetzt wissen wir, was uns not tut: der Trost, der aus zurückgeworfenen Sünden kommt. Wir sind mit ihm vereint, weil nichts mehr uns scheidet von der Liebe Gottes, die in Jesus Christus, unserm Herrn, ist. Nichts, aber auch nichts soll uns von seiner Liebe scheiden. So herzlich nimmt er sich heute unserer Seele an.
Vergib mir meine Sünden und wirf sie hinter dich; laß allen Zorn verschwinden und hilf mir gnädiglich; laß deine Friedensgaben mein armes Herze laben. Ach Herr, erhöre mich! L. A. Gotter

20. März *Und der Herr sprach zu dem Satan: Der Herr schelte dich, du Satan! Ist dieser nicht ein Brand, der aus dem Feuer errettet ist?*
Sacharja 3,2

Gott setzt sich für seine Gemeinde ein. Das Feuer ist zwar an die Gemeinde herangegangen, es leckt schon nach ihr, aber höchstens ist am Rand etwas versengt. Verbrannt ist nichts. Denn Gott war pünktlich: Gott hat seine Gemeinde wie ein Scheit aus dem Feuer herausgerissen. Das Gericht liegt über der ganzen Welt, sie brennt. Einer spielt den anderen dem Teufel zu, und einer spielt den Teufel dem andern zu, jeder ist dem andern ein Teufel. Gott aber hat seine Gemeinde herausgenommen. Wir dürfen zu dieser Gemeinde gehören, die wie ein Brand aus dem Feuer gerettet wird.
Sein Arm ist ausgestreckt und stößt hinein in die Glut. Seine Hand hat er ausgestreckt nach uns und reißt uns heraus. Bei dem Griff ins Feuer hat Gott seine Hand selber verbrannt. Der Griff hat seinen Sohn gekostet. Um so mehr hat er aber nun acht darauf, daß das, was er gerettet hat, nicht noch einmal vom Feuer ergriffen wird. Er widersteht jedem, der die Gemeinde in die Gluten und in das Versengen bringen will. Er widersteht dem Teufel persönlich. Die Pforten der Hölle werden die Gemeinde nicht überwältigen.
Streite doch selber für uns arme Kinder, wehre dem Teufel, seine Macht verhinder; alles, was kämpfet wider seine Glieder, stürze darnieder. M. A. von Löwenstern

21. März *Siehe, des Herrn Hand ist nicht zu kurz, daß er nicht helfen könne, und seine Ohren sind nicht hart geworden, daß er nicht höre.* Jesaja 59,1

Siehe! Mache doch die Augen auf! Von selbst sieht man es nicht. Weil das, was uns quält, und das, was uns fehlt, größer ist und als

schwere Last auf uns liegt; weil wir gebannt sind von der Qual, die jetzt vor uns steht. Mit seinem »Siehe«! schiebt Gott seine Hand zwischen unsere Qual und unsere Augen. Gott will uns ablenken und uns mit Macht heranlocken zu dem, der hilft. Seine Hand hat Reichweite. Sie ist nicht zu kurz. Sie reicht bis weit hinter unsere Not. Gott schiebt alles mit seiner Macht zurecht und drückt es mit seinem kräftigen Arm zusammen, daß seine Last leicht wird und sein Joch sanft. Das ist keine andächtige Vokabel, das ist Realität. Sehr erreichbar! Für uns erreichbar, wenn wir uns ablenken lassen, heranführen lassen zu dem, der es versprochen hat zu tun: »Siehe!«
Lauf gern im Joch; du trägst es doch, Christ, um Christi willen. Keine Wasser gehn so hoch, er kann und wird sie stillen. »Ob sie nur zu zween und drein heiligen den Namen mein, ich bin mittinnen.« Er hat's gesagt; drum unverzagt, wer will uns angewinnen?

R. A. Schröder

22. März *Ich suchte unter ihnen, ob jemand sich zur Mauer machte und wider den Riß stünde vor mir für das Land, daß ich's nicht verderbte; aber ich fand keinen.* Hesekiel 22,30

Dammbruch! Alles Volk bemühte sich, mit Sandsäcken die Einbruchsstelle zu flicken, aber das Wasser hatte stärkere Gewalt. Entsetzliche Katastrophen sind über die Länder gegangen. Die eigentliche Katastrophe, die von dem Dammbruch sondergleichen herkam, war die, die das ganze Menschengeschlecht unter die Botmäßigkeit der Sünde brachte. Und allen Bemühungen, an dieser Stelle zu flicken, spricht die Gewalt, mit der der Teufel vorankommt, hohn. Es bedurfte eines anderen. Einer stellte sich in den Riß, kämpfte an der entscheidenden Stelle den Kampf gegen Tod und Teufel; Jesus Christus war es. Er kam nicht von uns, er war nicht einer unserer Tapfersten, daß wir anschließend ein Denkmal bauen könnten, mit dem wir uns als Menschengeschlecht noch selber verherrlichen. Er schaffte es. Er kam von oben. Seitdem hat das Verderben aufgehört, das Wasser braust nicht mehr. Was jetzt noch durch den Damm fließt, rieselt nur noch. Es war ein ganzer Sieg. Und wir gehören zu den Lebenden.
Ob auch der Feind mit großem Trutz und mancher List will stürmen, wir haben Ruh und sichern Schutz durch seines Armes Schirmen. Wie Gott zu unsern Vätern trat auf ihr Gebet und Klagen, wird er, zu Spott dem feigen Rat, uns durch die Fluten tragen. Mit ihm wir wollen's wagen.

Friedrich Spitta

23. März *Er hob an, den Jüngern die Füße zu waschen.* Johannes 13,5

Wie kommt es, daß wir Christen unseren Dienst an der Welt nur so wenig wahrnehmen, daß wir uns lieber dauernd selbst bedienen, statt anderen zu dienen? Offenbar liegt es daran, daß wir uns von

Jesus Christus nicht die Füße waschen lassen. Wir handeln meist wie Petrus, aufrecht, forsch und fromm: »Herr, solltest du mir die Füße waschen?« Schon Petrus wollte sich den Knechtsdienst Jesu nicht gefallen lassen. Wer sich aber den Knechtsdienst Jesu nicht gefallen läßt, läßt seine Hoheit nicht gelten, er nimmt ihn nicht als Christus an. Durch die Fußwaschung, die Jesus an uns vornimmt, will er uns ermächtigen, Knechte der Unreinen zu werden, Freunde der Sünder zu werden, Dienst an der Welt zu tun für ihn. Denn nur Geheilte können heilen, nur die, denen vergeben ist, können vergeben, nur die, denen Christus gedient hat, können ihm dienen.
Es besteht noch Hoffnung für uns. Er hob an, ihnen die Füße zu waschen. Bei dem alten Schriftausleger Bengel steht das Wort: »Er hat aber nicht nur angefangen, er ist bei allen herumgekommen.« Also auch bei uns? Ja, er will es tun. Er muß es tun, wir müssen ihn bei seinem Amt nehmen. Denn Jesus sagt: »Wenn ich dich nicht wasche, so hast du keinen Teil an mir.«
Gib, daß wir den Heilandsdienst an uns geschehen lassen und wir dir dienen können als von dir Bediente, heilen können als von dir Geheilte. Bewahre uns davor, anderen dienen zu wollen, bevor wir uns haben von dir dienen lassen. Schenk Vollmacht, Herr.

24. März *Und der Herr wandte sich und sah Petrus an. Und Petrus gedachte an des Herrn Wort, wie er zu ihm gesagt hatte: Ehe denn der Hahn kräht, wirst du mich dreimal verleugnen.* Lukas 22,61
Wenn Jesus sich nicht umgewandt und Petrus angesehen hätte, dann wäre für Petrus alles vorbei gewesen. Petrus hatte vorher gesagt: »Ich kann's! Diese Probe beherrsche ich spielend.« So war er ihm gefolgt, um vor dem ganzen Forum der Ankläger sich auf Jesu Seite zu schlagen: »Ich gehöre zu ihm! Nur über meine Leiche geht der Weg.« Er ist gar nicht zu solcher Erklärung gekommen. Schon auf dem Weg zum Forum hat er versagt, als ein Dienstmädchen ihn beiläufig fragte, ob er auch wohl zu dem Haufen Jesu gehöre. Dreimal hat er es geleugnet. Und in diesem verlorenen Augenblick sieht Jesus sich um und sieht ihn an. Lag das in Jesu Blick: »Geh jetzt! Was zuviel ist, ist zuviel!« Nein!? Dann wäre Petrus nicht bitterlich weinend hinausgegangen, sondern hätte sich das Leben genommen. Was tun wir? Ziehen wir die Konsequenzen des Judas oder geben wir Jesus seinem Blick recht, der den Petrus und uns mitten in der Verleugnung band, lockte und festhielt? Die Judaslösung ist seit diesem Blick Jesu keine Lösung mehr. Wenn Petrus hat wiederkommen dürfen, weil Jesus ihn nach Ostern aufs neue ansprach, dann werden auch wir wiederkommen dürfen. Jesus spricht auch uns an und fragt: »Hast du mich lieb?« Und das kann keiner leugnen.
O Herr, du weißt, daß ich dich liebhabe.

25. März *Und Petrus ging hinaus und weinte bitterlich.* Lukas 22,62

»Verzeihung«, fragte ich einen Bekannten, »sind Sie Christ?« — »Ich hoffe«, gab er zur Antwort. Wenn man Petrus nach seiner Verleugnung gefragt hätte, als er draußen in der Dunkelheit bitterlich weinte: »Petrus, bist du Christ?«, er hätte nicht geantwortet: »Ich hoffe, ich hoffe«, sondern hätte ein klares Ja gesagt! Warum? Weil der Blick Jesu ihn verfolgt und festhielt. Christen bieten nicht die Gewähr dafür, daß sie den Meister nicht verraten und verleugnen. Es sind nicht etwa die erst Christen, auf die sich Gott 365 Tage im Jahr verlassen kann. Christen sind die, die wissen, daß sie mit ihrer Sünde zu Gott kommen dürfen. Christen sind also nicht die, die niemals zucken, die niemals schwanken, die niemals sündigen: Christen zucken, Christen schwanken, Christen sündigen. Aber sie wissen, daß Gottes Liebe dadurch nicht aufhört, daß sein Arm ausgereckt bleibt und sie zurückholt, daß sein Auge sie verfolgt, auch nach draußen, wenn sie bitterlich weinen. Darum laßt uns jetzt nicht dauernd die Tage und Stunden nachrechnen, in denen es uns gelungen sein mag, ihn nicht zu verleugnen, um daran abzusehen, ob wir Christen sind: das ist völlig falsch! Nochmals, Christen sind die, nach denen sich Jesus umsieht, die festgehalten werden mitten in der Verleugnung und nach der Verleugnung und nach der Sünde, festgehalten als von ihm Geliebte.

Wo uns unser Herz verdammt — Herr, du bist größer als unser Herz.

26. März *Wer mich bekennet vor den Menschen, den will ich bekennen vor meinem himmlischen Vater.* Matthäus 10,32

Petrus war dabei, als Jesus dies sagte. Gut, daß wir das wissen dürfen. Denn er bekannte ja nicht — er verleugnete. Er wich aus, er blieb im Zwielicht, er drückte sich, er nahm das Hausmädchen nicht ernst, er dachte: Jetzt nicht, nachher, wenn ich im Rampenlicht des Prozesses stehe, dann erst, wenn es vor allem Volke Eindruck macht.

Wie bei uns. Wir schieben es auch auf. Sitzen einem gegenüber und reden vom Wetter oder von der Politik oder von der Religion — alles allgemein, nicht präzise, nicht Farbe bekennend. So machen wir in neutral, wie im Dunkeln alle Katzen grau bleiben, wir bekennen nicht. Wir sitzen im Rat der Gottlosen, wo die Spötter sitzen; sicherlich: schweigend bei ihrem Spott und ihrer Gottlosigkeit, sicherlich: keinesfalls so toll, wie die andern es treiben, aber doch vorsichtig gleichgeschaltet, mit den Wölfen heulend, nicht lauter heulend als sie, ein wenig leiser meist, aber doch so, daß die Wölfe ein gutes Raubtier bei sich vermuten. »Er macht doch wenigstens mit«, urteilen sie über uns! Wie bei Petrus, der sich neutral dazugesellte. Wir sind nur noch geschickter als er. Es passiert uns nicht, daß unsere Sprache uns verrät.

Mach uns zu deiner treuen Schar und laß die Welt erkennen, daß wir uns doch nicht ganz und gar mit Unrecht Christen nennen.

Zinzendorf

27. März *Jesus rief und sprach: Wen da dürstet, der komme zu mir und trinke!* Johannes 7,37

Trinken muß jeder. An welchen Quellen trinken wir? Wenn wir nicht von seiner Quelle trinken, trinken wir von anderen Quellen. Oder laben wir uns an verschiedenen Quellen? Dann trinken wir abwechselnd mal von seiner Quelle, mal von andern. Dann sind wir nur alle acht Tage bei ihm und leben sonst ohne ihn. Wenn wir uns nicht bei ihm einfinden, müssen wir bei andern sein; irgendwo muß man ja sein. Wenn wir aber nicht von seinem Wasser trinken, nochmals: von welchem Wasser trinken wir denn sonst noch.

Haben wir uns durchprobiert? Wollen wir uns Zeit nehmen erst für die Angebote anderer und dann erst für Jesu Angebot? So am Schluß des Lebens, kurz vor der Beerdigung? Als Jesus diesen Spruch damals ins Volk rief, entstand eine Diskussion unter den Angesprochenen, deren letztes Wort das der Ablehnung war: »Aus Galiläa steht kein Prophet auf«, und ein jeglicher ging also heim.

Was kann Christus tun, um sich bemerkbar zu machen? Was kann Christus tun, um die Konkurrenz aus dem Wege zu schlagen? Das hat er getan: Er bietet sein eigenes Blut an. Sich selbst.

Das allerdings hat kein anderer in der Welt getan. Wirklich — eine Quelle außer Konkurrenz.

Deinen Namen will ich preisen, der du allein bist gut; mit deinem Leib mich speise, tränk mich mit deinem Blut. Johann Kolrose

28. März *Jesus sprach zu ihnen: Wer mein Fleisch isset und trinket mein Blut, der hat das ewige Leben, und ich werde ihn am Jüngsten Tage auferwecken.* Johannes 6,54

»Redet nicht so theoretisch«, pflegt man zu sagen, wenn man von einem Gegenstand spricht, kalt bis ans Herz hinan, den Sachgegenstand ins Auge fassend: ohne Entscheidungen.

Von Jesu theoretisch reden, ist dasselbe, wie wenn einer von seinem Vater nur im allgemeinen zu reden vermag, über Generationsprobleme, ohne daß in einer Zeile ein Wort über den Vater selber vorkommt. Das spricht nicht sein Sohn, so kann jeder reden.

Wer von Jesus redet, muß eine Vorentscheidung gefällt haben. Wie ein Sohn von seinem Vater nur als dessen Sohn reden kann, so kann man von Jesus nur reden als einer, der ihn persönlich kennt. Von ihm kann nur der reden, der sich auf ihn eingelassen hat, der sich durch ihn erlösen ließ. Nicht theoretisch, sondern persönlich. Darum bindet Jesus die Menschen mit dem Satz: »Wer mein Fleisch isset und trinket mein Blut« an sich selber. Personhaft. Darum gehen seine Christen zum Abendmahl. Denn dort ist Gemeinschaft mit ihm, bei der nichts uns scheidet. Aber auch nichts. Denn von seiner Fülle nehmen wir selber dort Gnade um Gnade.

Nein, Vernunft, die muß hier weichen, kann dies Wunder nicht erreichen, daß dies Brot nie wird verzehret, ob es gleich viel Tausend nähret, und daß mit dem Saft der Reben uns wird Christi Blut gegeben. O der großen Heimlichkeiten, die nur Gottes Geist kann deuten.

Johann Franck

29. März *Und es begab sich, da Jesus alle diese Reden vollendet hatte, sprach er zu seinen Jüngern: Ihr wisset, daß nach zwei Tagen Ostern wird; und des Menschen Sohn wird überantwortet werden, daß er gekreuzigt werde.* Matthäus 26,1.2

So fängt die Matthäuspassion an. Jesus war mit der Gefangennahme und dem darauffolgenden Ton nicht überrascht worden. Er hatte alle seine Reden vollendet. Was er seinen Jüngern noch vor dem Tode zu sagen hatte, war geschehen. Was nun noch kam, waren Abschiedsworte bis zu seinem letzten Wort, daß es vollbracht sei. Wir müssen das wissen. Jesus geht seinem Tod entgegen. Der Tod kommt nicht von hinten an ihn heran und überlistet ihn. Nein, sie treffen sich im Gefecht. Es war alles vollendet. Gott macht kein Stückwerk. Was Gott tut, tut Gott ganz! 33 Lebensjahre genügten, um alles zu vollenden, was Gott vorhatte. Eigentlich sollte man sich in seiner Bibel bei diesem Vers Josua 23,14 anstreichen: »Es ist alles gekommen und keins ausgeblieben.« Wir brauchen seinem Hilfswerk nichts hinzuzufügen, seinen Worten ist auch nichts hinzuzufügen. Es ist vollendet.

Uns bleibt dies: von seiner Vollendung zu leben, von seiner hundertprozentigen Liebe uns ganz lieben zu lassen. Wir füllen dem Meister nicht die Summe des Heilswerks. Das Heilswerk ist mit Jesus abgeschlossen. Wir sind die, denen diese Summe gilt! Ganz!

Wir danken dir, Herr Jesu Christ, daß du für uns gestorben bist und hast uns durch dein teures Blut gemacht vor Gott gerecht und gut.

Christoph Fischer

30. März *Sie aber verstanden der keines, und die Rede war ihnen verborgen, und wußten nicht, was das Gesagte war.* Lukas 18,34

Dreimal hat Jesus das Leiden angekündigt. Dreimal hat er gesagt, Wohin der Weg geht. Das war doch deutlich genug. Aber Petrus warf sich in den Plan Gottes. So taten es alle Jünger. Sie standen da und zuckten mit den Achseln. Dreimal sagt es der Text heute, daß es ihnen nicht einging, was jetzt geschehen sollte. »Sie verstan-

den der keines und die Rede war ihnen verborgen, sie wußten wirklich nicht, was das Gesagte war.«
Wissen wir's denn? Seien wir jetzt sehr vorsichtig mit der Antwort! Denn die Antwort kann man nur zitternd geben. Daß unsere Erlösung nicht anders möglich war, als daß Gott selbst starb, das geht einem nicht so ein wie die Auffindung des Polarsterns in der fünffachen Verlängerung der Hinterachse am Großen Wagen. Nein, das geht nicht in den Kopf. Und wir, die wir den Katechismus kennen (kennen wir ihn überhaupt? Der Katechismus gehört zur Handbibliothek — wie das Telefonbuch!), wir, die wir lange in der Gemeinde leben, sind in der großen Versuchung, uns an das Wunder von Karfreitag zu gewöhnen, wie sich das Auge schließlich auch an das hellste Licht gewöhnt. Wer in der Passionszeit nicht mal eine Stunde in der Stille dem standgehalten hat, der wird wohl kaum im Segen Ostern feiern können.
Ich kann's mit meinen Sinnen nicht erreichen, womit doch dein Erbarmen zu vergleichen; wie kann ich dir denn deine Liebestaten im Werk erstatten? Johann Heermann

31. März *Und Judas sprach: Was wollt ihr mir geben? Ich will ihn euch verraten. Und sie boten ihm dreißig Silberlinge.* Matthäus 26,15
War Judas ein Fremdkörper, oder gehörte er zum Jüngerkreis? Doch, er gehörte auch zu ihnen. Er war von Jesus gerufen und war ihm nachgefolgt. Drei Jahre lang. So lange wie die andern. Immer hinter ihm her. Gibt es denn keine Gemeinde ohne Judas? Nein. Weil wir dazugehören!
Ob wir Judas sind? Und wenn uns das Zittern ankommt, noch einmal: Ob wir es sind? Man kann Jesus für Geld übergeben. Man kann Jesus mit einer Bemerkung dem Feind ausliefern. Man kann Jesus durch den Kontakt mit denen, die ihn nicht wollen, verraten. Der Verrat des Judas war kein jahrelang kompliziert vorgedachter Plan. Es handelt sich praktisch nur darum, in der Dunkelheit es nicht zum Durcheinander kommen zu lassen. Den Hohenpriestern lag es daran, die ganze Angelegenheit schnell und heimlich zu erledigen. Sie scheuten den Krawall. So leicht war der Verrat des Judas, daß es nur eine Art Terminangabe war, wann Jesus unter stillen Bäumen außerhalb von Jerusalem zu finden war, mehr nicht.
Verrat an Jesus kann also schon in einer Terminangabe liegen. Verrat kann ganz leicht geschehen. Wir können selbst ein Liedlein davon singen.
Nun, was du, Herr, erduldet, ist alles meine Last; ich hab es selbst verschuldet, was du getragen hast. Schau her, hier steh ich Armer, der Zorn verdienet hat. Gib mir, o mein Erbarmer, den Anblick deiner Gnad. Paul Gerhardt

1. April *Und von dem an suchte Judas Gelegenheit, daß er ihn verriete.* Matthäus 26,16

Hatte es Judas satt mit Jesus? Wollte er seinen Meister zwingen, das zu tun, was er von ihm erhoffte? Vielleicht hat Judas gehofft — und sicherlich hatte er dies gemeint —, es gehe im Glauben an den Meister um eigene Interessen; es gehe im Christentum um einen Weg nach vorn, um Anerkennung, um repräsentative Gerechtigkeit, um politischen Erfolg. Er hatte auf die Karte des Christentums gesetzt, wie man auf die Karte des Christentums setzt, etwa um einen Staat zu stabilisieren oder um einen Krieg zu gewinnen.

Wenn man aber das will mit dem Glauben an Jesus, dann wird man zum Verräter. Wenn man das Christentum nimmt, um seine Pläne zum Ziel zu bringen, dann hat man es dem Feinde ausgeliefert. So gefährlich ist der Christenstand.

Dann gibt es also doch viele Leute, die Jesus verraten? Die gibt es auch. Dann könnte es ja unter uns Leute geben, die hier gemeint sind? Die gibt es auch. Das, was Judas tat, ist gar nicht einmalig, bestimmt nicht.

Was wollen wir gewinnen? Noch anders: Wer soll gewinnen, seitdem wir Christen geworden sind? Können wir die Frage klar beantworten? Vielleicht lautet sie so: Er will uns gewinnen. Doch, so lautet die Antwort.

Was ist doch wohl die Ursach solcher Plagen? Ach, meine Sünden haben dich geschlagen; ach mein Herr Jesu, ich hab dies verschuldet, was du erduldet. Johann Heermann

2. April *Da er nun ihre Füße gewaschen hatte, nahm er seine Kleider und setzte sich wieder nieder und sprach abermals zu ihnen: Wisset ihr, was ich euch getan habe?* Johannes 13,12

Wenn wir jetzt darauf antworten sollten oder eine Umfrage machen wollten: »Wißt ihr, was Christus getan hat?«, was käme dabei heraus? Damit wir nicht lange überlegen müssen, damit seine Jünger auch nicht lange zu deuten hatten, was nun gemeint war, deutet Christus sein Tun selber: Er hat uns geliebt! Er! Nicht irgendeiner — der Sohn Gottes hat uns geliebt. Dieser Spruch steht in der Fußwaschung. Bis ans Ende hat er uns geliebt, hat sich in der Menschen Hände gegeben, ist ihr Knecht geworden.

Wenn er es doch gelassen hätte! Wenn er doch als Herrscher gekommen wäre! so sagen viele. Aber was wäre dabei herausgekommen? Es wäre keine Möglichkeit geblieben, daß wir zur Freiheit kämen. Nun aber ist dies geschehen: Weil Gott uns liebt, sind aus uns Herren gemacht worden. Und weil der Sohn Gottes uns diente, ist uns die große Möglichkeit eröffnet, seine Brüder zu werden. Die

hat Christus uns besorgt in seiner Menschwerdung und Passion. Das ist kaum zu glauben. — Es ist nur zu glauben.
Wohl mir, ich bitt in Jesu Namen, der mich zu deiner Rechten selbst vertritt; in ihm ist alles Ja und Amen, was ich von dir im Geist und Glauben bitt. Wohl mir, Lob dir jetzt und in Ewigkeit, daß du mir schenkest solche Seligkeit. B. Crasselius

3. April *Da das seine Jünger sahen, wurden sie unwillig und sprachen: Wozu dient diese Vergeudung?* Matthäus 26,8
Wenn wir doch merkten, was Gott jeweils vorhat! Da sitzen sie zu Tisch; eine Frau kommt herein, zerbricht ein Glas mit köstlichem Parfüm im Wert von 200 Mark, gießt es über das Haupt Jesu — und die Jünger ärgern sich darüber. Sie verstehen nicht, was in diesem Augenblick von ihnen verlangt wird. Sie rechnen, sie zählen, sie überschlagen, was alles damit geschehen konnte. Alles ist gut, was sie da planen, es ist sogar fromm, was sie im Auge haben, und doch nicht das, was Jesus von ihnen wollte. Es gibt Augenblicke in unserem Leben, in denen unser frommes Laufen und Jagen falsch ist, Augenblicke, in denen wir stillstehen sollen und bedenken müßten, daß es um Jesus geht. Es geht immer um ihn. Wir haben uns zu fragen, ob es wirklich um ihn geht, wenn wir Armen dienen und soziale Programme vorantreiben. Die Jünger sollten über die Art, Jesus zu dienen, verfügen. Verfügen wir auch? Bestimmen wir auch? Legen wir das Programm fest? Es kann sein, daß wir ihm dann nicht mehr dienen, sondern im Leerlauf stehen, in der Institution und mitten im Selbstzweck. Wem dienen wir heute mit dem, was wir planen?
O Gott und Herr, halte du mich auf, wenn ich im Rennen und Jagen dich vergesse. Laß alles Antwort auf deine Liebe sein. Liebe, dir ergeb' ich mich, dein zu bleiben ewiglich.

4. April *Sie sprachen aber: »Ja nicht auf das Fest, auf daß nicht ein Aufruhr werde im Volk!«* Matthäus 26,5
Sie wollten es heimlich abmachen. Sie meinten Jesus in der Stille festnehmen zu können.
Gott läßt das nicht zu. Gott zieht alle in den Prozeß gegen seinen Sohn hinein. Es muß öffentlich geschehen. Alle müssen schuldig werden, alle:

1. der Jüngerkreis
2. die Leitung der Synagoge
3. das Volk auf den Straßen
4. Die Obrigkeit der Juden
5. die Obrigkeit der Römer.

Mit anderen Worten: Die ganze Welt ist daran beteiligt, daß der Sohn vernichtet wird. Dafür sorgt Gott. Noch einmal: Warum? Damit keiner eine Entschuldigung habe. Auch wir nicht, auch wir Deut-

schen nicht. Golgatha hätte im Teutoburger Wald passieren können. Auch wir Christen nicht. Der Verrat kommt aus der Gemeinde! Die Christen sind am Tode Jesu schuldig. Da bleibt kein Ruhm, wirklich, da bleibt kein Ruhm. Bei uns allen nicht. Bei keinem.
Ich, ich und meine Sünden, die sich wie Körnlein finden des Sandes an dem Meer, die haben dir erreget das Elend, das dich schläget, und das betrübte Marterheer. Paul Gerhardt

5. April *Sie sprachen aber: »Ja nicht auf das Fest, auf daß nicht ein Aufruhr werde im Volk!«* Matthäus 26,5

Es wäre ja peinlich gewesen. Sie wollten keinen Skandal. Sie wollten Jesus still erledigen. »Nur ja keine Märtyrer schaffen!« ist seitdem die Parole der großen Politiker. Totschweigen ist die Methode der Widersacher. Organisatorisch verkümmern lassen ist die Art und Weise, wie die Welt die Gemeinde abschnüren will. Aber ausgerechnet auf dem Fest muß es passieren: vor aller Welt. So hat Gott immer noch dafür gesorgt, daß seine Gemeinde von den Katakomben auf die Dächer kam. Denn sein Ton hat Weltbedeutung. Gott läßt sich nicht abdrängen. Wer ihn abdrängt, riskiert, daß er abgedrängt wird. Er wäre nicht der erste gewesen. Die Geschichte des Reiches Gottes ist voll davon. Das sollte man jeder Partei und jedem Bürgermeister sagen, daß keiner sein Glück damit machen kann. Wer die Gemeinde verkleinern will, hilft, daß sie sich mehrt. Wer sie verfolgt, hilft, daß sie sich zertreut und, wie beim Samen, an allen Orten aufwächst. Darum — seien wir getrost. Gott sorgt, daß die Welt nicht von ihm loskommt.
O Gott und Herr, du hast uns in Jesu Verurteilung gezeigt, was du mit deiner Gemeinde vorhast. Hilf, daß auch wir, die wir durch deinen Sohn erlöst sind, genau wissen, welch Zeugnis wir der Welt schulden.

6. April *Der Landpfleger sprach zum Volk: Welchen wollt ihr unter diesen zweien, den ich euch soll losgeben? Sie sprachen: Barabbas.* Matthäus 27,21

Wer ein Radio hat, soll so lange suchen, bis er Karfreitag die Matthäus-Passion hören kann. Noch besser ist, man geht in das Konzert selbst. Die Stelle, in der das Volk auf die Frage: »Welchen wollt ihr unter diesen zweien, den ich euch soll losgeben?« schreit: »Barabbas, Barabbas!« geht einem an Herz und Nieren.
Was schreien wir heute? Für wen entscheiden wir uns heute?
Wenn Jesus noch gemordet hätte, wenn er Gift gestreut hätte, wenn er gestohlen hätte, wenn er ein asoziales Element gewesen wäre! Statt dessen hat er unablässig gerufen: »Kommt her zu mir, die ihr mühselig und beladen seid.«

Spreizen wir wirklich noch immer die Hände? Ballen wir noch immer die Fäuste? Umgehen wir ihn noch immer? Lassen wir ihn links liegen? Fliehen wir ihn? Ausgerechnet den, der ruft: »Kommt her!«, den jagen wir fort.

Aber wir winseln hinter denen her, die uns doch fortjagen. Und noch immer ist es so gewesen, daß derjenige, der Gott meinte jagen zu können, winselnd sich jagen ließ durch — Menschen!

Darum bitten wir dich, lebendiger Gott, daß wir in dieser Passionszeit uns am Kreuz Jesu einfinden und darüber staunen lernen, wie teuer wir erworben sind, nicht der Menschen Knecht zu sein.

7. April *Schmecket und sehet, wie freundlich der Herr ist.* Psalm 34,9

Gott hat mehr getan, als uns eine Wissenschaft zu überlassen und uns gute, lebens- und ewigkeitswichtige Gedanken mitzuteilen. Zwar hat Gott sein Wort gegeben, zwar müssen wir es mit unserem Gehirn fassen und mit klarem Verstand begreifen, worum es in seinem Wort geht. Aber der Weg Gottes mit seinem Wort zu uns geht über sein leibhaftiges Wort, geht über Jesus Christus selber. »Schmekket und sehet« heißt: So deutlich, so nah ist Gott unserer Welt gekommen, daß wir ihn schmecken und sehen können. Darum gibt Gott seiner Gemeinde neben der Predigt auch noch das Sakrament, damit wir in den Zeichen, die Gott uns in die Hand gibt, deutlich sehen und schmecken, wie gut er es mit uns meint. Wenn wir uns einbilden, des Sakramentes nicht zu bedürfen, laufen wir Gefahr, von Gott als von einer Gottheit zu reden, zu schwärmen vom Erlösertum und uns nicht selbst erlösen zu lassen; allerlei Großes von einem Vaterhaus zu halten, aber nicht selber durch die Türe zu gehen. Schmecket und sehet: Also nicht gedankliche Möglichkeit, sondern geschichtliche Tatsache: Schmeckt! Seht! So freundlich ist Gott.

Mir armem Gast bereitet hast das reiche Mahl der Gnaden. Das Lebensbrot stillt Hungers Not, heilt meiner Seele Schaden.

Friedrich Spitta

8. April *Um 3 Uhr schrie Jesus laut: Mein Gott, mein Gott, warum hast du mich verlassen?* Matthäus 27,46

In dem Augenblick stand alles auf dem Spiel. Wir selbst standen auf dem Spiel.

Denn Gott hatte die Wahl, uns an sich zu ziehen oder den Sohn; uns Ungehorsame oder den Gehorsamen; uns Abgefallene oder den einen Treuen; uns Vagabunden oder den, der blieb in dem, das seines Vaters ist.

Er ließ den Sohn fallen, den Gehorsamen, den Treuen, und uns — fing er auf. Gott entschied sich für uns. So teuer sind wir ihm.

Den hohen Preis des Sohnes wirft Gott in die Waagschale, um uns zu heben. So teuer wie Gottes Sohn sind wir Gott.
Können wir uns das erklären?
War bei uns irgendeine Voraussetzung dafür gegeben?
Nein, bei uns nicht. Er liebte uns voraussetzungslos. Grundlos.
Wie wunderbarlich ist doch diese Strafe! Der gute Hirte leidet für die Schafe, die Schuld bezahlt der Herre, der Gerechte, für seine Knechte. Ich kann's mit meinen Sinnen nicht erreichen, womit doch dein Erbarmung zu vergleichen. Johann Heermann

9. April *Hoffet auf den Herrn!* Psalm 4,6
In allen Fällen? Selbst in hoffnungslosen Fällen? Wir meinen oft, wir könnten Gott solche nicht zutrauen. Dann unterschätzen wir aber, daß Gott ausgerechnet die hoffnungslosesten Fälle meint, ausgerechnet uns dann zu hoffen aufruft, wenn nichts, aber auch wirklich nichts zu hoffen ist.
Einfach darum, weil Gott den allerhoffnungslosesten Fall, den es überhaupt gibt, mit seinem Sohn durchgestanden hat. Es gab nämlich einen Augenblick in der Geschichte, in der alle Hoffnung zuschanden wurde. Das war an jenem Tage, als sein Sohn laut in die Dunkelheit rief: »Mein Gott, mein Gott, warum hast du mich verlassen?« Weil es der Sohn getan hat, darum brauchen wir es nicht mehr zu rufen. Nein, das braucht nie mehr zu passieren. Seitdem der Sohn Gottes den Schrei der Verlassenheit tat, braucht so kein Mensch mehr zu rufen. Seitdem ist Hoffnung da, auch Hoffnung für unsere hoffnungslosesten Fälle. Wir sollten uns daran halten und danach tun und wirklich mit uns hoffnungslosem Fall zu ihm gehen. Es besteht Hoffnung!
Er hört die Seufzer deiner Seelen und des Herzens stilles Klagen, und was du keinem darfst erzählen, magst du Gott gar kühnlich sagen.
Paul Gerhardt

10. April *Man singt mit Freuden vom Sieg in den Hütten der Gerechten.* Psalm 118,15
Haben wir denn um den Sieg gebangt? Denn mit Freuden kann man nur singen, wenn man vorher die drohende Niederlage vor Augen sah. Jubeln kann man nur, wenn man selber vorher traurig war. Wie über den Frieden sich doch nur der freuen kann, über den vorher die Bombengeschwader zogen.
Man muß also schon dem Tod ins Auge gesehen haben und ihm ausgeliefert gewesen sein. Man muß nah am Kreuz gestanden und sich in der Nacht weggestohlen haben, erschüttert und ohnmächtig: »Nun hat der Teufel doch den Sieg davongetragen.« Man muß von seinen Klauen wissen, wenn man Gottes Arm rühmen will.

Man singt mit Freuden vom Sieg in den Hütten der Gerechten, nachdem eitel Trauer und Aussichtslosigkeit herrschte. Denn inzwischen ist etwas geschehen.
Dies Geschehnis feiern wir zu Ostern: Er ist vom Himmel abgesprungen, mitten im Kessel gelandet und hat eine Bahn nach außen gebrochen. Wir, hinter ihm her, haben den Weg ins Freie gefunden. Sieg! Kann uns doch kein Tod nicht töten, sondern reißt unsern Geist aus viel tausend Nöten.
Wär er nicht erstanden, so wäre die Welt vergangen. Seit daß er erstanden ist, so loben wir den Vater Jesu Christ. Kyrieleis.

Aus dem 12. Jahrhundert

11. April *Gott aber sei Dank, der uns den Sieg gegeben hat durch unsern Herrn Jesus Christus!* 1. Korinther 15,57

Wenn Gott für sich siegt, nützt es uns gar nichts. Aber Gott wollte, daß es uns nütze. Darum siegte Gott für uns.
Um es genau zu wissen, daß sein Sieg uns und nicht etwa Engeln gilt, darum wurde sein Sohn nicht Engel, sondern Mensch.
Darum ließ er seinen Sohn begraben, wie man uns begräbt. Ja, Gott ging sogar so weit, daß er die Menschen das Grab seines Sohnes durch eine Wache besetzen ließ, damit das Menschengeschlecht rufen konnte: »Er ist unser, er ist unser!«
Und alles aus dem einzigen Grund: Wir, die wir immer noch nur mit dem Tode rechnen, die wir unseren Verstorbenen aufs Grab setzen: »Ruhe sanft!«, die wir immer noch Tod und Teufel für stärker halten als das Leben und den Lebendigen — wir sollen es uns endlich sagen lassen: Mein Sieg über den Tod gilt euch! Meine Aufhebung des Begräbnisses gilt euch! Sehet Christus an!
Deutlicher kann Gott es nicht machen. Ist uns das nicht genug? So laßt uns denn endlich jubeln: Gott aber sei Dank!
Ostern macht fröhliche Leute.
Drum wir auch billig fröhlich sein, singen das Halleluja fein und loben dich, Herr Jesu Christ; zu Trost du uns erstanden bist. Halleluja.

Nikolaus Herman

12. April *Er hat dem Tode die Macht genommen.* 2. Timotheus 1,10

Das war nicht einfach. Das ging nicht mit einer Handbewegung. Auch nicht mit Hinterlist. Fronten standen sich gegenüber. Auf der einen Seite das Leben, auf der anderen Seite der Tod. Blut ist geflossen. Gottes Sohnes Blut. Darum stand der Sieg auch fest: Er hat dem Tode die Macht genommen.
Ärzte bekämpfen auch den Tod. Aber sie überwinden ihn nicht. Sie schieben ihn nur hinaus. Christus war kein Doktor. Er stand nicht achselzuckend vor der letzten Macht. Er griff an und siegte: ». . . am

dritten Tage wieder auferstanden von den Toten.« Sein Sieg gilt uns allen.
Nochmals: Es war nicht einfach. Der Tod wiegt schwer. Der die Waagschale des Todes heben wollte, konnte kein Mensch sein. Gott selbst mußte es tun. Gott wurde Mensch. Er wurde geboren und starb wie wir. Aber er trat den Tod unter die Füße und rief: »Ich lebe! Ihr sollt auch leben!« Leben wir wirklich? Wissen wir bestimmt, daß er auch unseres Todes Macht genommen hat?
Man darf es wissen. Ganz bestimmt wissen.
Wir danken dir, Herr Jesu Christ, daß du vom Tod erstanden bist und hast dem Tod zerstört sein Macht und uns zum Leben wiedergebracht. Halleluja. Thomas Hartmann

13. April *Sie sahen dahin und wurden gewahr, daß der Stein abgewälzt war.* Markus 16,4
Der Stein lag daneben. Weggedrückt. Das sahen die ersten Berichterstatter. Das Grab war offen und, als sie näher kamen: leer! Dessen wurden sie gewahr.
Sie sahen dahin — dahin! Wir sehen dahin — dahin!
Seitdem wir das tun, singen wir am Totensonntag Auferstehungslieder. Seitdem wir das tun, singen wir drei Tage nach Jesu Tod Osterlieder. Seitdem wir dahin sehen, dahin, können wir bei unseren Beerdigungen hören: »Und wer da lebt und glaubt an mich, der wird nimmermehr sterben.«
Seitdem die Jünger und die Frauen dahin sahen — dahin —, feiert die Gemeinde Ostern. Nur wenn wir dahin sehen, haben auch wir Ostern. Laßt es uns tun! Wir dürfen es, und wenn uns auch Zittern ankommt, weil wir es nicht begreifen (die Frauen und die Jünger sind auch zitternd vom Grab weggelaufen), dennoch: Laßt es uns tun! Der Stein war weggedrückt von innen, weggeschoben, und der darin war, wartete im Friedhofsgarten auf die, denen er es oft genug gesagt hatte, sie sollten dahin sehen, und sagte es ihnen noch einmal: Ich lebe, ihr sollt auch leben.
O Gott und Herr, laß uns dich wichtiger nehmen als den Tod.
Du lebst. Wir dürfen auch leben.

14. April *Jesus sprach zu Maria: Wen suchest du?* Johannes 20,15
Als wir Kinder vor dem Tod unserer Mutter mit ihr über die Grabstätte sprachen, sagte unsere Mutter: »Es ist doch alles klar, legt mich zum Vater. Aber sucht uns beide nicht da. Wir hängen am Halse des Heilandes.«
Wenn wir also zu Ostern auf die Friedhöfe gehen, dann suchen wir nicht unsere Eltern und Brüder und Schwestern und Kinder. Wohl

gedenken wir ihrer in Liebe und Dankbarkeit. Aber Christen dürfen wissen, daß sie dort nicht liegen. — Denn zu Ostern lag Christus nicht mehr im Grabe. Zwar suchte Maria das Grab, wollte die Kränze ordnen und pflegen und weinen. Aber der, den sie suchte, stand hinter ihr. Er war nicht im Tode geblieben. Er lebte.
Weil das so ist, weil das Grab leer war, brauchen wir unsere Toten nicht in den Gräbern zu suchen. Und wir brauchen uns nicht in wenigen Jahren oder Monaten oder Wochen dort zu vermuten. Der, der als erster das Grab sprengte und hinter der suchenden Maria stand, steht hinter uns und sagt: »Mein Grab ist leer. Euer Grab soll auch leer sein. Denn ihr sollt sein, wo ich bin.«
O Gott und Herr, du hast dem Tode die Gewalt genommen. Wir sterben. Aber du stehst in der Sterbestunde bereit und sagst: Kommt wieder, Menschenkinder! Nimm auch uns dann auf. Sprich du dein Leben uns zu, daß wir den Tod nicht zu fürchten brauchen.

15. April *Seid ihr nun mit Christus auferstanden, so suchet, was droben ist, da Christus ist, sitzend zur Rechten Gottes.* Kolosser 3,1
Mit Karfreitag und Ostern ist uns kein Kreditinstitut gegeben, um dort Besuch zu machen, wenn uns das Geld ausgegangen ist.
Wenn wir doch die Kirchenlieder noch auswendig könnten! Wenn wir den Katechismus noch aufsagen könnten! Da steht es doch ganz klar, daß er uns sich zu eigen gemacht hat und daß ich »in seinem Reiche unter ihm lebe und ihm diene«. Oder »daß er mich, ihm fortan zu leben, von Herzen willig und bereit macht«.
So ist Jesus Christus keine Abladestelle für unsere Plagen, sondern er ist Träger unterwegs. So will er nicht, daß wir den Tag über uns getrennt von ihm benehmen, sondern Stunde um Stunde mit ihm vereint laufen.
So heißt dies »Suchen, was droben ist«: darauf achten, daß wir am Stromkreis angeschlossen bleiben, daß wir sein eigen seien — mit unseren Sünden, ja! Aber nicht im Pendelverkehr zwischen ihm und der Sünde, sondern bei ihm in ständiger, lebendiger Begleitung. Er hält uns, er sorgt für Bewegung, er bringt uns nach vorn, er führet uns auf rechter Straße. Wir müssen nur eins: suchen, was droben ist, also sorgen, daß wir nicht ausklinken oben. Daß wir nicht stekkenbleiben wie eine Straßenbahn, bei der in der Kurve der Bügel ausgeschlenkert ist. Die muß ja steckenbleiben.
Halte mich fest, Herr, daß ich dir nicht davonlaufe!

16. April *Nun aber ist Christus auferstanden von den Toten und der Erstling geworden unter denen, die da schlafen.* 1. Korinther 15,20
Wir sollten mit jeder Diskussion, ob das Grab leer gewesen sei oder

nicht, schnellstens aufhören. Wir sollten vielmehr auf Grund des leeren Grabes die Konsequenz ziehen. Die Konsequenz lautet: Christus steht nicht für sich selber auf, sondern er steht für uns auf. Es ist für uns geschehen. Jesu Auferstehung ist ein Wirbel, in dessen Sog wir hineingenommen werden.

Dem Wirbel kann man sich entziehen. Sicherlich, wer sich flach auf den Boden legt, dem tut kein Wind etwas. Man kann sich auch Ostern entziehen. Wer an Ostern nur das Frühlingswehen besingt, wird sterben wie die Primeln.

Wir sollten uns dem Wirbelwind stellen. Gott will uns mit in seinen Sog nehmen. Sein Sohn soll nicht für sich gestorben sein, nicht für sich auferstanden sein. Das ist eine Tat, die uns gilt. Seitdem stehen wir im Wind, in Gottes Wind. Wir sind getrost, da Christus auferstanden ist. Für uns! Denn er ist ja nun der Erstling. Die zweiten, dritten, vierten und fünften sind ihm schon nachgeeilt. Eine große Schar. Und wir gehören dazu. Kann uns doch kein Tod nicht töten! Uns nicht!

Unser Herr Jesus Christus, auf deine Auferstehung berufen wir uns, wenn es um unser Sterben geht. Denn du bist der erste, wir dürfen nachkommen. Du hast es ja selbst gesagt: Ihr auch!

17. April *Und zerriß ihre Bande.* Psalm 107,14

Was muß das für eine Sache sein, wenn Gott das an uns tut, was er vorhat. Er will Bande zerreißen. Er will Bindungen lösen. Er will eine Knechtschaft beenden.

Jawohl, so real passiert das, was Gott an uns tut. Das Band wird zerrissen. Das ist nicht eine geistige Umstellung, sondern das ist eine neue Lebensart. Die Veränderungen sind noch größer, als wenn einer von Deutschland nach Australien auswandern wollte. Mag dort das Klima anders sein und die Arbeitsbedingungen günstiger: Er bleibt derselbe. Wenn Gott uns aber auswandern läßt aus unserer Welt, uns einwandern läßt in sein Reich und seine Befehlsgewalt, dann wechseln wir nicht nur das Reich, sondern wechseln uns selbst: Die Bibel nennt das: Wir werden neue Menschen.

Natürlich atmen wir noch mit derselben Lunge. Natürlich schlägt das Herz weiter seine 80 Schläge in der Minute. Und dennoch, etwas Neues ist geschehen: Ich komme nun bei Gott vor. Nicht als ein Gefesselter, sondern als ein Befreiter. Wir sind für ihn befreite Leute. Was muß das für ein Ereignis sein, wenn Gott so etwas an uns tut! Und er tut's. Er tut es bestimmt. Des sind wir alle Zeugen.

Es ist erstanden Jesus Christ, der an dem Kreuz gestorben ist, dem sei Lob, Ehr zu aller Frist. Er hat zerstört der Höllen Pfort und all die Sein' herausgeführt und uns erlöst vom ewgen Tod.

Cyriakus Spangenberg

18. April *Da sie aber davon redeten, trat er selbst, Jesus, mitten unter sie und sprach zu ihnen: Friede sei mit euch!* Lukas 24,36

Dieser Friede, den Jesus Christus bringt, ist uns wichtiger als der Friede zwischen Land und Land und Mensch und Mensch. Denn mit einem Frieden zwischen Land und Land und Mensch und Mensch kann keiner selig sterben und kommt keiner in den Himmel. Jetzt aber kann man sich, achtzigjährig, ans Sterben machen, weil man weiß, daß Friede ist zwischen Gott und uns. Man kann in jungen Jahren, ob Krieg oder nicht Krieg, im Frieden sterben, weil man weiß, daß zwischen Gott und uns keine Fehde herrscht.

Selbst wenn die Welt noch im Krieg lebt, Nachbar mit Nachbar, Kontinent mit Kontinent: Der Friede Jesu gilt.

Damit, daß Jesus dieses Wort ausspricht, ist nicht nur ein frommer Wunsch ausgesprochen, sondern eine Tatsache hergestellt. Dieser Friede gilt. Wer von diesem Frieden in der Osterzeit schweigt, macht Ostern zum Fest der Schneeglöckchen. Ostern hat aber nichts mit Frühling zu tun, auch nichts mit Völkerfrühling. Gott sei Dank! Denn es wird eine Zeit geben, in der es keinen Frühling mehr gibt. Aber es wird keine Zeit geben, in der es den Frieden Gottes nicht mehr gibt. Denn Jesus macht ewige Sachen und nicht zeitweilige.

O Gott und Herr, gib, daß wir im Streit der Welt an deinem Frieden nicht zweifeln. Nichts soll uns scheiden von deiner Liebe, die in Jesus Christus ist, unserem Herrn.

19. April *Seid ihr nun mit Christus auferstanden, so suchet, was droben ist, da Christus ist, sitzend zur Rechten Gottes.* Kolosser 3,1

So selbstverständlich steht das da. Seid ihr nun . . ., so suchet . . . Es erinnert einen in seiner Selbstverständlichkeit an eine Gebrauchsanweisung. »Haben Sie die Wäsche ausgewaschen, so hängen Sie sie auf.« Das braucht man den Frauen nicht zu sagen. Die wissen, daß Wäsche verdirbt, wenn sie liegenbleibt.

Wir tun nicht mehr das Selbstverständliche. Wir tun nicht mehr, wozu wir berufen sind. Wir lassen die Wäsche liegen. Wir machen nur halben Weg in unserem Christenstand. Wir laufen nur bis Karfreitag. (Die Karfreitag-Gottesdienste sind weit stärker besucht als die Oster-Gottesdienste.) Wir werfen am Kreuz unsere Sünden hin: »Da, Herr, hast du's. Frage nicht nach neuem Leben! Es wird nichts draus. Ich hab's versucht und versucht, ich bleibe stecken.« Wie gesagt, nur bis Karfreitag. Ostern aber, das uns neues Leben bringen will, sind wir schon wieder über alle Berge, der alten Sünden ledig, aber bald neu in alten Sünden drin. Wir leisten uns einen schlimmen Pendelverkehr zwischen Karfreitag und dem praktischen Leben. Ostern spielt nicht mehr die Rolle, die es haben will und haben muß. Wir beziehen uns nicht mehr auf Ostern, darum suchen

wir auch nicht mehr, was droben ist. Wir leben nicht in dauernder Verbindung mit dem, der zur Rechten Gottes sitzt: Der lebt und will, daß wir von ihm her leben. Stunde um Stunde.
Ich weiß von deiner Treue, die selbst den Tod besiegt, und uns von Grund erneue, wenn unser Fleisch erliegt. Fritz Diettrich

20. April *So wir samt Christo gepflanzt werden zu gleichem Tode, so werden wir auch seiner Auferstehung gleich sein.* Römer 6,5
Was mit Jesus geschieht, geschieht auch uns.
Wenn er gestorben ist, wir auch. Wenn er die Auferstehung erlebte, wir auch. Denn Christus hat nichts für sich getan, alles für uns. Als wir getauft wurden vor 20 oder 30 oder 50 Jahren und noch früher, ist etwas mit uns geschehen. Wir sind mit Christus zusammen in einen Boden gepflanzt. Sein Weizenkorn ist gestorben, wir sind auch gestorben und sterben alle Tage. Das muß gelernt sein.
Auch der heutige Tag wird wieder einiges an Möglichkeiten bieten, mit ihm zu sterben: uns in den Tod zu geben, uns nicht mehr selber zu wollen, nicht mehr aus uns zu leben, also zu sterben. Wir hängen mit ihm am Kreuz. In jedem Augenblick haben wir noch die Möglichkeit, vom Kreuz herabzusteigen.
Es ist nicht leicht, am Kreuz zu hängen. Viel leichter ist es, abzusteigen und sich selber zu retten. Aber dann sind wir nicht mit ihm. Dann haben wir uns von ihm gelöst. Dann erleben wir aber auch keine Auferstehung. Wir aber dürfen auferstehen, engstens mit ihm verbunden. Und der Morgen bricht an, an dem es sich erfüllt: Seiner Auferstehung gleich. Wir erleben sie jetzt schon.
Dein Leid ist meinem Tode gleich. Ich trug das Kreuz und sank zu Grabe für dich. Nun lebe in dem Reich, in das ich dich gerufen habe.
Siegbert Stehmann

21. April *Gib deinen Knechten, mit aller Freudigkeit zu reden dein Wort.* Apostelgeschichte 4,29
Das ist das Schwierigste bei jeder Formulierung dessen, was Gott jetzt will: alles zu sagen und nichts zu verheimlichen. Denn ob wir wollen oder nicht, wir sind immer abhängig von denen, denen wir es sagen. Sagen wir es dem Westen, oder sagen wir es dem Osten; sagen wir es einem Parteifreund oder einem Gegner; sagen wir es einem, der Geld hat, oder sagen wir es einem, der kein Geld hat; sagen wir es einem, von dem wir mal abhängig werden könnten, oder sagen wir es einem, auf den man keine Rücksicht zu nehmen braucht; sagen wir es einem Vorgesetzten, oder sagen wir es einem Untergebenen. Freudigkeit heißt: ohne Rücksicht auf Verluste.
Das Wort heute ist ein Gebet. Die Gemeinde betet für die Predigt der Apostel. Da hapert es ja bei uns.

Ob wir wohl anfangen zu beten? Spätestens im Gottesdienst selbst, wenn es heißt: »Der Herr sei mit euch«, und wir antworten: »Und mit deinem Geiste.« Der Herr sei mit deinem Geiste, lieber Pfarrer! Das erwarten wir von der Predigt, das erwarten wir von unseren Pastoren. Das kommt nicht von selbst. Nichts kommt von selbst. Am allerwenigsten eine Predigt. Haben wir das begriffen?
O Gott und Herr, gib mir heute, mit aller Freudigkeit zu reden dein Wort — vor jedem, den du mir zuführst. Und gib allen Pastoren solche Freudigkeit. Denn davon lebt die Kirche, daß du solche schenkst.

22. April *Jesus und seine Jünger wurden auch auf die Hochzeit geladen.*

Johannes 2,2

Wir waren Unteroffiziere in einer Kompanie. Da bat mich einer, doch seine Trauung zu übernehmen. Genau unser Text stand über der Hochzeit. Eine Traubibel gab es anschließend. Die beiden Neuvermählten baten darum, daß ich ihnen den Text anstreichen solle. Das tat ich dann auch, mit Kriegstinte. Sie löschte schlecht, und ein Löschblatt gab es nicht. Was kommen mußte, kam: Die Bibel wurde zugeschlagen. Erschrocken öffnete ich sie wieder. Es hatte gekleckst. Es tat mir leid. Die neue Bibel! Aber ich habe den Klecks nicht ausradiert, denn er war ausgerechnet auf dem Blatt gegenüber beim 12. Vers des 1. Kapitels gelandet als Spiegelbild der Unterstreichung. Die Brautleute entdeckten ihn und freuten sich sogar daran. Sie lasen es, was nun dazugehörte: »Wie viele ihn aber aufnahmen, denen gab er Macht, Gottes Kinder zu werden.«
So ist das, wenn sich zwei zusammentun. Sie können es nur, wenn sie Jesus und seine Jünger mit bei der Hochzeit haben. So beginnt eine Ehe vor Gott und den Menschen zugleich, wenn Jesus, also sein Wort, und seine Jünger, also seine Gemeinde, als Zeugen dabei sind. Wenn dieser Start wirklich ernst genommen wird, wenn diese Einladung wirklich ein »Aufnehmen« bedeutet, dann entsteht eine Macht, in welcher die Ehe erst möglich wird. Dann erst leben beide in der Kindschaft Gottes. Eine Gemeinsamkeit! Eine große Verheißung!
Sei du in unserem gemeinsamen Leben unser Herr. Halte dich bei uns auf, bleibe alle Jahre.

23. April *Siehe, ich bin bei euch alle Tage bis an der Welt Ende.*

Matthäus 28,20

Mitten im Abschiednehmen sagt Jesus seinen Jüngern, daß sein Abschied kein Abschied sei. Nicht mache ich Abschied, wie die Welt sich verabschiedet, euer Herz erschrecke nicht und fürchte sich nicht; denn ich bin bei euch alle Tage. Welche Botschaft!

Denn »alle Tage« heißt ja wirklich: alle, nicht dann und wann, nicht, wenn wir die gerade Straße wieder erreicht haben, nicht wenn es uns gelungen ist, Sünde zu überwinden.

Kein Tag, an dem er nicht bei uns wäre, sei es ein Tag der bewußten Gemeinschaft mit ihm oder sei es ein Tag des erschreckenden Sichlösens.

Es gibt auch heute keine Ausnahme, daß er nicht sprungbereit neben uns wäre. Das ist nicht zu fassen. Nein, ist es auch nicht. Aber er faßt!

Wer es erfahren will, der laufe los, er schreie nur früh genug, verzagt und zerschlagen. Der Meister wird es unter Beweis stellen: Siehe!

Und wir werden es sehen. Alle Tage! Was kann denn dann noch passieren?

Ach bleib mit deinem Schutze bei uns, du starker Held, daß uns der Feind nicht trutze, noch fäll die böse Welt. Josua Stegmann

24. April *Ihr habt mich nicht erwählt, sondern ich habe euch erwählt.* Johannes 15,16

Wir sind nicht schuld daran, daß wir Christen sind, wirklich nicht. Es liegt nicht daran, daß wir ihn gewählt haben, es liegt daran, daß er uns gewählt hat. Wir haben uns nicht für ihn entschieden, sondern er hat sich für uns entschieden. Darum können wir mit unserem Lebensresultat nicht vor andere hintreten und sagen: »Macht es wie ich, ich habe es richtig gemacht!« Wir können nur eins tun: Staunend über unsere Wahl die Tatsache nennen, daß ein anderer uns erwählt hat und daß er seine Kandidatenliste noch nicht abgeschlossen hat. Sind wir bereit, so von seiner Wahl zu reden? Die Jünger hätten doch Grund gehabt, sie haben alles verlassen und waren ihm nachgefolgt; sie hätten doch Anlaß gehabt, sich vor aller Welt zu präsentieren und zu sagen: »Wir haben ihn zu unserem Herrn erkoren.« Aber sie taten es nicht. Wir werden auch kleinlaut werden. Es bleibt nichts zu rühmen an unserem Christenstand. Nur er bleibt zu rühmen, Jesus Christus. Wenn wir etwas erwähnen, dann ist es doch höchstens die Tatsache, daß er nicht unsere Kümmerlichkeit und Sünde und unser inneres Revolutionieren registrierte, sondern uns überwand und sagte: Ich will dich. Viele will er. Er will die, die sich bis zur Stunde gegen seine Wahl wehren. Sie sollten sich nicht wehren. Von solcher Wahl werden sie zum Schluß nur sagen können: Das Los ist mir gefallen aufs Liebliche.

O Gott und Herr, wir danken dir für deine Wahl. Wir bitten dich, laß uns heute als die von dir Gewählten leben und Frucht bringen, die da bleibt.

25. April *Christus hat uns zu Priestern gemacht.* Offenbarung 1,6

Uns hat er zu Priestern gemacht. Es geht hier nicht um den Pfarrerstand. Obwohl Pfarrer priesterliche Menschen sein sollten und sie vor allen in das Amt gerufen sind, das die Versöhnung predigt. Wir dürfen in ihnen Priester sehen und sie in uns. Priester sind die, die für die Welt vor Gott eintreten. Für wen treten wir ein? Nur für die, die wir lieben, für die, die uns lieben? »Was tut ihr denn da Besonderes?« fragt Jesus Christus. Priesterliche Menschen sind solche, die es Jesu nachmachen, die sogar ihre Feinde vor Gott nennen und sie Gott in Erinnerung rufen, damit Gott Barmherzigkeit an ihnen tue, nicht aufhöre mit seiner Liebe und ihnen nachgehe. Priesterliche Menschen bitten Gott, daß sie Kraft gewinnen, ihre Feinde aufzusuchen, und daß sie davor bewahrt werden, solche zu meiden. Denn es sind unsere von Gott geliebten Feinde. Es sind unsere von Gott geliebten Widersacher. Können wir so priesterlich denken, reden und handeln? Wir dürfen es, denn der Hohepriester hat sich unser selber angenommen, als wir Feinde waren.

Die Welt wartet auf priesterliche Menschen. Sie sagt es nicht, aber ihr Seufzen macht es deutlich genug.

O Gott und Herr, ich bitte dich für die Widersacher deiner Gemeinde. Du wirst die Starken zum Raube haben. Was du an uns tatest, tue auch an ihnen.

26. April *Lasset uns nicht verlassen unsere Versammlung, wie etliche pflegen, sondern einander ermahnen.* Hebräer 10,25

Es kommt im Leben darauf an, bei der Versammlung zu bleiben, also bei denen, die sich um ihn versammelt haben, die er um sich versammelt hat und die ihm nun dienen. Christus ist mit dieser Menge unterwegs. Die Menge ist seine Kirche. Es gibt Augenblicke, in denen er seine Kirche von einer Weide zur anderen bringen muß — und zwischen Weide und Weide liegt die Hauptverkehrsstraße. Autos stoppen. Aber die Fahrer sind ungeduldig. Sie wollen weiter. Und alles kommt darauf an, daß die Schafherde gemeinsam in einem Schub über die Bahn kommt. Wehe den Nachzüglern! Wehe denen, die die Versammlung verlassen, wehe denen, die meinten, sie brauchten jetzt nicht dabei zu sein. Es kann nämlich sein, daß ausgerechnet in dem Augenblick, wenn wir meinen, für uns allein glauben zu können, der Herr der Herde den Sprung über die Straße gewinnen will mit der ganzen Herde: Sind wir dabei? Oder hängen wir ab? Laßt uns nicht verlassen die Versammlung! Gott hat mit der Versammlung viel vor, Gott hat ein Programm mit seiner Kirche. Wir müssen dabei bleiben.

O Gott und Herr, wenn du uns nicht dauernd nachgezogen hättest, wären wir mit unserem verliebten Wesen, lieber allein zu glauben, schon lange gescheitert. Wir versprechen, daß wir bei denen bleiben wollen, die deinen Namen liebhaben.

27. April *Kann auch ein Weib ihres Kindleins vergessen?* **Jesaja 49,15**

Man braucht kein verworfener Mensch zu sein, um die Kinder zu vergessen. Eines Tages werden wir sie alle vergessen müssen, ob wir treue Väter oder treue Mütter sind. Denn wir werden unsere Kinder allein lassen müssen. Wir werden allein zu sterben haben. Und wenn wir Eltern auch die Kinder vergessen müssen, so wird der lebendige Gott sie nicht vergessen.

Denn wenn Gott so etwas sagt, dann ist das etwas anderes, als wenn Mütter und Väter das gleiche sagen. Wenn uns z. B. ein Kind gestorben ist, so können wir es damit, daß wir es nicht vergessen können, nicht ins Leben zurückrufen. Er aber kann es. Denn damit, daß er der Kinder gedenkt, ruft er sie ins Leben. Wer bei Gott vorkommt, ist zum Leben berufen. Wen Gott nicht vergißt, den hat er zum Leben bestimmt. Gott vergißt uns nicht.

Die Frage ist nur an uns, ob wir Gott vergessen. Und ob wir seiner vergäßen, wird er uns doch nicht vergessen! Er ist bereit, auf einen Ruf hin an uns zu denken. Und wir werden entdecken, daß dieser Anruf schon von ihm selber kommt. Denn er vergißt uns nicht.

O Gott und Herr, hab Dank, daß du uns nicht vergißt. Denk heute auch an uns. Stunde um Stunde, daß wir in deiner Gemeinschaft bleiben und uns nicht in der Welt verlieren. Halt uns eng bei dir.

28. April *Sie gingen hin zu ihren Hütten fröhlich und guten Muts über all dem Guten, das der Herr an seinem Volk getan hatte.*

1. Könige 8,66

Was hatten die Leute denn hinter sich? Sie kamen von der Tempelweihe! Sie war der Schluß einer langen Wanderung. Als Flüchtlinge waren sie angekommen. Vierzig Jahre in der Wüste! Das ist ja schließlich kein Zeitvertreib gewesen, und die dauernden Kämpfe waren ja auch keine leichten Patrouillen. Wenn sie aber die Summe zogen unter die vierzig Jahre, dann kam staunender Jubel: Gott war dabei, er ist mitgegangen, er ist bei ihnen geblieben. Wenn sie nach links vom Wege abrücken wollten, so hat Gott den Ausweichenden widerstanden und hat sie auf den rechten Weg geholt. Wenn sie nach rechts Umwege machen wollten, so hat Gott sie durch Tiefen wieder zum Gehorsam gelockt. Das lag hinter ihnen. Und sie waren fröhlich darüber. Es fragt sich, ob wir solchen Blick auf unseren Weg auch tun können. Wir sind auch links und rechts vom Wege abgerückt . . . Aber staunen wir darüber, daß er an uns geblieben

ist, der treue Heiland? Er ist bei unseren Versuchungen geblieben, er hat unsere Absage nicht als Absage genommen, er hat unsere Sünde weggeworfen, hinter sich zurück, damit zwischen ihm und uns nichts sei! Sollten wir nun nicht guten Mutes nach vorn gehen können? Wir haben einen Herrn, der nicht auf einmal abbricht, sondern dessen Treue morgen auch gilt.
O Gott und Herr, du hast eine Wolke von Zeugen, die fröhlich und guten Mutes waren über all dem Guten, das du deinem Volk getan hast. Wir gehören zu deinem Volk. Laß uns heute fröhlich darüber sein und guten Mutes.

29. April *Herr, unser Gott, es herrschen wohl andere Herren über uns denn du; aber wir gedenken doch allein dein und deines Namens.* Jesaja 26,13

Was sich die christliche Gemeinde nicht alles leisten kann! Wenn aller Welt Zeitungen voll sind von denen, die über die Welt herrschen, wenn alle einander immer die großen Taten dieser Herren preisen und deren Parolen durchgeben, und wenn alles Volk nur noch »Deutschland« denkt oder »Frankreich« denkt oder »Rußland« oder »Amerika«! — die christliche Gemeinde kann es sich erlauben, allein des Namen Jesu Christi zu gedenken. Leisten? Erlauben? Sie wird dazu gedrängt! Denn was Gott an ihr getan hat, drängt sich so auf die Lippen und füllt so ihre Gehirne, daß sie nur ein Thema hat. Wehe der Welt, wenn sie eine Gemeinde hat, die ihr Thema wechselt! Wehe der Gemeinde, die meint, der Welt so zu dienen, daß sie eines anderen Namens gedenkt! Wie Sodom noch Zeit hatte, solange eine Gemeinde in der Stadt existierte, so hat die Welt noch Zeit. Gottes gnädige Zeit, solange die Gemeinde Jesu Christi allein des Namens ihres Eigentümers gedenkt. Lassen wir uns nichts vormachen! So allein dienen wir Gott und der Welt.
O Gott und Herr, laß uns bei deinem Thema bleiben. Hilf, daß wir nicht denen nachgeben, die von uns fordern, von dir nicht mehr zu reden.

30. April *In Christus liegen alle Schätze der Weisheit und der Erkenntnis verborgen.* Kolosser 2,3

Den Satz des Pythagoras kann man studieren. Chemische Formeln kann man auswendig lernen, Vokabeln kann man sich einprägen. Christus kann man nicht auswendig lernen, kann man sich auch nicht einprägen. Die Weisheit und Erkenntnis Christi liegt darin beschlossen, daß man seine Wohltaten an sich geschehen läßt. Staunend nimmt man wahr, wozu er gekommen ist. Und indem man sich durch ihn behandeln läßt, sein Patient und sein Geheilter wird,

weiß man um ihn. Man kann ihn nicht studieren. Man kann ihn nur an sich handeln lassen. Und wer es tat, merkte, daß in ihm alle Schätze der Weisheit und der Erkenntnis verborgen liegen. Das sind dann Leute, die von den Wissenschaftlern und Philosophen, falls die Wissenschaftler und Philosophen ohne Gott sind, beneidet werden. Denn sie haben etwas erkannt, was Wissenschaft nicht erkennt, es sei denn, daß man sich erkennen läßt von ihm.
In meinem Studieren wirst du mich wohl führen und bleiben bei mir, wirst stärken die Sinnen zu meinem Beginnen und öffnen die Tür. Paul Gerhardt

1. Mai *Höret, alle Völker! Gott der Herr hat mit euch zu reden aus seinem heiligen Tempel.* Micha 1,2
Es handelt sich bei uns um höchste Alarmstufe! Wenn Gott jetzt nicht das Wort bekommt, wenn wir jetzt nicht konzentriert hören, wenn wir jetzt nicht alles andere abschalten, wenn wir jetzt nicht unsere eigenen Programme schweigend auf den Tisch legen, die Hände falten und sagen: »Rede, Herr, deine Knechte hören!«, dann wird uns Hören und Sehen vergehen. Dann werden wir bald nichts mehr hören und nichts mehr sehen. Dann wird Gott leben, aber wir werden Gottlose sein. Dann wird Gott reden, aber nicht mehr zu uns. Dann wird Gott lieben, aber wir werden Waisenkinder bleiben. Dann hat Gott die Türen offen, aber wir sind nicht mehr gemeint. Gott hat mit uns zu reden aus seinem heiligen Tempel. Also von dort aus redet Gott. Von dort aus, wo er sich festgelegt hat. Es ist sein Sohn. Wer ihn hört, hört den, von dem er gesandt ist.
Wie reagieren wir? Reden wir immer noch? Nein! Laßt uns schweigen — nur dies noch sagen, nur dies noch: »Sprich nur ein Wort, so wird dein Knecht gesund.«
Dein Wort, Herr, nicht vergehet, es bleibet ewiglich, so weit der Himmel gehet, der stets beweget sich; dein Wahrheit bleibt zu aller Zeit gleichwie der Grund der Erden, durch deine Hand bereit't.
Nach Cornelius Becker

2. Mai *Dies ist die Offenbarung Jesu Christi.* Offenbarung 1,1
Wörtlich steht da: Dies ist die Enthüllung. Enthüllungen bringen die Illustrierten. Was keiner vorher wußte, wird da enthüllt. Was keiner vorher ahnte, wird da aller Welt mitgeteilt. Was keiner wissen konnte, wird da zu aller Überraschung schwarz auf weiß gezeigt. Aufregende Sachen!
Ganze Lesezirkel leben davon, daß Menschen ihre Sonntagsnachmittage damit verbringen, die aufwühlendsten Dinge, Enthüllungen, zu lesen. Was regt uns noch auf?
Dies ist die Enthüllung Jesu Christi. Regt uns die Bibel auf?

Sind wir so abgebrüht, daß uns nichts mehr unter die Haut geht, was von ihm berichtet wird? Dabei geht es uns an. Denn seine Enthüllung enthüllt uns, sagt die Wahrheit über uns, zeigt, wer wir sind. Aber wer will noch die Wahrheit über sich hören?
O Gott und Herr, bewahre uns davor, daß wir uns an den Christenstand gewöhnen! Heilige uns täglich, heilige uns in deiner Wahrheit.

3. Mai *Lasset uns aber Gutes tun und nicht müde werden!* Galater 6,9
Bei anständigen Menschen ist die Abteilung »Gutes tun« besetzt. Wie in einem Warenhaus. Es ist alles da. Wie bei einer Nation, die was auf sich hält. »Abteilung IV D« — also angefangen beim Nötigsten bis hin zum Pfarrer. Für alles ist gesorgt. Wer antippt, kann ohne Mühe in Erfahrung bringen, wo die Ressorts liegen. Und sollte Gott fragen — bitte sehr, alles ist da.
So haben wir unsere Gelder aufgeteilt. Angefangen beim Nötigsten bis hin zum »Gutes tun«. Wir tragen es unter die Rubrik ein: »Spenden und Sonstiges«. Leute mit klarem Kopf wissen sogar, daß dies abschreibbar ist bei den Steuern.
Jeder weiß, daß man müde werden kann, Gutes zu tun. Genial fand der anständige Mensch den Ausweg, sich vor dieser Müdigkeit durch die feste Rubrik zu schützen. Dann kommt das »Gutes tun« einmal im Monat vor, wenn man die Finanzen regelt, so um den Ersten herum. Das macht sich bezahlt. Dann hat man vom Zweiten ab ein gutes Gewissen. Neunundzwanzig Tage ein gutes Gewissen. Man kann sich immer trösten: ». . . ist erledigt«, so daß die Hausfrau am Türschlitz sagen kann: »Wir gaben schon«, und der Mann beim Bettler an der Ecke vorbeilaufen kann: »Gutes tun fiel bei mir auf den Ersten des Monats«, und der Kirchgänger an der Treppe draußen: »Es geht aber doch nicht, gerade war doch die Kollekte . . .«
Es wartet heute viel auf uns. Werden wir heute müde? Wir müssen hellwach sein.
O Herr, laß mich nicht müde werden, weiterzugeben, was du mir gabst. Laß heute keinen vergeblich auf mich warten.

4. Mai *So ihr mich von ganzem Herzen suchen werdet, so will ich mich von euch finden lassen.* Jeremia 29,13.14
Haben wir schon einmal eine Nacht wach gelegen, nur um Gott zu suchen, oder sind wir darüber eingeschlafen? Wer darüber einschläft, hat ihn nicht gesucht. Denn wer Gott sucht, kann nicht schlafen! »Von ganzem Herzen« sollen wir ihn suchen, also ganz beteiligt, ganz in Anspruch genommen, unteilbar.
Wir müssen beim Suchen vorsichtig sein. Es gibt einen, der großes

Interesse daran hat, daß wir nicht finden, was wir suchen. Es gibt Ablenkungsmanöver!
Wie man einem Rudel Wölfe Kleider und Pelze vom Wagen aus in die Dunkelheit wirft, damit sie sich balgen um das vermeintliche Opfer, so wirft der Teufel uns Kleider und Pelze in den Weg, damit wir uns täuschen lassen, wir hätten schon gefunden, was wir meinten.
Wie die Kleider und Pelze aussehen, ob es Menschen sind oder ob es Berufserfolge sind, ob es enthusiastische Gefühlsmomente oder beruhigte Augenblicke sind — der Teufel kennt viele Möglichkeiten, uns im Suchen zu unterbrechen.
»Von ganzem Herzen«, sagt der Text. Wo endlich einer mit ganzem Herzen sucht, da hat Gott sich immer noch finden lassen; keinem hat er sich entzogen, der dieses tat. Wer sucht, dem sei dies gesagt: Er ist gesucht.

Ich lief verirrt und war verblendet, ich suchte dich und fand dich nicht; ich hatte mich von dir gewendet und liebte das geschaffne Licht. Nun aber ist's durch dich geschehn, daß ich dich hab ersehn.

Johann Scheffler

5. Mai *Machet euch Freunde mit dem ungerechten Mammon.*

Lukas 16,9

Das Geld gehört doch nicht uns. Geld als solches ist noch kein Mammon. Nur die Art, wie wir daran hängen, zeigt, ob es Mammon ist. Gott will, daß wir uns Freunde damit machen. Gott will, daß wir Freude damit machen. Nicht nur mit Geld. Auch mit Geld. Auch mit unserer Wohnung. Auch mit unseren Sesseln. Auch mit unserem Tisch. Auch mit einem Brief. Auch mit einem Paket. Auch mit unserem Temperament. Macht euch Freunde mit eurem Temperament! Mit eurem ungerechten Temperament. Die Pakete und das Geld und das Temperament haben als solche keine Gerechtigkeit. Sie sind alle ungerecht. Gerecht, richtig werden sie erst, wenn wir sie für andere einsetzen, wenn sie andern gelten. Das will Gott von uns. Wer von Natur aus fröhlich ist, soll andere fröhlich machen. Wer Geld hat, soll andern was geben. Wer eine Wohnung hat, soll andere einladen. Wer ein fröhliches Haus hat, soll andere damit anstecken! Hängt doch nicht daran! Wer's für sich verwaltet, macht alles ungerecht. Gebraucht es richtig! Laßt es durch Gott gerecht werden! Durch unseren Dienst an anderen.

O Gott und Herr, du hast uns Gaben geschenkt. Laß sie uns nicht in Händen festhalten, daß sie verderben. Gib, daß wir unser Haus offenhalten. Gib, daß andere an unserer Freude teilhaben, und bewahre uns davor, es zu mißbrauchen, als gehöre alles uns. Es ist ja, Herr, dein Geschenk und Gab'.

6. Mai *Wohl den Menschen, die durch das Jammertal gehen und machen daselbst Brunnen.* Psalm 84,7a

Christen sind Pioniere, im Grund genommen sollten sie avantgardistische Leute sein. Wo sie gehen, hinterlassen sie deutliche Spuren. Wie Kolonisatoren. Wenn sie durch das Jammertal gehen, machen sie daselbst Brunnen, für sich und andere, die nachkommen. So kann man beim Jakobsbrunnen anfangen und die ganze Kirchengeschichte durchkämmen: überall Brunnen, an denen die, die nachkommen, trinken können. So haben unsere Väter uns Brunnen hinterlassen — und wenn es der Katechismus wäre oder des Vaters Lieblingslied oder Mutters Gesangbuch —, daß wir plötzlich einen Brunnquell entdecken: Da kann ich ausruhen. Da werde ich gelabt. Da darf ich Kraft holen. Ob unsere Kinder auf Brunnen stoßen werden, die wir bauten? Ob unsere Kinder später, wenn sie in der Wüste sind (wem bleibt sie erspart?), wenn sie durchs Jammertal gehen (wer muß nicht hindurch?), wenn sie auf dem Trockenen sitzen (wem werden nicht die Quellen abgeschnitten?) — ob unsere Kinder sich dann auf Brunnen beziehen können, die wir gruben? Sie haben ein Recht darauf. Wohl denen, die sie gruben! Wohl denen, die sie vorfinden! Wohl denen — heißt: Selig sind sie!

O Gott und Herr, laß uns nicht vergessen, daß wir von deinen Quellen leben. Hab Dank für den Gehorsam derer, die vor uns Brunnen gruben. Wir wollen sie auch für die Unseren graben. Hilf uns dazu.

7. Mai *Und sie hielten sich wie die Heiden, zu denen sie kamen, und entheiligten meinen heiligen Namen, daß man von ihnen sagte: Ist das des Herrn Volk, das aus seinem Lande hat ziehen müssen?* Hesekiel 36,20

Israel war verjagt worden. Die große Chance, außerhalb des Landes nun ein deutliches Zeichen dafür zu setzen, wie sich ein Volk benimmt, das unter dem Herrn selber steht, hatten sie verpaßt. Sie hielten sich wie die Heiden, zu denen sie kamen. — Gott will uns nicht nur im gottesdienstlichen Raum und Gemeindehaus haben, Gott will uns nicht immer in der eigenen Familie und Verwandtschaft haben.

Gott will uns in allen Berufen und in kompliziertesten Situationen haben — aber als Christen!

Das aber heißt: Gott mitnehmen. Er will doch mitgehen, wohin wir gehen. Wir können ihn doch nicht zeitweise entlassen, einfach stehenlassen draußen vor der Tür. Wir sind nach seinem Namen genannt! Den Namen behält man doch. In jedem Gasthof muß man ihn angeben. Bei jeder Vorstellung macht man sich bekannt. Oder laufen wir mit mehreren Personalausweisen herum? Kann es uns passieren, daß der nächste Kollege erst nach Wochen merkt, daß

wir Christen sind? Wer sich fünf Wochen hält wie die Heiden, soll nicht verlangen, daß er in der sechsten als Christ ernst genommen wird.
Es gilt ein frei Geständnis in dieser unsrer Zeit, ein offenes Bekenntnis bei allem Widerstreit, trotz aller Feinde Toben, trotz allem Heidentum zu preisen und zu loben das Evangelium. Philipp Spitta

8. Mai *Singet dem Herrn ein neues Lied.* Psalm 33,3

... ein neues Lied. Das kann ganz alt sein. Das kann ein Kinderlied sein, das uns die Mutter früh beigebracht hat. Plötzlich taucht es auf und geht mit uns den ganzen Tag. Auf einmal ist es so neu, daß wir es anders singen als früher, daß wir es jetzt verstehen, viel stärker, als wir es als Kinder vermochten: ». . . dies Kind soll unverletzet sein.« Alle haben wir es gesungen. Aber neu wird dies Lied erst, wenn wir merken, daß da einer selbst eintritt als ein Held, der dafür einsteht, daß nichts passiert. Daß einem ganz bestimmten Menschen nichts passiert. Vom Satan nichts passiert!
Wenn das uns aufgegangen ist, sind wir beim neuen Lied.
Welche Lieder singen wir? Eigentlich müßten es doch immer »neue« Lieder sein, in denen es uns neu aufgeht oder bestätigt wird, daß Gott es gut mit uns meint. Tausend Strophen kann man darüber singen.
Eine würde genügen, und der Tag wäre schon gewonnen: unverletzet ... denn wir kennen den, der für uns eintritt.
Breit aus die Flügel beide, o Jesu, meine Freude, und nimm dein Küchlein ein! Will Satan mich verschlingen, so laß die Englein singen: »Dies Kind soll unverletzet sein!« Paul Gerhardt

9. Mai *Und werdet erfahren, daß ich der Herr bin, wenn ich mit euch tue um meines Namens willen und nicht nach eurem bösen Wesen und schändlichen Tun, du Haus Israel, spricht der Herr.*
Hesekiel 20,44

Das ist also der Maßstab Gottes. Nicht unser schändliches Tun, nicht unser böses Wesen, nicht unsere Versager, nicht unsere falschen Wege, nicht unsere schlimmen Entscheidungen, nicht unser Hin und Her und Her und Hin, unsere Unzuverlässigkeit und unsere Unbarmherzigkeit. Gottes Maßstab ist sein eigener Name. Gott hat sich festgelegt. Wir können ihm das Programm nicht verderben. Selbst mit unseren Sünden nicht. Und wenn wohl Berge weichen und Hügel hinfallen, und wenn unsere Sünde alles wieder kaputtzumachen scheint, was Gott sich vorgenommen hat — Gott bleibt dabei: Ich werde an euch tun, wie mein Name es sagt, nicht wie ihr es sagt. Denn ich bin der Herr, euer Erbarmer.

Grenzenlos? Unbegreiflich! Das kann Gott doch so nicht meinen? Doch, Gott meint es so und weiß, warum: Sein Sohn ist so viel wert. Die Waage hat endgültig auf das Gewicht seines Sohnes reagiert, und wo die Sünde schwer geworden ist, da ist die Gnade noch viel schwerer. Viel mächtiger. Gott sei gedankt, das soll uns keiner nehmen. Auch nicht der Teufel. Gott ist stärker als er.
Herr, vergib uns unsere Schuld um deines Namens willen. Wir berufen uns auf dich selbst, daß wir solche Vergebung erfahren dürfen.

10. Mai *Meine Kraft ist in den Schwachen mächtig.* 2. Korinther 12,9

Daran studiert man ein Leben lang, und es muß in tausend Examina bestanden werden. In jeder Prüfung geht es darum, von seiner Kraft zu reden und nicht von unserer Kraft. Immer neu wird von uns verlangt, daß wir es uns gefallen lassen, daß er mächtig ist und nicht wir. Stück für Stück wird von uns abgetragen, Schicht um Schicht wird bei uns gelöst, damit Gott an die Reihe kommt.
Ja, wenn dort stände: »Meine Kraft will sich mit deiner eng vermählen, damit wir es gemeinsam schaffen . . .« Aber es steht dort nicht. Seit Paulus und schon vorher müssen wir es darum durchleben und erleiden, daß wir zurückgeschraubt, verkleinert werden. Es bleibt uns nichts erspart, auch wenn wir uns von unserer eigenen Kraft nur unter Schmerzen lösen.
Davon hängt jetzt alles ab, daß wir so weit kommen, von unserer Schwachheit viel zu halten. Jawohl, von unserer Schwachheit. Paulus ist bereit, sie zu rühmen.
Können wir das auch? Es muß gelernt sein ein Leben lang, und Gott kann machen, daß es bei uns geschieht: daß seine Kraft in unserer Schwachheit mächtig wird, so daß wir staunend dabeistehen, was Gott doch alles schaffen kann. Ja, wenn wir so weit wären, daß wir ihn machen ließen. Unsere Schwachheit ist sein Gefäß der Stärke.
Unsre Kraft ist schwach und nichtig, und keiner ist zum Werke tüchtig, der nicht von dir die Stärke hat. Drum brich den eignen Sinn, denn Armut ist Gewinn für den Himmel; wer in sich schwach, folgt, Herr, dir nach und trägt mit Ehren deine Schmach.

Albert Knapp

11. Mai *Ach, daß du kalt oder warm wärest!* Offenbarung 3,15

Heute so, morgen so: Wie selten ist Linie in unserem Leben! Wie selten halten wir durch! Einmal sind wir bei Gott und einmal bei der Welt. Einmal bei den Christen und einmal bei den Heiden.
Gott ist dagegen. Gott will, daß wir eindeutig leben, Gott will ein Entweder-Oder. Gott will nicht, daß wir einmal »Kreuzige!« rufen und dann »Heil!« und dann wieder »Heil!« und dann wieder »Kreuzige!«.

Darum kann Gott mit Gottesleugnern mehr anfangen als mit den Halben. Doch, Gott wird mit seinen Gegnern fertig, nicht aber mit denen, die sich ihm entwinden. Er wird die Starken zum Raube haben, nicht die Halbstarken, die immer mal so und so können. Die Starken, die sich ihm widersetzen, die überwindet er. Mitläufer kann Gott nicht gebrauchen. Sie springen im entscheidenden Augenblick, wenn es schlimm wird, doch wieder ab.
Warum pendeln wir noch auf beiden Seiten? Warum sind wir lau? Gott will uns klar haben. Entweder kalt oder warm, damit er etwas mit uns anfangen kann. Ziehen wir doch endlich die Konsequenzen.
Gib, o Gott, daß ich die Konsequenzen ziehe aus deiner Liebe zu mir.

12. Mai *Schaffe in mir, Gott, ein reines Herz!* Psalm 51,12

Gott schaffte schon am ersten Tag. Das dritte Wort in der Bibel sagt es schon: Am Anfang schuf Gott. Und wenn er Himmel und Erde geschaffen hat und alles, was darinnen ist, dann ist es für Gott eine Leichtigkeit, auch noch das reine Herz zu schaffen. Denn Gott hat die Bedingung dazu selber erfüllt. Gott hat seinen Sohn zu uns geschickt, dem es um Reinigung ging. Es ging ihm nicht nur um die Reinigung der Aussätzigen, es ging ihm nicht nur um die glatte Haut des Kranken, sondern um das reine Herz. Darum hat er so öffentlich geheilt, damit er allen kundtue: Wenn ich schon heile, dann heile ich ganz, wie es beim Gichtbrüchigen der Fall war, den ich ja auch nicht nur mit gesunden Gliedern entließ, sondern mit vergebenen Sünden. — Zwar hat Gott die Welt am Anfang geschaffen, und Gott schafft weiter. Aber sein Lieblingsschaffen ist das reine Herz. Denn mit seines Sohnes Blut kann Gott eine Menge der Sünden tilgen. Es ist in Fülle vorhanden, und von seiner Fülle dürfen wir nehmen Gnade um Gnade.
Das soll uns keiner nehmen! Auch nicht der Teufel, der das größte Interesse hat, uns einzureden, Gott sei unser müde. Der Herr, der ewige Gott, der die Enden der Welt geschaffen hat, wird nicht müde noch matt.
Schaffe in mir, Gott, ein reines Herz und gib mir einen neuen, gewissen Geist. Tröste mich wieder mit deiner Hilfe, und mit einem freudigen Geiste rüste mich aus.

13. Mai *Da sprach Adam: Das Weib, das du mir zugesellt hast, gab mir von dem Baum und ich aß.* 1. Mose 3,12

Der größte Lump im ganzen Land ist und bleibt der Denunziant. Die größte Lumperei war also die erste Konsequenz der Sünde Adams. Es war keine Bagatelle, es geschah nicht, was jedem so einmal passiert. Er denunzierte. Ja, was aus der Sünde kam, war keine

Kleinigkeit. Sofort geschah die Auflösung der Gemeinschaft, und ein Kapitel später folgt der Denunzierung bereits der Mord. Daß wir Sünder sind, hat also unheimliche Konsequenzen. Daß sich der Mensch von Gott gelöst hat, eröffnet ihm solche Errungenschaft. Machen wir uns doch nichts vor: Was auch Menschen immer zu erzählen haben, daß sie zu größten Leistungen angespornt seien, solange sie von Gott getrennt blieben: es ist doch alles Drückebergerei vor der Erkenntnis, daß wir heimliche oder öffentliche Denunzianten sind, heimliche oder öffentliche Mörder. Laßt uns darum die Tarnung der Welt nicht mitmachen. Laßt uns darum Sünde Sünde sein lassen und nichts beschönigen. Laßt uns Gott recht geben, daß wir ohne ihn absacken müssen und nur durch ihn aufgefangen werden können. Laßt uns Gott anrufen, daß er es bei uns verwirkliche: den Graben, den die Sünde zwischen uns und Gott gerissen hat, zu überbrücken. Sein Sohn hat sich darübergelegt.

O Gott und Herr, bewahre uns davor, daß wir die Sünde entschuldigen und verkleinern. Zeige uns deutlich die Konsequenzen, die sich daraus ergeben, wenn wir dich verlassen. Halte uns darum um so stärker fest. Wir wollen deinem Zugriff nicht entgehen.

14. Mai *Ziehet den neuen Menschen an!* Kolosser 3,10

Den neuen Menschen zu schaffen, ist das Ziel aller Erziehung und Volksbildung. So wie er war und wie er ist, ist er schlecht zu gebrauchen. Wir bilden Menschen. Wir suchen Typen in der Geschichte. Sie werden unsere Leitbilder. Manche meinen, es gäbe auch ein Leitbild für den christlichen Menschen. Sie stellen Maßstäbe auf, sie wollen ihn bilden, sie schaffen Gesetze. Sie sagen: Ein Christ darf das, aber das andere darf er nicht mehr. Er darf nicht mehr tanzen, er darf solche Schuhe nicht mehr tragen, er soll sich eine andere Frisur anschaffen, er soll keinen Wein mehr trinken, keine Zigaretten mehr rauchen, höchstens noch Zigarren ... Was ist das alles für ein Unsinn! Selbst bis ins Vokabular hinein will man christliche Menschentypen schaffen. Man schneidet an Menschen herum, wie man ein Kleid schneidet und schneidert. Es wird nicht geschneidert! Es soll nicht geschnitten, herumgezogen und herumgebastelt werden. Das Kleid ist fertig. Zieht den neuen Menschen an! Jesus Christus ist anzuziehen. Sein Ehrenkleid braucht keiner erst zu schneidern, und wer es trägt, braucht keine Änderungen mehr vorzunehmen. Das Kleid Christi ist Maßarbeit und keine Konfektion, es ist genau auf uns zugeschnitten, es ist ein Schmuck und Ehrenkleid. Darum gibt es im Christenleben so viel Freiheit und so viel Freude: der neue Mensch ist keine Zwangsjacke, sondern ein Festgewand. Und alle Tage dürfen wir es tragen.

Christi Blut und Gerechtigkeit, das ist mein Schmuck und Ehrenkleid, damit (damit!) will ich vor Gott bestehn, wenn ich zum Himmel werd eingehn. Leipzig 1638

15. Mai *Er weidete sie mit aller Treue.* Psalm 78,72

Das hat einer geschrieben, der einige Generationen in der Herde mitgelaufen war. Voller Staunen machte er diese Aussage. Ob wir sie unterschreiben können? Wir sind doch alle mitgelaufen, wir Jungen und wir Alten. Wir haben allerlei Schlimmes erlebt und sind durch manche Gefahren gegangen. Wir sind doch Zeuge, daß er immer da war, auch wenn wir meinten, ihn unterwegs vor lauter Staub nicht mehr zu sehen. Er war dennoch da, der gute Hirte, hat keine Gefahr, auch keinen Schmutz gescheut. Er wollte uns nicht darin lassen, sondern hat uns herausgeholt und zur Weide geführt. Staunen liegt über solch einem Text. Der heutige Tag wird einiges dazu beitragen, das Staunen zu vermehren. Er wird Gelegenheit geben, dies wieder zu beobachten, daß er uns tatsächlich mit aller Treue weidet. Und wer genau aufmerkt, entdeckt, daß er augenblicklich schon dabei ist: Wir sind schon auf der Weide.

O Gott und Herr, du guter Hirte unserer Seelen, du hast keinen Tag ausgesetzt und bist uns nachgegangen von Geburt an über unsere Taufe bis zum heutigen Tag. Wir haben es nicht verdient, das sagen wir dir ganz klar. Darum danken wir dir und sagen mit all denen, die schon vor uns von dir behütet wurden: Du weidest uns mit aller Treue.

16. Mai *Jesus sprach zu seinen Jüngern: Die Ernte ist groß, aber wenige sind der Arbeiter. Darum bittet den Herrn der Ernte, daß er Arbeiter in seine Ernte sende.* Matthäus 9,37.38

Jesus Christus sagt zu den Jüngern nicht: »Nun alle an die Arbeit!«, sondern fordert sie auf, um Arbeiter zu bitten.

Wir alle sind oft viel zu schnell bereit, seine Ernte einzusammeln. Und wenn einer sogar jetzt meint, dieser Spruch sei ein guter Spruch für einen Abiturienten, doch Theologie zu studieren, und für eine Tochter, nun den Diakonissenberuf zu wählen, der hat es trotzdem noch nicht begriffen. Er benutzt den Spruch — für anderer Leute Entscheidung. Gott will mehr. Gott will, daß wir bitten. Daß wir um Arbeiter bitten. Denn das ist das Geheimnis: Je stärker wir in diesem Gebet stehen, um so eher werden wir von ihm in die Arbeit geschoben. Je stärker wir jetzt Gott anrufen und sagen: »Herr, du hast recht, es fehlen die Hirten, es fehlen auch diejenigen, die hauptamtlich sich jetzt einsetzen für deine Gemeinde, und es fehlen diejenigen, die es nebenamtlich tun, diejenigen, die ihre Stunden und Nächte opfern, um diese Gemeinde beieinander zu behalten und zu mehren« — desto mehr werden wir merken: Gott will mich doch selbst, ja wir werden entdecken: Wir stehen schon mitten drin in der Dienstbereitschaft.

Ach Herr, gib doch in deiner Ernte viel Knechte, die in treuer Arbeit stehn. O Herr der Ernte, siehe doch darein, die Ernt ist groß, die Zahl der Knechte klein. K. H. von Bogatzky

17. Mai *Denn der Vogel hat ein Haus gefunden und die Schwalbe ihr Nest, da sie Junge hecken: deine Altäre, Herr Zebaoth, mein König und mein Gott.* Psalm 84,4

Darauf kommt's doch an: Man muß es finden und einziehen.

Aber viele bleiben draußen und legen sich in die Wiese, setzen sich in die Schrebergärten oder gehen ins Kino. Ob wir nämlich in dieses Haus eingezogen sind, hängt davon ab, wo wir Sonntag morgens zu finden sind. Die Entscheidung fällt jeden Sonntagmorgen neu.

Sollen wir ausschlafen? Sollen wir uns in Ruhe rasieren, mit den Kindern spielen, am Bach entlanggehen und alles nachholen, wozu man in der Woche nicht kam? So sehr auch ausgerechnet der Sonntagmorgen sich dazu anbietet: Wir müssen wissen, daß wir damit draußen bleiben. Wir sollen ins Haus. Gott hat sein Haus in dieser Welt gebaut: es ist die Kirche.

Am Gottesdienst entscheidet es sich, ob wir ein Zuhause haben oder nicht. Kennen wir noch den Kirchgang? Nicht den zufälligen. Man geht ja auch nicht zufällig nach Hause, sondern man geht regelmäßig nach Hause. Dort ist der Mittelpunkt. Von da aus machen wir Streifzüge in unsere Berufe, von da aus unternehmen wir, wozu wir sonst noch auf der Welt sind. Aber eben von da aus. Sind wir Flüchtlinge ohne Unterkunft? Wer Flüchtling bleiben will, obwohl das Haus angeboten ist, wird Zigeuner.

O Gott und Herr, es besteht Gefahr für uns, daß wir langsam, aber sicher deine Altäre meiden. Habe acht auf uns, daß wir dir nicht weglaufen, halte uns fest in deiner Gemeinde.

18. Mai *Herr, deine rechte Hand tut große Wunder.* 2. Mose 15,6

Goldgräber sind unterwegs; einer von ihnen bleibt am Weg stehen, läßt die andern weiterlaufen und schaut gebannt auf einen Glasscherben, in dem sich die Sonne spiegelt. Die andern treiben und rufen: »Komm doch mit!« Er aber sagt: »Hier ist doch Gold, das genügt mir!« Kaum auszudenken!

Aber so benehmen sich die Menschen: Sie meinen, wenn sie im Wald seien und grünende Birken und raschelndes Espenlaub wahrnehmen, seien sie mitten im Gottesdienst.
Solche Wunder hat Gott doch mit dem kleinen Finger der linken Hand gemacht. Diese Wunder sind ja bei ihm unter »ferner liefen« vorgekommen, schimmern wie Glasscherben. Das Gold selber, das eigentliche Wunder, das Gott getan hat, sparen sich die Menschen aus. Das eigentliche Wunder, daß Gott den Menschen liebt, so liebt, daß er seinen Sohn hingegeben hat. Das eigentliche Wunder, daß wir Menschen Gottes Kinder werden dürfen und nicht wie Fremdlinge vor Gott zu existieren brauchen.
Wie lange bleiben wir noch an den Glasscherben stehen? Wie lange betrachten wir noch das Espenlaub? Weiter! Weiter! »Ach, sucht doch den, laßt alles stehn, die ihr das Heil begehret.« Seht Christus an! Wenn man dies Wunder fassen will, bleibt man nicht mehr stehen, sondern betet: O Gott, ich bin's nicht wert.
Unser Wissen und Verstand ist mit Finsternis umhüllet, wo nicht deines Geistes Hand uns mit hellem Licht erfüllet; Gutes denken, tun und dichten mußt du selbst in uns verrichten. Tobias Clausnitzer

19. Mai *Gott hat Jesus erhöht.* Philipper 2,9

Im Grunde war das keine Beförderung. Er nahm den Platz ein, den er vorher innehatte. Er war unter uns. Jawohl, diese Erde hat ihn beherbergt. Als seine Zeit um war (wir wissen, wie sie zu Ende ging), verließ er die Erde vor den Augen der Seinen: als der Lebendige. Nicht wie wir, die wir sie sterbend verlassen müssen. Er verließ sie lebend.
Die Erhöhung geschah mit bestimmtem Ziel. Sonntags bekennen wir es, es kommt im Glaubensbekenntnis vor: sitzend zur rechten Hand Gottes. Dort vertritt er uns. Er kann uns nicht vergessen. Dort kommen wir vor. Dort nennt er unsere Namen. Dort ist er für uns da. Er vertritt uns beim Vater.
Darum ist Himmelfahrt ein so fröhliches Fest, weil wir tatsächlich oben vorkommen. Wir sind schon in der Liste. Wir brauchen nur noch hinzugehen, und er empfängt uns selbst.
Drum sei Gott Lob, der Weg ist gmacht, uns steht der Himmel offen. Christus schleußt auf mit großer Pracht; vorhin war alls verschlossen. Wer's glaubt, des Herz ist freudenvoll, dabei er sich doch rüsten soll, dem Herren nachzufolgen. Halleluja. Johannes Zwick

20. Mai *Darum hat ihn auch Gott erhöht und hat ihm einen Namen gegeben, der über alle Namen ist.* Philipper 2,9

Wir Menschen geben Namen mit Rücksicht auf die Verwandtschaft oder wir haben Lieblinge beim Film und sagen Gerd und Fred und Lilo. In der Zeit der Bibel hat man die Namen hintergründiger gegeben. Man hat sie sofort übersetzt. Denn der Name prägt den, der ihn trägt, und drückt das aus, was der Namensträger später einmal leisten soll und wozu er bestimmt ist. Gott hat Jesus einen Namen gegeben, der über alle Namen ist. Mit diesem Namen löst sich das Rätsel der Welt.

In einem alten Märchen kommt es noch vor: »Niemand weiß, daß ich Rumpelstilzchen heiß.« Als aber endlich der Name bekannt war, war der ganze Bann gebrochen.

Wo kommt das noch vor? Wann verwenden wir den Namen aller Namen? Wann schreien wir ihn? Wir kennen doch das Lied: ». . . ein Wörtlein kann ihn fällen.« — »Christus« ist der Name. Er macht dem Teufel den Garaus. Wo Christus ist, da kann der Teufel nicht siegen. Wenn wir bei Christus stehen, ist der Teufel ohnmächtig. Wir seufzen über Niederlagen? Wo waren wir denn, als wir zuschanden wurden? Bei welchem Namen haben wir uns aufgehalten? — Ja, wir wissen, wen wir jetzt anrufen müssen.

Du Friedefürst, Herr Jesu Christ, wahr Mensch und wahrer Gott, ein starker Nothelfer du bist im Leben und im Tod. Drum wir allein im Namen dein zu deinem Vater schreien. Jakob Ebert

21. Mai *In dem Namen Jesu sollen sich beugen aller derer Knie, die im Himmel und auf Erden und unter der Erde sind.* Philipper 2,10

Die einen tun es jauchzend, die andern werden es zitternd tun. Alle werden knien. Alle. Auch diejenigen, die meinen, sich nie vor ihm beugen zu können und sich nie vor ihm beugen zu müssen. Was bringt uns auf die Knie? Die Mächte der Welt zwingen uns, daß wir uns beugen sollen, schon von Nebukadnezar an. Es ist doch eigenartig, daß viele lachen über die, die vor Jesus Christus jetzt schon knien. Meist lachen ausgerechnet die, die vor den Mächten knien, vor den Mächten des Staates, des Geldes, der Leidenschaften — vor allen möglichen Gewalten. Aber diejenigen, die vor Christus knien, knien nicht vor solchen Gewalten. Das sind die, die am Tage, an dem alle um seinen Thron versammelt sind — auch die Spötter! —, vor ihm sich beugen werden. Gehören wir an jenem Tag zu denen, die es lobend tun oder zähneknirschend? Wir haben jetzt schon die Wahl. Jetzt schon? Vielleicht ist es besser gesagt, wenn wir es so ausdrücken: jetzt »noch« die Wahl. Laßt uns die Zeit ausnutzen. Wir wollen uns doch als Lobende bei ihm versammeln.

Ich auch auf der tiefsten Stufen, ich will glauben, reden, rufen, ob ich schon noch Pilgrim bin: Jesus Christus herrscht als König, alles sei ihm untertänig; ehret, liebet, lobet ihn! Ph. Fr. Hiller

22. Mai *Euch aber, die ihr meinen Namen fürchtet, soll aufgehen die Sonne der Gerechtigkeit und Heil unter ihren Flügeln; und ihr sollt aus und ein gehen und hüpfen wie die Mastkälber.* Maleachi 3,20

Die Bibel hat Humor. Das Glück der Menschen wird einmal so groß sein, daß wir wirklich vor Freude hüpfen. Vor Freude! Aus wirklicher Freude! Also nicht im Rausch. Nicht im faden Geschmack, der sich am nächsten Tag einstellt. Nicht im heimlichen Diebstahl, der bei den meisten Freuden doch der Normalfall ist, wo einer vom andern nimmt, was ihm nicht gehört.

Die Freude, von der die Bibel spricht, ist nicht eine Angelegenheit des Temperamentes, sie hat ihren wirklichen Grund. Und weil sie wirklichen Grund hat, darum ist die Freude keine angeborene, sondern zugesprochene und geschenkte Freude, nicht eine zufällige, an einen bestimmten Termin gebundene Freude, sondern ist eine durchziehende Freude.

Wann fängt die Freude an? Erst, wenn wir im Himmel sind? Christen wissen, daß die Freude jetzt schon anfängt. Sie werden nicht von Angst diktiert und nicht vom Rausch und nicht vom Diebstahl. Denn Christen sind verlorene Söhne, die wiedergefunden wurden. »Sie fingen an, fröhlich zu sein.« Wir haben angefangen. Wirklich?

O Gott und Herr, du hast uns jetzt schon die Sonne der Gerechtigkeit aufgehen lassen. Wir leben von deinem Heil. Das macht uns von Herzen froh. Laß andere auch von unserer Freude leben als von dir.

23. Mai *Das Wort vom Kreuz ist eine Torheit denen, die verloren werden; uns aber, die wir selig werden, ist's eine Gotteskraft.*

1. Korinther 1,18

Ich saß in Gefangenschaft am Zaun und las. Kommt ein Kamerad zu mir, setzt sich dazu, wirft einen Blick auf das Blatt in meiner Hand, sagt, »Zittrige Schrift, wirst du denn daraus klug?« — »Ist ein Brief von meiner Mutter.« Darauf er: »Entschuldige!«

Mögen auch andere das Wort vom Kreuz, also das Evangelium, also die Nachricht Gottes, die Bibel in unserer Hand als zittrige Schrift bezeichnen: »Wie kann man daraus klug werden! Torheit ist doch das Ganze!« — mögen andere; uns aber, die wir selig sind, ist es eine Gotteskraft.

Man könnte meinen, daß uns nun nichts anderes übrigbleibt, als uns mit der Nachricht zurückzuziehen und zu sagen: »Es gilt eben nur uns, die wir selig werden.«

Nein! Die zittrige Schrift ist von unser aller Vater. Wir haben nichts anderes zu tun, als loszulaufen, das Blatt anderen entgegenzuhalten und zu sagen: »Kennst du die Schrift des Vaters nicht mehr? Es ist keine Torheit. Mag sie auch zittrig erscheinen, es ist doch die Nachricht vom Vater!«

Ich kenne keinen, der in Gefangenschaft auf die erste Nachricht wartete und dann den ersten guten Brief zerrissen hätte. Und die Bibel ist ein guter Brief, eine frohe Botschaft. Wer die zerreißt, wer sie verachtet, zerreißt den Paß der Heimkehrer, bleibt selbstverschuldet in Gefangenschaft.

O heiliger Geist, o heiliger Gott, erleucht uns durch dein göttlich Wort; lehr uns den Vater kennen schon, dazu auch seinen lieben Sohn. O heiliger Geist, o heiliger Gott. Johannes Niedling

24. Mai *Und als der Tag der Pfingsten erfüllt war, waren sie alle einmütig beieinander. Und es geschah schnell ein Brausen vom Himmel wie eines gewaltigen Windes und erfüllte das ganze Haus, da sie saßen.* Apostelgeschichte 2,1–2

Es ist wie auf einem Bahnsteig, da kann man auch nicht den Zug herbeizaubern, man muß warten. Fünfzig Tage haben die Jünger nach Ostern gewartet, und zehn Tage nach der Himmelfahrt geschah es: schnell, unvermittelt.

So tut das Gott mit uns. Aber man muß auf ihn warten. Zu denen, die nicht warten, kommt er nicht. An denen, die nicht mit gefalteten Händen ihn herbeibitten, geht er vorüber. Und er hat immer noch versprochen, keinen auszulassen, der darum bat.

Pfingsten ist dann geschehen. Seitdem sagt es Hans, zu dem Gott gesprochen hat, Grete weiter, und zwischen Grete und Gott entsteht die gleiche Verbindung, die zwischen Gott und Hans besteht. Das ist das Wunder von Pfingsten. Seitdem ist Kirche Jesu Christi da. Seitdem müssen wir reden und können nicht schweigen. Seitdem geschehen die Wunder wie an uns, so an andern, einfach darum, weil wir reden und Gott sich zu diesen Reden bekennt. Warum reden wir nicht mehr? Mehr! Immer mehr von ihm! Denn Gott will, daß einer nach dem andern durch uns in Verbindung mit ihm gerät.

Du Heilger Geist, bereite ein Pfingstfest nah und fern; mit deiner Kraft begleite das Zeugnis von dem Herrn. O öffne du die Herzen der Welt und uns den Mund, daß wir in Freud und Schmerzen das Heil ihr machen kund. Philipp Spitta

25. Mai *So spricht der Herr Zebaoth: Wer euch antastet, der tastet meinen Augapfel an.* Sacharja 2,12

Nichts reagiert schneller als das Augenlid. Man soll es nur mal eben probieren. Kommt eine Hand oder irgendein Gegenstand unangemeldet in die Nähe des Auges, so schließen wir es, damit diesem empfindlichsten Organ nichts passiert. Selbst ein Funke, der auf uns zuspringt, kann nur das Lid berühren, so schnell reagieren die Nerven.

So schnell reagiert Gott. Wer seine Kinder antastet, erreicht nur eins damit, daß Gott um so schneller mit seinem Geist und seinen Gaben auf dem Plan ist. Ganz schnell! Die Bibel ist voll davon. Aber unser Text sagt noch das zweite: Mag man auch auf die Hand verzichten können oder auf einen Fuß, aber der Verlust des Auges trifft den Menschen am empfindlichsten. So trifft unser Verlust Gott am empfindlichsten. Wir sind nicht Gottes Nebensache, wir sind Gottes Hauptsache. Es liegt ihm alles an uns. Wenn wir auch manchmal meinen, auf Grund bestimmter Erfahrungen sagen zu müssen, wir kämen bei Gott erst als die letzten vor. Nein, wir sind die ersten. Hinter uns kommt dann wohl noch Gottes Sorge für die Tiere und Gottes Hilfe an der Kreatur. Vor uns kommt nichts. Gott ist ganz mit uns beschäftigt.
Es wird viele Augenblicke geben in diesen Tagen, da wir daran denken müssen. Es kann uns nichts geschehen. Nichts. Gott paßt auf uns auf.

Des Herren Güte macht's, die niemals, uns zu lieben, ermüdet noch vergißt, daß wir noch übrigblieben und nicht verderbet sind in mancherlei Gefahr, da unser Untergang uns oft vor Augen war.

26. Mai *Wer euch hört, der hört mich.* **Lukas 10,16**

Das hat Jesus den Jüngern gesagt. Mit solchem Selbstbewußtsein sind sie ausgezeichnet. Wenn sie reden, redet Christus durch sie. Damit ist nicht nur der Augenblick auf der Kanzel gemeint, also das Amt der Pfarrer, und dies etwa dann nur sonntags von 10 bis 11 Uhr. Nicht nur. Er redet seine Jünger an. Uns auch.
Aber ist uns dieses Selbstbewußtsein nicht eine starke Bedrängnis? Denn die Worte, die wir sagen, die Sätze, die wir heute schon geredet haben, die Aussagen, die wir morgen machen wollen, sind doch alles andere als Aussagen Jesu. Ja, da kann man schon zittern. Denn wer kann es wagen zu sagen, daß derjenige, der uns hört, Christus aus uns hört? Aber Christus will es tun. Er will uns fördern, daß andere an unseren Worten merken: »Hier redet sein Meister.« Das sind keine Vokabeln, die man lernen muß. Das ist keine besondere Umgangssprache. Auch keine Sprache Kanaans. Nein, Christus will durch uns, durch unser ganzes Wesen zu Wort kommen, auch mit unseren täglichen Entscheidungen und Ratschlägen, Warnungen und Ermutigungen. Und so dürfen wir reden und handeln: Christus hat sich unser versichert. Er hat unser Wort in der Hand. Durch uns ist Christus an der Arbeit an andern.
O Gott und Herr, tu du das Wunder, daß der, der mich hört, dich hört. Ich kann keine Garantien geben. Hilf, Herr! Sprich du selbst durch deinen Geist mit mir, daß ich alles richtig sage.

27. Mai *In dem Namen Jesu sollen sich beugen aller derer Knie, die im Himmel und auf Erden und unter der Erde sind.* Philipper 2,10

Alle! Man muß sich das mal klarmachen: Alle! Nicht nur die Christen, sondern auch die Heiden, nicht nur, die Jesus Christus liebhaben, sondern auch die, denen Christus gleichgültig ist, ja sogar seine Verfolger: Alle werden sich beugen.

Daß Jesus Sieger ist, ist schon jetzt außer Zweifel. Aber man kann ihm noch widerstehen. An seinem Tage aber, wenn er wiederkommen wird, ist dazu keine Möglichkeit mehr. Dann werden sich alle vor ihm beugen: Chinesen und Deutsche, Juden und Russen, Amerikaner und Franzosen, Vietnam und Vietminh.

Alle dürfen es jetzt schon tun. Wer sich jetzt schon beugt, braucht es nicht im Trotz zu tun, sondern darf staunen über die Siegerkraft dieses Siegers. Denn er ist der Sieger über unseren Tod und über unsere Sünden. Wenn er noch Despot wäre! Wenn er Diktator wäre! Dann könnte man den Trotz verstehen. Aber er ist es nicht. Er ist der Herr, der die Mühseligen und Beladenen erquickt. Ihm kann man ja doch nicht widerstehen.

Ich will dich all mein Leben lang, o Gott, von nun an ehren, man soll, Gott, deinen Lobgesang an allen Orten hören. Mein ganzes Herz ermuntre sich, mein Geist und Leib erfreue dich! Gebt unserm Gott die Ehre! J. J. Schütz

28. Mai *Wer ist denn mein Nächster?* Lukas 10,29

Wer so fragt, will gar keine Antwort. Er will nur diskutieren. Er will im Grunde keine Nächsten gelten lassen. Er gibt das aber nicht zu und tarnt es mit der Frage. Vor lauter Sorge, dem Übernächsten zu dienen, will er überhaupt nicht dienen. Es gibt ein verfluchtes Diskutieren. Sobald Gott dahinterkommt, sobald Gott merkt, daß wir uns gar nicht entscheiden w o l l e n, entzieht er uns die Wahrheit. Das ist ein schlimmer Zustand. Wahrheit gibt es nur für den, der bereit ist, Entscheidungen zu treffen; der bereit ist zu hören, der bereit ist, seine eigenen vorgefaßten Meinungen aufzugeben; der sich der Wahrheit stellen will. Wem stellen wir uns? Wer die Geschichte in Lukas 10 liest, weiß genau Bescheid. Denn Christus selbst steht vor uns. Der, der Barmherzigkeit an uns tut. Der uns ganz nah ist. Er ist unser Nächster. Wem tun wir Barmherzigkeit an, so uns doch Barmherzigkeit durch ihn widerfahren ist? Christus schiebt Menschen uns so nah, daß er sagen kann, was wir ihnen tun, tun wir an ihm. Wer so dient, antwortet auf erfahrene Barmherzigkeit.

Es ist ja, Herr, dein G'schenk und Gab mein Leib und Seel und was ich hab in diesem armen Leben. Damit ich's brauch zum Lobe dein, zu Nutz und Dienst des Nächsten mein, wollst mir dein Gnade geben.

Martin Schalling

29. Mai *Parther und Meder und Elamiter ... Kreter und Araber: wir hören sie mit unseren Zungen die großen Taten Gottes reden.*

Apostelgeschichte 2,9–11

Das war keine Völkerschlacht. Da ging es nicht durcheinander. Da floß kein Blut. Da war keiner gegen den andern, sondern einer war für alle da. Für alle! Nicht nur für die Juden. Bei denen hatte Gott angefangen, bei Abraham schon, bis Christus in Bethlehem geboren wurde. Nun aber passierte es: Parther und Meder und Elamiter und die Germanen: Wir, jawohl, wir kommen Pfingsten vor. Es darf seitdem die Konferenzsprache auch Deutsch sein. Seitdem dürfen Deutsche auch Christen sein. Seitdem.

Wird uns langsam klar, was Gott Pfingsten wollte? Das Feuer, das Christus angesteckt hatte, brannte nun. Seitdem geht's durch. Es knistert in allen Staaten und Ländern, einer wärmt den andern mit dem Feuer, das von Gott kommt. Wir sind Geborgene, seitdem dies feuer brennt. Halten wir uns daran? Frieren wir noch? Sein Geist hat mit Feuer was zu tun. Flammen flammten Pfingsten.

O daß doch bald dein Feuer brennte, du unaussprechlich Liebender, und bald die ganz Welt erkennte, daß du bist König, Gott und Herr!

H. F. Fickert

30. Mai *Was aber du und ich miteinander geredet haben, da ist der Herr zwischen dir und mir ewiglich.* 1. Samuel 20,23

Gott ist Zeuge aller Gespräche. Aber es gibt Gespräche, in denen er nicht nur der Zeuge dieser Gespräche ist, sondern Handelnder, der nun befestigt und verwirklicht, was miteinander besprochen worden ist.

Hier haben ein Kronprinz und ein kommender König miteinander geredet. Die Geschichte ist uns in der Bibel verbürgt. Als sie miteinander geredet hatten, sagte einer zum andern das Wort, das oben steht: Jetzt ist Gott zwischen dir und mir.

Das ist Pfingsten! Denn da ist es geschehen, daß Gott zwischen uns ist. Gott schaltet sich ein. Wenn wir von ihm reden, will er dabei sein. Wenn einer dem andern sagt: »Der Herr sei mit dir!«, dann will Gott wirklich mit dem andern sein. Wenn einer dem andern sagt: »Gott vergibt dir deine Schuld!«, dann will Gott tatsächlich diese Schuld vergeben. Wenn einer dem andern sagt: »Gott hat dich lieb!«, dann liebt Gott tatsächlich den, dem er es gesagt hat. Mit Gottes Heiligem Geist ist Gott wirklich selbst unter uns und spricht und redet und handelt. Wir sind nicht mehr unter uns.

Gott sei Dank! Wir sind nicht mehr unter uns.

Herr Jesu Christ, dich zu uns wend, dein' Heilgen Geist du zu uns send, mit Hilf und Gnad er uns regier und uns den Weg zur Wahrheit führ.

Wilhelm II., Herzog zu Sachsen-Weimar

31. Mai *Ich will einen neuen Geist in euch geben.* Hesekiel 36,26

Unsere Lage ist doch die: Wir sitzen im Boot, müde. Das Segel hängt schlaff herunter. Wir warten auf Wind. Zwischendurch kam mal eine Bö. In der Hoffnung, es sei der Wind, sprangen wir ans Segel.
Wieviel Böen haben wir schon ernst genommen! Und es war dann doch nicht der eigentliche Wind, der uns nach vorn brachte. Nach zwei, drei Metern verließen wir enttäuscht das Segel und setzten uns müde und resigniert auf die Ruderbank.
»Ich will einen neuen Geist in euch geben«, den neuen Wind. Wirklichen Wind. Es kommt alles darauf an, daß wir den Wind in die Segel bekommen, wenn er vorbeistreicht.
Jetzt nicht müde auf der Ruderbank bleiben! Gott bläst. Sein Geist bringt Leben. Laßt uns Gottes Chance ausnutzen, damit wir vorankommen. Es wird auch höchste Zeit. Bald ist Abend.
Komm, o komm, du Geist des Lebens, wahrer Gott von Ewigkeit, deine Kraft sei nicht vergebens, sie erfüll uns jederzeit; so wird Geist und Licht und Schein in dem dunklen Herzen sein.
Gib in unser Herz und Sinnen Weisheit, Rat, Verstand und Zucht, daß wir anders nichts beginnen, als nur, was dein Wille sucht, dein Erkenntnis werde groß und mach uns vom Irrtum los. Heinrich Held

1. Juni *Habt ihr den Geist empfangen?* Galater 3,2

Wir leben in Europa. Ungefähr seit Bonifatius ist auch bei uns in Deutschland das Christentum zu Hause. Es hat sich vererbt von Generation zu Generation. Schon als Kinder werden wir mit dem Katechismus erzogen. Wir tun's, wie unsere Väter es taten. Wir übernehmen das Christentum, wie man das Alphabet übernimmt. Aber mit Christentum hat der lebendige Glaube weniger zu tun als mit Christus. Es geht um Christus und nicht um das Christentum. Darum spielt der Heilige Geist eine Rolle im Glaubensleben. Christentum kann man übernehmen. Christus nicht. Das tut der Heilige Geist. Er wendet uns zu, was Christus bedeutet, er überschreibt uns seinen großen Kredit. Haben wir diesen Geist empfangen? Man kann im Christentum leben, ohne jemals Christus begegnet zu sein. Wir werden gefragt werden, was wir von Christus halten, nicht, was wir vom Christentum halten. Darum ist die Frage, die der Apostel uns heute stellt, ob wir den Geist empfangen haben, unausweichlich. Denn der Heilige Geist arbeitet an uns, stellt uns vor den Christus, macht ihn uns bekannt, als wäre er unter uns gekreuzigt. Er zeigt uns die Wahrheit über Christus und über uns. Wahrheit tut weh. Wahrheit tut uns not. Es gibt keine Heilung ohne Operation, weil zuviel mit uns passiert ist.
Aber wohl uns! Denn dieser Geist der Wahrheit ist ein Geist der Freude. Heilung steht am Ende. Geheilte haben immer noch jubiliert.

Du wertes Licht, gib uns deinen Schein, lehr uns Jesum Christ kennen allein, daß wir an ihm bleiben, dem treuen Heiland, der uns bracht hat zum rechten Vaterland. Martin Luther

2. Juni *Niemand kann Jesum einen Herrn heißen außer durch den Heiligen Geist.* 1. Korinther 12,3

Allerhand kann man von Jesus aussagen. Er sei ein Großer, er sei der Lehrer, er sei der Unerreichte. Aber davon ist nie in der Bibel die Rede. Sie sagt, daß er der Herr sei. Ein Herr hat alles zu sagen oder gar nichts. Wer Jesus als Herrn anerkennt, hat dessen Befehlsgewalt anerkannt und steht in allem geschlossen hinter ihm. Aber wir sind ja Leute, die immer noch selber Herr bleiben wollen, die seine Herrschaft nur teilweise anerkennen. Wir kommen immer gern zu dem Ergebnis, daß Christus übertreibe, daß er das und jenes doch nicht von uns verlangen könne. Ja, unser gesunder Menschenverstand!

Eben darum stimmt der Text von heute: Niemand kann Jesum einen Herrn heißen, es sei denn, daß der Heilige Geist es schaffe. Also bedarf es der Tat Gottes selber. Es muß schon etwas an uns passieren, das wir nicht in der Hand haben, wenn es so weit kommt, daß wir ihn unsern Herrn nennen. Und es wird Zeit, daß es geschieht. Wir müssen in feste Hände.

O heiliger Geist, o heiliger Gott, mehr unsern Glauben immerfort; an Christum niemand glauben kann, es sei denn durch dein Hilf getan. Johannes Niedling

3. Juni *Ist nun bei euch Gemeinschaft des Geistes, so erfüllet meine Freude, daß ihr eines Sinnes seid.* Philipper 2,1–2

In der Kirche wird nicht abgestimmt, um die Gemeinschaft der Heiligen mit hundertprozentigen Ja-Stimmen festzustellen. Es geht in der Kirche nicht darum, daß sich Menschen mit gleicher Überzeugung zusammentun. Gemeinsame Überzeugungen machen keine Kirche. Kirche entsteht durch die Gemeinschaft des Geistes, also dadurch, daß alle teilhaben am Heiligen Geist, also durch die Aktivität des Geistes an allen. Nur insofern, als der Heilige Geist in der Kirche zu Hause ist und dort ansetzen kann und sich alle unter die Gewalt des Geistes begeben und ihn regieren lassen, kommt es zu einerlei Sinn. Wehe dem, der es umgekehrt macht. Geschlossenheit tut uns not, heißt es immer und überall. Wenn sich doch der Protestantismus zusammenschließen wollte! fordern alle. Gott will solchen Lärm nicht. Gott will nicht, daß wir unsere Überzeugungen vereinheitlichen und uns dann einbilden, wir seien Kirche. Gott will, daß wir alle Gemeinschaft in seinem Geist haben. Als Frucht,

als Ergebnis solcher Gemeinschaft entsteht die Einheit unserer Sinne. Was tut uns also heute not? Heiliger Geist tut uns not.
Schaue die Zertrennung an, der kein Mensch sonst wehren kann; sammle, großer Menschenhirt, alles, was sich hat verirrt. Erbarm dich, Herr! Christian David

4. Juni *Der Heilige Geist wird mich verklären.* Johannes 16,14
Das sagt Jesus von sich selber. Der Heilige Geist macht also etwas klar, ganz klar. Man kann von Jesus nur klare Aussagen machen, wenn der Heilige Geist bereits gehandelt hat. Unsere Aussagen über Jesus sind nicht immer klar. Es gibt Augenblicke in unserem Leben und Situationen, in denen wir uns ihm entziehen wollen. Dann sagen wir achselzuckend, so habe es Christus sicherlich nicht gemeint. Dann ziehen wir unsere Meinung seiner Meinung vor. Dann halten wir Jesus für schwärmerisch und meinen, wir dächten ganz klar. Aber wer Jesus für einen Schwärmer hält und meint, ihm nicht folgen zu müssen, irrt sich. Und es gibt in solchem Irrtum nur eine Hilfe. Der Heilige Geist muß uns den verdunkelten und verworrenen Blick nehmen und Christus uns wieder klar vor Augen stellen, daß wir ihm antworten: Nicht wir, sondern du hast recht! Wir lassen uns schaukeln wie Motten vom Wind. Wir sollen aber zielsicheren Flug haben. Der Heilige Geist kann es schaffen, daß wir nicht schwärmen, sondern auffahren mit Flügeln wie Adler.
O komm, du Geist der Wahrheit, und kehre bei uns ein, verbreite Licht und Klarheit, verbanne Trug und Schein. Philipp Spitta

5. Juni *Glaubet nicht einem jeglichen Geist!* 1. Johannes 4,1a
An wen man glaubt, dem hat man sich verschrieben. Wem man sich verschrieb, dem dient man unter Zwang. Geister haben Macht, sie üben Zwang aus, der Geist des Terrors und der Resignation, der Geist des Ehrgeizes und des Neides. Viele Geister zwingen uns. Sie sind nicht von Gott. Geister von Gott bringen Freiheit, nicht Knechtschaft.
Wer lauthals meint, er sei frei und keinem Geist verschrieben, täuscht sich. Weil Christus davon wußte, daß wir in falschen Besitz geraten sind, ob wir wollen oder nicht, hat er sich Arbeit mit Besessenen gemacht. An denen hat er deutlich machen wollen, daß er uns dem richtigen Besitzer zurückgeben will. Er ist gekommen, uns zu befreien. Seitdem ist Christus dabei, Besessene zu heilen. Besessen ist man nicht nur, wenn man um sich schlägt. Es gibt Leute, die völlig normal herumlaufen und doch besessen sind. Wer besitzt uns? Ob Heilung auch uns not tut? Wer sollte das leugnen!

O du Geist der Kraft und Stärke, du gewisser, neuer Geist, fördre in uns deine Werke, wenn des Satans Macht sich weist; schenk uns Waffen in dem Krieg und erhalt in uns den Sieg. Heinrich Held

6. Juni *Prüfet die Geister, ob sie von Gott sind!* 1. Johannes 4,1a

Geister umgeben uns. Sie wollen uns haben. Prüft sie vorher. Examiniert die Geister. Kein Examen findet statt, ohne daß Fragen gestellt und klare Antworten gefordert werden. Prüfet die Geister, die was von uns wollen, stellt präzise Fragen. Die Frage lautet: Bist du von Gott? Das hat Gretchen schon gewußt, als sie Faust fragte. An dieser Stelle scheiden sich die Geister: Kommst du von Gott? Was hältst du von dem Sohn, dem Herrn der Geister? Wer hier die Achseln zuckt und antwortet: Immer neutral gewesen!, ist bereits bei seinen Gegnern, ist nicht mit ihm, sondern gegen ihn und Faktor geworden in der Strategie der Ungeister.

Laßt uns also die Geister zwingen, sich zu offenbaren. Wer wirr antwortet, hat sich bereits verraten. Gott redet nicht wirr. Da muß schon Bibel, Gesangbuch und Katechismus her. Beim Examen hat man Bücher, auch bei diesem. Wer sich hier sein »Bestanden!« holt, ist von Gott. Denen glaubt, denen schenkt nur Vertrauen! Dann gehört ihr keinem fremden Geist, nicht einmal euch selber, sondern bekennt als Trost im Leben und im Sterben, »daß ich nicht mein, sondern meines getreuen Heilands Jesu Christi eigen bin.«

Du heiliges Licht, edler Hort, laß uns leuchten des Lebens Wort und lehr uns Gott recht erkennen, von Herzen Vater ihn nennen. O Herr, behüt vor fremder Lehr, daß wir nicht Meister suchen mehr denn Jesum mit rechtem Glauben und ihm aus ganzer Macht vertrauen. Halleluja. Martin Luther

7. Juni *Da machte sich Jonathan auf, der Sohn Sauls, und ging hin zu David in die Heide und stärkte seine Hand in Gott.* 1. Samuel 23,16

Von der wechselseitigen Tröstung unter Brüdern hat die christliche Gemeinde immer viel gehalten. Das Wort kommt selbst in den Bekenntnisschriften vor. So wichtig ist die wechselseitige Stärkung. Jonathan macht sich auf und sucht David, der sich in der Heide vor dem König verstecken muß. Es gibt viele, die sich verstecken müssen. Es gibt manchen, der sich verbergen muß. Viele gibt es in der Heide. Es braucht nicht eine Heide zu sein, es kann der Wartesaal sein, der Bürgersteig, die Straßenbahnhaltestelle: einsame Menschen auf der Flucht vor den Menschen, in schwerer Enttäuschung, preisgegeben, ohne Bergung und ohne Aussicht, das schwere Schicksal zu meistern, das sie getroffen hat. Wir kennen auch welche. Ge-

hen wir in die Heide? Dort muß uns etwas einfallen. Dann muß Stärkung daraus erwachsen. Dann müssen wir des anderen Hand in Gott stärken. Das heißt doch nichts anderes, als die Hand des andern in Gottes Hand legen, beide Hände miteinander verbinden und dafür sorgen, daß er in solcher Einsamkeit Gott behält.
Aber wir müssen es tun. Gott gebraucht Jonathan für David. Gott gebraucht uns für den andern. Und es gibt welche, die heute auf uns warten. Und das erste, was Jonathan dem David sagt, heißt: »Fürchte dich nicht!«
O Herr, schenke mir heute den Mut, den andern anzureden und seine Hand in dir zu stärken. Laß heute einen durch mich nicht mehr einsam sein. Und gib mir das Wort dazu: Fürchte dich nicht!

8. Juni *Saul sah und merkte, daß der Herr mit David war. Da fürchtete sich Saul noch mehr vor David und ward sein Feind sein Leben lang.* 1. Samuel 18,28–29
David als solcher gab keinen Grund zur Furcht. Die Kirche als solche gibt keinen Grund, ihr feind zu werden. Die zwölf Leute, die mit der Predigt des Evangeliums als Apostel durch die Lande zogen, beunruhigten als solche die Welt nicht. Aber die Tatsache, daß Gott mit ihnen war, machte die Welt nervös und trieb sie zum Haß und zur Verfolgung.
Diesem Haß können wir nicht entgehen, wie wir auf diesen Haß uns auch nichts einzubilden haben: Es ist immer der Meister, der gehaßt wird. Es ist immer Jesus Christus selbst, den man verfolgt. Darum brauchen wir uns nicht zu wehren. Darum brauchen wir auch nicht für uns einzutreten. Was ihm geschehen ist, ist unsere Aussicht. Wir wollen uns auch nicht vor Gott beschweren. Der Weg in der Nachfolge führt immer über Golgatha. Es ist der normale Weg. Es ist nichts Anormales dabei.
O Gott und Herr, vergib, daß wir oft falschen Frieden suchen mit der Welt, die deinen Sohn nicht im Frieden ließ und darum uns auch nicht den Frieden gönnt. Bewahre uns nicht davor, daß wir verachtet werden. Bewahre uns aber davor, daß wir verachten. Denn nicht wir allein sind von dir geliebt, die andern auch. Auch wenn sie es nicht wissen wollen. Hilf ihnen, daß sie es erkennen an der Art, wie wir dir nachfolgen.

9. Juni *Ihr seid allzumal leidige Tröster.* Hiob 16,2
Ob es Menschen gibt, die das von uns sagen? Drei Leute bemühen sich um den schwergeprüften Hiob. Ein Gespräch reiht sich an das andere, die Diskussionen ziehen sich hin. Endlich fährt Hiob auf: Leidige Tröster! Was machen wir mit den Menschen neben uns in

ihren Nöten? Diskutieren wir sie weg? Reden wir mit ihnen über Gott? Leidige Tröster! Wir sollten etwas anderes tun. Wir sollten mit Gott über die von Not Betroffenen reden. Erst, wenn wir mit Gott geredet haben, können wir hingehen. Und dann geht es noch immer nicht darum, mit ihnen über Gott zu reden, sondern mit ihnen zu Gott zu reden. Also werden wir mit ihnen beten müssen. Hiob konnte es nicht. Sein Mund ist stumm vor Schmerz. Die Mauer ist zu hoch. Sein Weg ist versperrt. Er kann nicht mehr weiter. Wir müssen hin. Wir müssen für ihn über die Mauer sehen, für ihn Verbindung aufnehmen mit dem, der sich unserer Seelen herzlich annehmen kann.

Es gibt heute manchen Hiob. Es gibt heute leidige Tröster. Wir sollen endlich als Gottes Gesandte zu Hiob gehen. Gott will es durch seinen Heiligen Geist schaffen, daß der glimmende Docht nicht verlischt. Ihn sollen wir anrufen, bevor wir uns auf den Weg machen.

Denn der kann mich bei dir vertreten mit Seufzern, die ganz unaussprechlich sind; der lehret mich recht gläubig beten, gibt Zeugnis meinem Geist, daß ich dein Kind und ein Miterbe Jesu Christi sei, daher ich »Abba, lieber Vater!« schrei. B. Crasselius

10. Juni *Stehe auf und iß! denn du hast einen großen Weg vor dir.*

1. Könige 19,7

Wer den Tag beginnt, ohne bei Gott Stärkung zu holen, weiß um 10 Uhr schon nicht mehr, woran er ist. 24 Stunden sind ein großer Weg; der heutige Tag: ein großer Weg. Entscheidungen kommen auf uns zu. Wie werden wir sie fällen? Enttäuschungen warten auf uns. Wie werden wir sie bestehen? Man kann Entscheidungen aus dem Weg gehen und hat sie doch nur aus Angst gemieden. Sie kommen stärker auf uns zu und unausweichlicher. Man kann Anfechtungen geringschätzen und schlittert eben damit hinein. Elias Weg war ein großer Weg. Das Ziel war der Berg Horeb. Diesen Berg sollen wir erreichen. Gott will dort Außerordentliches an uns tun. Den Weg zu diesem Außerordentlichen werden wir nur gehen können, wenn wir aufstehen und essen und von seiner Gabe nehmen, die er uns durch Wunder, ja durch Wunder, anbietet. Denn sein Wort ist ein Wunder. Wer sich darauf einläßt, lebt davon und geht in Kraft dieser Speise voran. Auch durch diesen Tag. Auch den großen Weg, der vor uns liegt, bis zu jenem Punkt, da Gott jenes Außerordentliche an uns tun und uns aufnehmen wird in eine Herrlichkeit, die wir nicht einmal erträumen können.

O Gott und Herr, du bietest dein Wort und dein Sakrament als unsere Speise an. Vergib, daß wir so oft, ohne von dir genommen zu haben, unseren Weg antreten. Laß uns heute von deinem Worte so leben, daß wir in Kraft dieser Speise den Abend erreichen, bis zu jenem Abend, an dem du uns aufnimmst in die ewigen Hütten des Friedens.

11. Juni *Und Elia stand auf und aß und trank und ging durch Kraft derselben Speise vierzig Tage und vierzig Nächte bis an den Berg Horeb.* 1. Könige 19,8

»Dieser Text gehört den Kindern Gottes, sonderlich den Bedrängten«, hörte ich einmal in einer Abendmahlspredigt einen Pfarrer über den heutigen Vers sagen. »Sonderlich den Bedrängten.« Elia war bedrängt. Unter der Last seines Auftrages findet er keinen Platz in der Welt, an dem er ruhig leben und von seinem Brote existieren kann. Es bedurfte eines Befehls, zu essen und zu trinken, sonst wäre er ohne die Kraft solcher Speise auf die Reise gegangen. Wir machen uns oft auf den Weg und meinen, den Befehl, von seinem Wort und seinem Sakrament leben zu sollen, umgehen zu können. Und kommen nicht bis ans Ziel. Wir machen schlapp. Wir brechen ab. Wir beschweren uns über die Zumutungen Gottes. Dabei wäre es so leicht. Denn sein Joch ist sanft und seine Last ist leicht dem, der seinem Befehl gehorcht und ißt und trinkt und in der Kraft derselben Speise vorwärts schreitet. Der größte Weg wird mit Tabletten nicht gegangen, auch nicht durch eigene Kraftanstrengung. Er ist nur möglich durch Kraft derselben Speise, die aus Gottes Hand selbst kommt. Gottes Befehl ist deutlich. Ob wir heute ihn befolgen? Morgen auch?

Dein Wort, o Herr, laß allweg sein die Leuchte unsern Füßen; erhalt es bei uns klar und rein; hilf, daß wir draus genießen Kraft, Rat und Trost in aller Not, daß wir im Leben und im Tod beständig darauf trauen. David Denicke

12. Juni *Mein Herz ist bereit, Gott, mein Herz ist bereit, daß ich singe und lobe.* Psalm 57,8

Die Bereitschaft für ihn geschieht nicht gähnend vom Bett aus, nicht in der Bequemlichkeit, in der man liegen bleibt; es sei denn, wir wären krank. Können wir uns sagen: »Herr, wir sind bereit«? Es gibt eine Haltung des Gebetes. Denn wir reden mit ihm. Haben wir die Rüstung bei uns, in der Gott uns haben will? Oft meinen wir, wir brauchten uns nicht zu bereiten, wir könnten unseren Tagesplan ruhig weiter durchgehen mit seinen Terminen und seinen Verpflichtungen. Nein, wir können es nicht. Wie kann denn ein Herz bereit sein, wenn es keine Zeit zum Beten hat?

Zeit müssen wir haben. Hätten wir eine Telefonverbindung mit

Gott, gäbe es doch keinen Tag ohne Anruf. Wir würden den Hörer abheben. »Mein Herz ist bereit«, ist solch ein Anruf. Mein Herz ist bereit für dich, nicht für andere; ich habe alles abgeschaltet, ich spreche nur mit dir. Ich habe die Bibel in die Hand genommen, ich habe die Zeitung weggelegt, ich höre nur noch dich und lasse mich durch nichts mehr stören.
Wer das tut, wer so bereit war, gehört zu denen, die den Tag anfangen mit Singen und Loben. »Frühe Vögel werden gefangen.« Aber frühe Lobsingende bleiben den ganzen Tag froh.
Mein Herz ist bereit, Gott, mein Herz ist bereit. Rede du, denn du tust große Dinge, daß ich singe und lobe.

13. Juni *Einen anderen Grund kann niemand legen außer dem, der gelegt ist, welcher ist Jesus Christus.* 1. Korinther 3,11
Wenn man in den Sumpf bauen muß, kostet es viel Beton. Wer auf Felsgestein baut, kann Wolkenkratzer errichten, ohne vorher Grund zu legen. Es kommt darauf an, worauf man baut. Die Statiker wissen davon zu berichten. Bauen wir auf die Erfahrungen, die wir von den Eltern übernommen haben, bauen wir auf die Spielregeln, die wir im Laufe des Lebens gelernt haben, auf Ratschläge anderer? Ein Leben, das über unsere siebzig Jahre hinausgehen soll, kann man darauf nicht bauen. Der Grund wackelt. Am Ende kommt der Zusammenbruch. Gott hat uns doch zur Ewigkeit bestimmt. Wer Christus hat, hat Grund. Diesen Grund kann man nicht nach Quadratmetern kaufen, diesen Baugrund gibt es umsonst. Kaum zu glauben, daß so wenige ihn für sich in Anspruch nehmen. Wer es aber tat, bereute es ein Leben lang nicht mehr, und es gibt eine Wolke von Zeugen, die es bestätigen. Die fanden Baugrund für Wohnungen ohne Risse und Bergschäden. Die siedelten sich in der Kirche an, in Zion. Und Zion hat der Herr gegründet. Einen anderen Grund kann niemand legen. Und an der Kirchenmauer steht ein Schild: Es ist noch Raum da.
Unser Herr Jesus Christus, wir danken dir, daß es deine Kirche gibt und wir dort Grundstücke geschenkt bekommen. Gib uns in deiner Kirche Heimat. Laß uns nirgendwo anders bauen und uns zu Hause fühlen.

14. Juni *Und nun, Herr, siehe an ihr Drohen und gib deinen Knechten, mit aller Freudigkeit zu reden dein Wort.* Apostelgeschichte 4,29
Als das Redeverbot die Urgemeinde traf, hätten sich die Apostel bei Gott beschweren können darüber, daß er ihnen eine Obrigkeit gegeben habe, die gegen seinen Christus sei. Wie wir es gern tun und uns einreden, daß wir ja nicht gegen die Obrigkeit Stellung nehmen

könnten, da das Apostelwort gelte, daß es keine Obrigkeit gebe, sie sei denn von Gott.
Aber so reden sie nicht. Sie suchen sich auch keine Ersatzlösung. Sie erklären jetzt Gott nicht: »Du siehst, uns ist der Mund verschlossen, nun erwecke du dir andere Leute! Wir müssen jetzt zeitweilig den Mund halten, bis eine Zeit kommt, in der wir wieder frisch, fromm, fröhlich und frei dein Wort verkündigen.« Nein, auf ihr Redeverbot reagieren sie mit einem Gebet um Freudigkeit, sein Wort zu reden. Sie bleiben alle an dem, wozu Gott sie berufen hat. Offenbar dürfen wir keinen Widerstand so ernst nehmen, daß er uns zwingt, aufzuhören mit dem, was uns Gott aufgetragen hat. Wir sind es schuldig, das Wort zu sagen an Kind und Kindeskind, an Nachbarn und Mitarbeiter, an Volk und Staat, in jedem Jahrzehnt und überall. Wir sind also dran. Es gibt keine Pause für uns. Aber Gott macht auch keine Pause. Laßt uns dessen froh sein, er gibt Freudigkeit, wenn wir ihn bitten. Heute auch.
Du mußt uns Kraft verleihen, Geduld und Glaubenstreu und mußt uns ganz befreien von aller Menschenscheu. Philipp Spitta

15. Juni *Ich jage — nach dem vorgesteckten Ziel — nach dem Kleinod, welches vorhält die himmlische Berufung Gottes in Christo Jesu.*
Philipper 3,14

Wie lautet das Ziel unseres Christenstandes? Als ganz kleine Kinder wußten wir es. Besser ist es auch nicht auszudrücken: »Lieber Gott, mach mich fromm, daß ich in den Himmel komm.« Nun sind wir schon älter geworden, und allerlei lohnende Ziele haben sich angeboten. So ganz langsam wird uns der Himmel gleichgültig. Die Erde hält uns fest. Es macht uns nervös, wenn uns jemand daran erinnert, daß wir diese Erde nicht allezeit besitzen werden.
Wir werden sie nicht allezeit besitzen. Es gibt eine Zeit, in der wir sie verlassen müssen. Wir müssen über die Grenze. In welches Land? Wir müssen wissen wohin, sonst handeln wir doch fahrlässig. »Daß ich in den Himmel komm«: Wissen wir das genau? Oder nur verschwommen? Haben wir das Ziel, oder bummeln wir auf dieser Erde herum? Man merkt es am Schritt, ob jemand weiß, wohin er will. Man merkt es einem Christenstand an, ob er Weg und Ziel hat. Paulus auch: Er hatte Ziel! Es ist die himmlische Berufung. Dort werden wir erwartet. Wer wartet da wohl? Kennen wir den? Wir dürfen es hier schon wissen, daß er sagen wird: Tretet ein zu eures Herrn Freude.
O Gott und Herr, gib uns gewisse Schritte heute, laß uns zielsicher schreiten. Laß uns nicht bummeln, laß uns nicht zweifeln. Es ist ja klar, welches Ziel du mit uns erreichen willst.

16. Juni *Durch Christus sind wir auch zum Erbteil gekommen, auf daß wir etwas seien zu Lob seiner Herrlichkeit.* Epheser 1,11–12

Wir bekommen durch ihn einen neuen Beruf. Den hatten wir vorher nicht. Nicht, daß wir neben dem alten Beruf nun diesen neuen noch hinzunähmen für einen Rest der Zeit, der uns noch bleibt. Das Lob seiner Herrlichkeit ist kein Nebenberuf. Wir sind hauptberuflich angestellt zum Lob seiner Herrlichkeit, seitdem wir durch Christus zum Erbteil gekommen sind. Praktisch sind wir hinzugeschlagen worden wie ein Stück Land, das zwischen den Gebieten lag, nun auch noch vereinnahmt wird. Seitdem können wir nicht mehr machen, was wir wollen. Wir sollen etwas sein. Nein: wir dürfen etwas sein. Etwas, das vorher nicht da war. Seitdem wir Christen wurden, ist unser ganzes Leben auf das Lob seiner Herrlichkeit eingestellt. Da braucht sich im Register »Stand und Beruf« gar nichts zu ändern. Wir bleiben beruflich da, wo wir sind. Aber es geschieht nun zum Lob seiner Herrlichkeit. Ob das andere schon gemerkt haben?

Drum komm, Herr Jesu, stärke mich, hilf mir in meinen Werken, laß du mit deiner Gnade dich bei meiner Arbeit merken, gib dein Gedeihen selbst dazu, daß ich in allem, was ich tut, ererbe deinen Segen. Salomo Liskow

17. Juni *Darum wird der Mensch Vater und Mutter verlassen und wird seinem Weibe anhangen.* Markus 10,7

Darum, weil Gott es so will. Also nicht, weil der Mensch auf die Idee gekommen wäre, weil die Eltern schon ihrerseits Vater und Mutter verlassen haben; nicht, wie die Alten sungen, so zwitschern nun die Jungen. Es ist Gottes Gebot. Also hat Gott etwas mit der Verlobung zu tun und mit der Hochzeit und mit der Ehe und mit unseren Kindern. Ehe ist keine Privatangelegenheit, sondern Gott will sein Programm mit uns ausführen. Darum können wir nicht heiraten, wenn wir wollen, ohne es mit Gott besprochen zu haben. Wir können uns auch nicht auf Kinder freuen und Kinder erziehen, ohne dauernd das »Darum« des Wortes Jesu im Auge zu behalten: weil Gott es will. Uns allen liegt die Privatisierung. »Das geht mich allein was an«, sagen wir gern. Nein! Gott geht das was an. Privatisierung ist Raub.

Darum ahnen diejenigen, die zum Beispiel die kirchliche Trauung für überflüssig halten, gar nicht, was sie tun. Gott will uns in seinem Plan behalten. Wir können uns nicht herauslösen. Und es ist gut so.

Es ist bestimmt gut so.

O Gott und Herr, gib, daß wir alles, aber auch wirklich alles an deinen Willen binden. Zeige du uns deutlich, was wir tun sollen. Laß uns nicht mutwillig Entscheidungen fällen. Hilf uns durch.

18. Juni *Er selbst, der Vater, hat euch lieb, darum daß ihr mich liebet und glaubet, daß ich von Gott ausgegangen bin.* Johannes 16,27

Jesus muß es ja wissen. Auf ihn sich zu verlassen, ist doch besser als auf allerlei Aussagen und Kombinationen — selbst wenn große Dichter sie formulieren —, daß droben überm Sternenzelt ein guter Vater wohnen müsse.

Die Nachricht unseres Textes kommt aus dem Munde des Sohnes. Es handelt sich hier also nicht um eine Parole, der wir nicht trauen könnten. Der Sohn sagt, es kommt direkt vom Vater.

Wenn ein Fremder über unseren eigenen Vater eine Geschichte erzählte, so können wir beim dritten Satz schon beurteilen, ob es stimmt oder nicht stimmt. Denn wir kennen doch unseren eigenen Vater besser als der Fremde. Kein Fremder macht die Aussage, sondern der Sohn über seinen Vater. Schon damals haben die Menschen gefragt: Woher magst du es wissen? Und er hat die einzig richtige Antwort gegeben: Ich bin doch der Sohn. Ich kenne den Vater, und der Vater kennt mich.

Das muß uns nun doch mundtot machen und uns endlich zum Schweigen bringen, wenn wir wieder mit unseren Bedenken kommen wollten. Wo es doch der Sohn selbst sagt: »Er selbst, der Vater, hat euch lieb. Ich weiß es ganz bestimmt.«

Nun weiß und glaub ich feste, ich rühm's auch ohne Scheu, daß Gott, der Höchst und Beste, mein Freund und Vater sei, und daß in allen Fällen er mir zur Rechten steh und dämpfe Sturm und Wellen und was mir bringet Weh. Paul Gerhardt

19. Juni *Mose sprach zu Gott: Wer bin ich, daß ich zu Pharao gehe und führe die Kinder Israel aus Ägypten? Gott sprach: Ich will mit dir sein.* 2. Mose 3,11.12a

Wir bekommen einen neuen Namen. Mit unserem alten schaffen wir's nicht. Mit dem Gesetz, nach dem wir angetreten sind, gibt es keine Möglichkeit, Dinge im Namen Gottes zu tun. Da mag man sich einen noch so bedeutenden Namen in der Welt gemacht haben, es ist dennoch nichts passiert, wenn es nicht auf Grund des neuen Namens geschah. Mose meinte auch, es auf Grund des eigenen Namens tun zu können. In jungen Jahren legte er los und gab das Stichwort einer Revolutionsbewegung aus, alles auf sein eigenes Konto. Aber er zerbrach. Er mußte fliehen. Den wirklichen Auszug seines Volkes aus der Knechtschaft hinein in die Freiheit konnte er erst durchführen, als Gott es selber durch ihn tat: »Ich will mit dir sein.«

Es fragt sich, ob wir noch immer unter falschem Ansatz arbeiten, ob wir nun, in welchem Beruf wir auch stehen, immer noch meinen, wir könnten es von uns aus tun. Nein, wir können's eben nicht. Nur auf Grund der Tatsache, daß Gott uns einen neuen Namen gegeben hat, daß er das Gesetz, mit dem wir angetreten sind, umgestürzt und uns unter sein eigenes Gesetz gestellt hat, nur auf Grund der Tatsache, daß jemand von neuem geboren wurde, ist unser Tun umsonst. Wie entsetzlich, wenn am Ende unserer Plackerei und Mühsal stände: Schade!

Gib mir Verstand aus deiner Höh, auf daß ich ja nicht ruh und steh auf meinem eignen Willen; sei du mein Freund und treuer Rat, was recht ist zu erfüllen. Paul Gerhardt

20. Juni *Wirf dein Anliegen auf den Herrn; der wird dich versorgen und wird den Gerechten nicht ewiglich in Unruhe lassen.* Psalm 55,23

Neben diesen Text habe ich in meiner Bibel das Datum geschrieben: 20. Juni 1948. Es war die Losung der Herrenhuter Brüdergemeine am Tag der Währungsreform. Viele haben damals viel Geld verloren. An dem Sonntag hatte der Pastor diese Losung als Predigttext gewählt. Neben mir saß einer, der zwar der Predigt lauschte, aber doch immer wieder seufzte: »Ach, das schöne, schöne Geld!«

Ja, das schöne, schöne Geld. Soll man es denn wegwerfen? Nein! Auch das Geld soll man nicht wegwerfen. Aber werfen soll man es. Mit Ziel. Auf Gott werfen! Geld? Ja, auch Geld. Werfen heißt: Jetzt nichts mehr in Händen behalten, jetzt wirklich alles von ihm erwarten. Wir sollten es frühzeitig üben, dies Werfen, dies Sichlösen-Können; nicht erst, wenn eine Währungsreform kommt, und nicht erst, wenn es uns sowieso weggenommen wird, nämlich in der Sterbestunde. Wer bis dahin das Werfen nicht gelernt hat, für den wird das Sterben schwer. »Gib mit warmer Hand!« sagte meine Mutter. Dann kann Gott uns auch noch das letzte Anliegen abnehmen, unser Sterben. Laßt uns frei sein, wenn es kommt, damit wir dann nur noch zu sterben brauchen. Wir werden dahinterkommen, daß der, der tatsächlich das Wegwerfen gelernt hat, das Auffangen um so stärker lernt. Denn Gott schüttet seinen Segen in leere Hände. Er tut es bestimmt.

O Gott und Herr, wir werfen unser Anliegen auf dich. Du hast es um uns verdient.

21. Juni *Darum nehmet euch untereinander auf, gleichwie euch Christus hat aufgenommen zu Gottes Lobe.* Römer 15,7

Wie eine Regieanweisung steht das da. Als wollte Paulus Privathäuser der versprengten Gemeinde als Notunterkünfte empfehlen zwecks Tarnung. Sie sollten also illegal weitermachen, aufgeteilt, untereinander sich aufnehmend.

Dann hätten wir guten Grund, den Text als zeitbedingt auszuklammern, da wir uns heutzutage ja nicht zu tarnen brauchen. Nein! Nicht ausklammern! Wir haben den Spruch bitter nötig, denn der Gottesdienstbesuch am Sonntagmorgen allein genügt doch nicht. Gemeinde geht montags weiter. Dürfen wir wirklich acht Tage lang warten, bis man sich wiedersieht? »Nehmet einander auf.«
Aber wir picken uns die Korinthen aus dem Kuchen, wir machen in Auswahl. Wir laden nur die zu uns ein, mit denen wir uns verstehen. Die liegen uns.
Waren wir Jesus denn so sympathisch? Waren wir ihm angenehm, als er sich entschloß, uns aufzunehmen? Gott hat uns doch erst angenehm gemacht in dem Geliebten, annehmbar, aufnehmbar.
Warum nehmen wir die anderen nicht auf? Wir sollten doch bedenken, daß wir Aufgenommene sind. Nehmt sie auf. Christus tat es mit uns doch auch. Gemeinde tut not!
O Gott und Herr, gib, daß unser Haus für alle offen bleibt. Du hast uns aufgenommen. Laß uns andere nun auch aufnehmen. Zeige du uns, wen.

22. Juni *Du wirfst alle meine Sünden hinter dich zurück.* Jesaja 38,17
Es kommt darauf an, was wir mit der Sünde machen. Man kann sie vergessen. Man kann sie abreagieren. Man kann immer Neues unternehmen, um nicht mehr an das Alte denken zu müssen.
Das sind die Leute, die einen Fehler in der Rechnung verbergen wollen in der Hoffnung, es komme nicht heraus. Heimlich geht es aber an die Nerven. Immer in Angst leben zu müssen, geht an die Nerven. Gott aber will nicht seine Leute als Nervenbündel, sondern als Freie, nicht als heimlich Belastete, sondern als fröhliche Menschen. Darum steht auch in der Bibel nicht, daß wir unsere Sünde vor uns hertragen, auch nicht, daß wir sie hinter uns herschleppen sollen. Ob wir sie vorn oder hinten tragen, auf der Brust oder auf dem Rücken: sie hängt doch an uns selbst.
Gott will es ganz anders: Er will, daß unsere Sünden hinter ihm landen. Er will sie hinter sich zurückwerfen. Das ist das Geheimnis der Vergebung, das Geheimnis der Freiheit der Kinder Gottes. Es gibt immer noch Christen, die dies Geheimnis noch nicht entdeckt haben. Sie leben nicht davon.
Vergib mir meine Sünden und wirf sie hinter dich; laß allen Zorn verschwinden und hilf mir gnädiglich; laß deine Friedensgaben mein armes Herze laben. Ach Herr, erhöre mich! L. A. Gotter

23. Juni *Zeige deinen Knechten deine Werke und deine Ehre ihren Kindern.* Psalm 90,16
Durch das Mikroskop? Auch. Im Planetarium. Auch. Im Wald und

auf der Heide? Auch. Dann wären Naturforscher schon von Berufs wegen Christen und Wandervögel Gottes Werken am nächsten?
Am Mikroskop und im Planetarium, im Wald und auf der Heide und unterm Sternenzelt kommt man bestenfalls ins Staunen über die unbegrenzten Möglichkeiten der Natur, auch über die unbegrenzten Möglichkeiten unserer Erkenntnis und unserer Forschung: Wie weit haben wir es gebracht!
Aber es sind doch seine Werke! Sie gehören Gott. Er hält sie in der Hand. Erst, wer die Hand entdeckt, sieht die Werke dieser Hand richtig. Denn er bedenkt, daß aus dieser Hand mehr kam als das, was wir unter dem Mikroskop und in der Natur entdecken. Das entscheidende Werk dieser Hand ist, daß sie den Sohn losließ und sich an uns Fremden festklammerte. Wir sind aus Fremden zu Kindern gemacht. Wer dieses Werk sah, dem tun sich die Blicke auf auch für die Werke unter dem Mikroskop. Die bringen uns dann nicht nur ins Staunen, sondern in die Anbetung dessen, der so reich ist und uns so reich macht.
Mein Auge schauet, was Gott gebauet zu seinen Ehren und uns zu lehren, wie sein Vermögen sei mächtig und groß. Paul Gerhardt

24. Juni *Tut Buße, das Himmelreich ist nahe herbeigekommen.*
Matthäus 3,2

Machen wir uns doch nichts vor. Buße hat mit Gemütsbewegung nichts zu tun. Es geht nicht darum, daß wir drei Tage munter sind und zwischendurch einen Tag erleben, an dem wir uns zu Tode betrübt geben. Gott will keine Steh-auf-Fall-um-Leute haben. Buße ist kein Temperamentsausbruch. Als der große Prophet Johannes in seinem Lande eine Bußbewegung auslöste, geschah dies darum, weil vorher etwas passiert war. Jesus hatte sich aufgemacht. Das Himmelreich war nahe herbeigekommen.
Buße tun heißt: reagieren auf die ungeheuerliche Tatsache, daß wir nicht unter uns sind. Das Himmelreich ist nahe herbeigekommen. Aufpassen! Jetzt geht es nur um eins. Jetzt den Termin nicht verpassen! Jetzt nicht meinen, etwas im Leben sei wichtiger! Jetzt ist nur eins wichtig: Er. Jesus Christus, der Meister, ist unterwegs und will uns an seinen Willen binden.
So ist Buße ein achtsames Hören auf den, der allein in unserem Leben etwas zu sagen hat. Das Wichtigste, das Entscheidende zu sagen hat. Er ist da. Wer will es leugnen?
Nicht daß du ihm vergeben willst, bedünkt den Sünder fromm, daß du dich selber geben willst, wenn ich dich rufe: »Komm!« Daß du mir auf den Fersen gehst durch Pfade, schlecht und krumm, mir allzeit hinterm Rücken stehst und sprichst: »Sohn, schau dich um.«
R. A. Schröder

25. Juni *Ich aber und mein Haus wollen dem Herrn dienen.*

Josua 24,15

Einige Dinge muß man klar haben im Leben. Dazu gehört, daß unsere Freunde und Verwandten, unsere Nachbarn und Kollegen genau wissen, daß sie Christen vor sich haben. Man kann als Christ nicht Mitläufer sein oder heimlich förderndes Mitglied der Gemeinde. Josua jedenfalls machte deutlich, wie er und als was er verstanden werden möchte: als ein Diener des einen Herrn.
Wo haben auch wir eindeutig kundzugeben, mit wem wir nicht zu verwechseln sind? Wir dienen nicht irgendeinem, wir dienen dem Herrn. Wir haben eine Entscheidung hinter uns, deren Bekanntmachung wir keinem vorzuenthalten gedenken. Aber eben hier werden wir verlegen. Es kann Wochen, Monate, Jahre dauern, bis der Kollege dahinterkommt, daß wir zum Beispiel evangelisch sind. Wir nennen das dann obendrein noch »saubere Sachlichkeit des Berufslebens« — und verschleiern doch praktisch unsere Feigheit.
Frage: Wissen unsere Kinder, wem wir dienen? Unsere Eltern? Unsere Kolleginnen? Unsere Nachbarn? Gott will, daß wir öffentlich zu ihm halten, daß andere Menschen erkennen, auf welcher Seite wir stehen. Haben wir Klarheit geschaffen?
Andere wollen sich an uns orientieren. Meist tasten sie im Nebel, wenn sie uns beschreiben — und sind enttäuscht.
O Gott und Herr, schenke uns den Mut, deutlich zu machen, daß wir dir gehören, dir allein.

26. Juni *Jesus spricht: Ich bin der Weg und die Wahrheit und das Leben; niemand kommt zum Vater denn durch mich.* Johannes 14,6

Wir laufen am Graben entlang. Wir müssen hinüber. Es gibt viele Stege. Die einen sind glänzend, bronziert, die anderen sind betoniert. Alle enden sie im Nebel. Einen Steg gibt es, der sieht sehr kümmerlich aus. Kein Beton und keine Bronze, schlichtes Holz. Auf dem stehen Christen und sagen: »Hier herüber! Hier herüber!« Wir stehen davor und wagen es nicht. Und auf die Frage: »Wie kommt ihr dazu, zu rufen: ›Hier herüber! Hier herüber!‹?« antworten sie: »Jesus Christus selbst hat sich über den Graben gelegt, er hat gesagt, er sei der Weg.«
Das ist unsere Lage. Nehmen wir ihn als Weg, kommen wir zu Gott. Ihn, den Jesus von Nazareth, von dem alle in der Welt sagen: »Der endete doch am Kreuz! Der wurde doch an seiner eigenen Sache zuschanden! Wie kann der andern helfen, der sich selbst nicht helfen konnte?«
So ist es. Nicht betoniert und nicht bronziert, schlichtes Holz. Aber wer den Weg betrat, kommt hinüber und entdeckt, daß dieser Weg nicht als Steg nach vier, fünf Metern im Nebel des Grabens endet,

sondern als Brücke auf der anderen Seite landet. Die einzige Brücke! Alles andere sind nur Stege!

Herr Christ, du bist der rechte Weg zum Himmel und der einzge Steg; hilf uns Pilgrim' ins Vaterland, weil du dein Blut hast dran gewandt.

Nikolaus Hermann

27. Juni *Siehe, hier bin ich und die Kinder, die mir der Herr gegeben hat.*

Jesaja 8,18

Mehr kann man nicht sagen. Daß das Ergebnis der Erziehung hätte anders sein können, als man es sich wünschte; daß die Kinder nicht so wurden, wie wir es erhofft hatten; daß sie nicht alle den Weg gingen, wie wir ihn ursprünglich meinten: Mehr kann man nicht sagen, als es der Text heute sagt! »Siehe, hier bin ich und die Kinder, die du mir gegeben hast.«

Mehr sollen wir auch nicht sagen. Wir sollten Gott nicht vorstöhnen, was bei uns schiefgelaufen ist, was uns um unserer Kinder willen die unruhigen Nächte bringt und was uns scheitern ließ. Resignation will Gott nicht. Hingabe will Gott. Und dieser Text gibt hin. Dieser Text zeigt, wie wir es tun sollen: »Hier bin ich und die Kinder.«

Einfach darum, weil wir Gott zutrauen sollen, mit dem, was wir fertiggebracht haben, fertig zu werden. Weil wir Gott es zutrauen sollen, daß er unsere Versager übernimmt.

Solche Eltern müßten unsere Kinder haben, die mehr mit Gott über die Kinder reden als mit den Kindern über Gott. Nochmals: Ohne Resignation mit Gott über die Kinder zu reden, ist viel wichtiger, als mit den Kindern über Gott zu reden. Wer es umgekehrt macht, wird die Kinder von Gott wegjagen, statt sie zu ihm zu ziehen.

Wir sollten heute noch mit Gott über die Kinder reden.

O Gott und Herr, hier sind wir alle. Nimm du uns an. Arbeite an uns. Laß keinen von uns außer acht.

28. Juni *Halte, was du hast, daß niemand deine Krone nehme!*

Offenbarung 3,11

Wo Christus ernst genommen wird, kriegt man die Welt auf den Hals. Wo jemand sich an Christus hält, gibt es hundert Arme, die einen wegreißen wollen. Wo einer von der Vergebung der Sünden lebt, zielt der Teufel auf ihn mit einer geballten Ladung schlimmer Anfechtung. Wir müssen uns daran gewöhnen. Darum sollten wir auch das Stöhnen sein lassen. Gott kann traumwandlerische Sicherheit geben, so konzentriert auf das zu sehen, was man von ihm geschenkt bekommen hat. Es ist eine Krone! Es kann sogar geschehen, daß wir immer stärker lernen, das Gelächter der anderen und den

Beschluß des einen nicht mehr ernst zu nehmen, die alles darauf angelegt haben, uns durcheinanderzubringen, daß wir uns verheddern. Halte, was du hast!
Daß wir's bis zur Stunde gehalten haben, liegt nicht an unserer Haltekraft. Denn staunend nehmen wir wahr, daß seine Hand unter unserer Hand liegt. Die Krone, die wir tragen, wird von ihm getragen.
Wohl dir, du Kind der Treue, du hast und trägst davon mit Ruhm und Dankgeschreie den Sieg und Ehrenkron; Gott gibt dir selbst die Palmen in deine rechte Hand, und du singst Freudenpsalmen dem, der dein Leid gewandt.

Paul Gerhardt

29. Juni *Ich vermag alles durch den, der mich mächtig macht: Christus.*

Philipper 4,13

Stimmt das, daß wir alles vermögen? Nein. Sondern nur insofern, als Christus durch uns Macht gewinnt. Er ist der Meister, er vermag alles durch uns.
Man kann auch selber mächtig werden. Haben wir uns dem Sport verschrieben, werden wir olympische Figuren; haben wir uns der Technik verschrieben, triumphieren wir in Erfindungen. Man schneidet dabei gut ab, und am Schluß des Lebens steht ein Denkmal oder eine Zeitungsnotiz vom unersetzlichen Verlust. Wer sich aber Christus verschreibt, kann auf Anerkennung nicht rechnen. Denn Christus will der Herr bleiben, wir sollen es nicht werden. Aber Christus will ja keiner anerkennen, also werden wir Christen auch eine sehr unbeachtete Rolle spielen. Wir Christen sind ziemlich belanglos. Laßt es uns weiter so halten. Nicht wir, sondern er. Das ist die Bedingung. Das letzte Wort, das über unsere Lippen kommt, soll sein Name sein. Er ist mächtig. Er ist auch zu rühmen. Er ist erwähnenswert. Wir wirklich nicht.
Die Sach und Ehr, Herr Jesu Christ, nicht unser, sondern dein ja ist; darum so steh du denen bei, die sich auf dich verlassen frei.

Nikolaus Selnecker

30. Juni *Jesus sprach: Sie hat getan, was sie konnte.* Markus 14,8

»Man tut, was man kann.« Wer so spricht, tut nicht, was er kann. Sie tat, was sie konnte. Warum? Weil dieser Mensch erst an sich etwas hat tun lassen. Das ist das Geheimnis. Man kann erst etwas tun, wenn man an sich etwas tun ließ.
Dies nämlich: daß Jesus einem den Rücken frei macht, die Sünden vergibt. Man kommt nicht weit, wenn man Lasten schleppt, man schleicht doch nur, man muß doch bald abbrechen und sinkt vor dem Ziel zusammen. So sind wir.
Aber so kann man nicht tun, was man könnte. Mehr könnten wir! Viele warten darauf, daß wir's täten. Sogar im selben Zimmer.

Keinen gibt es, der nicht neben sich, vor sich und hinter sich Leute hätte, an denen er einen Dienst tun sollte. Aber dazu kommt es bei uns nicht, weil wir an unserem eigenen Gepäck schleppen: Ein jeglicher sah auf seinen Weg.
Ob wir nicht verliebt sind in unser Gepäck? Ob wir also unser Leben verspielen, ob wir es verwahrlosen, wie die Bibel es nennt? Warum halten wir unsere Lasten denn so krampfhaft fest? So können wir nie tun, was wir tun könnten.
O Gott und Herr, laß uns endlich tun, was du von uns getan haben willst.

1. Juli *Denn er ist unser Friede, der aus beiden eines hat gemacht und hat abgebrochen den Zaun, der dazwischen war, indem er durch sein Fleisch wegnahm die Feindschaft.* Epheser 2,14
Zäune gibt es, Mauern gibt es, Vorhänge gibt es, sogar eiserne. Als mein Vater einen Zaun zwischen unserem Grundstück und dem des Nachbarn zog, hatte er ein Tor eingebaut. Wenn wir zum Nachbarn wollten, brauchten wir nicht über die Straße.
Christus hat es noch radikaler gemacht, Christus hat in den Zaun zwischen Gott und uns nicht nur ein Tor gebrochen, sondern hat den Zaun weggeräumt. Wir brauchen nicht über die Straße zu gehen, wir brauchen nicht einmal das Tor aufzumachen, der Zaun ist weg. Warum gehen wir nicht hinüber? Warum bleiben wir auf unserem Grundstück? Warum verkehren wir nicht mit Gott? Warum?
Weil wir ihm nicht trauen. Haben wir ein schlechtes Gewissen? Gerade um des schlechten Gewissens willen hat er den Zaun abgebrochen, damit wir es leichter haben. Ganz leicht. Wir dürfen hinübergehen.
O Gott und Herr, du hast durch deinen Sohn die Feindschaft weggenommen, du bist uns kein Feind. Es ist nun Fried ohn Unterlaß. Heute auch. Greife du nach uns herüber. Wir sind dein.

2. Juli *Einer ist euer Meister, Christus; ihr aber seid alle Brüder.* Matthäus 23,8
Er ist Meister, hat er gesagt. Man kann also von Jesus lernen. Nur an einem Punkt unterscheidet sich diese Meisterschule von anderen solchen Institutionen: Man kann sich nicht nach ordentlicher Gesellen- und Meisterprüfung selbständig machen. Bei ihm *bleibt* man in der Lehre. Wir bleiben seine Lehrlinge. Gott sei gedankt, er entläßt uns nicht. Wir dürfen bleiben. Und er sagt: Ich bleibe euer Meister. Das hat Luther schon gewußt. Am Ende seines Lebens schreibt er auf einen Zettel: »*Wir sind Bettler, das ist wahr.*« Sind wir noch in seiner Lehre? Vielleicht ist unser Verhältnis zu diesem Meister schon längst in die Brüche gegangen?

Oder — waren wir nie in seiner Lehre? Früher mal? Haben wir inzwischen andere Meister gefunden? Wie urteilen wir über den Wechsel? Fühlen wir uns wohl? Ein furchtbares Urteil liegt jedenfalls in dieser Aussage: Ich bin euer Meister. Denn damit bezeichnet er uns als Vagabunden, solange wir nicht bei ihm in der Lehre gelandet sind. Zwei Meister zugleich können wir nicht haben. Er beansprucht uns ganz. Es ist ja ein Zuspruch sondergleichen. Wir dürfen unter Dach.

O Herr, behüt vor fremder Lehr, daß wir nicht Meister suchen mehr, denn Jesum mit rechtem Glauben und ihm aus ganzer Macht vertrauen. Halleluja! Martin Luther

3. Juli *Samuel sprach zu Gott: Rede, Herr, dein Knecht hört.*

1. Samuel 3,10

Im Sommer gehen viele in Ferien. Wir dürfen uns alle darauf freuen. Ob wir Geld dazu haben? Ach, was! Ferien sind eine Charakterfrage. Die Frage ist im Urlaub, ob man aushält in der Stille. Solche Frage braucht man nicht erst in den Ferien zu beantworten, die stellt sich ja jeden Abend. Man hält es nicht aus mit dem, mit dem man eigentlich zusammengehört. Man flieht ins Kino oder auf die Straße. Bei Dritten und Vierten ist es leichter, mit dem Zweiten umzugehen.

Können wir Ferien machen? Das ist die Frage, die der Urlaub und die Ferien an uns stellen: ob wir die Gelegenheit zur Stille nutzen oder fliehen; ob wir frei sind für den, der uns anruft; ob wir immer noch keine Zeit haben für die e i n e Stimme.

So sind die Ferien nicht nur eine Charakterfrage, sondern sogar eine Glaubensfrage. Denn es kommt darauf an, daß wir endlich das Gespräch, das Gott mit uns führen will, aufnehmen: Rede, ich bin bereit. Er hätte uns manches zu sagen. Manches! Es gibt Fälle, in denen alles daran liegt, daß Gott jetzt zu Worte kommt. Wir sind solch ein Fall.

Sprich du mich an, so schweigt die Welt, die Wunsch und Wahn auf Worte stellt, der keines recht zu keinem stimmt. Sprich, Herr! — Dein Knecht vernimmt. R. A. Schröder

4. Juli *Wie sich ein Vater über Kinder erbarmt, so erbarmt sich der Herr über die, so ihn fürchten.* Psalm 103,13

Das ist allerhand, daß Gott sich die Väter aussucht, um an deren Tun zu zeigen, wie er selber an den Menschen arbeitet. Erbarmen wir Väter uns denn der Kinder? Kann Gott an unserem Wesen ablesen, was er an den Menschen tun will? Gut, daß Gott es umgekehrt macht. Gut, daß wir an Gottes Erbarmen lernen können, wie

wir uns unserer Kinder erbarmen dürfen. Weil er sich unser erbarmt hat, darum können wir uns unserer Kinder erbarmen.
Und nun stelle man sich vor: Unser Kind wird von der Meute der Jungen auf der Straße umzingelt, unser Kind wird angefallen vom schwarzen Hund aus Nachbars Garten: Wer springt da nicht dazwischen und holt das Kind heraus? Wer von den Vätern würde hier versagen? Wer von den Müttern würde hier versagen?
So versagt Gott auch nicht. Wir Umzingelten: Gott hat uns schon gesehen. Wir Angefallenen: Gott ist schon auf dem Sprung. Er hat sich unser erbarmt. Garantiert, er hat sich unser erbarmt.
Ja, wer von solchem Erbarmen etwas weiß, der sieht die Kinder ganz anders an, ganz anders. Und die Kinder haben ein Recht darauf, so von uns angesehen zu werden.
Wie sich ein Mann erbarmet ob seiner jungen Kindlein klein, so tut der Herr uns Armen, wenn wir ihn kindlich fürchten rein.

Johann Gramann

5. Juli *Heile du mich, Herr, so werde ich heil; hilf du mir, so ist mir geholfen.* Jeremia 17,14

Ohne Krankheit sagt keiner: »Heile du mich!« Wenn wir Christen so beten, zucken andere oft die Achseln und sagen: Eingebildete Kranke! Mögen solche in der Literatur und auf der Bühne oder im täglichen Leben auch eine Rolle spielen; mag es Krankheiten in der Einbildung geben, die man mit vernünftiger Überredung austreiben kann: die Krankheit, von der die Christen reden, wenn sie um Heilung bitten, ist keine eingebildete, sondern eine höchst elementare Krankheit aller Menschen. Es ist Krankheit vor Gott. Da ist Lunge und Herz und Leber völlig gesund. Trotzdem sind wir todkrank. Denn daß wir in Sünde geboren sind und als Sünder aufwachsen, daß wir als Gottlose existieren, ist der Tatbestand. Diese Krankheit heilt ausgerechnet der Arzt, den wir fliehen. Gott selbst tut es, indem er uns bindet und verbindet. Wenn er bindet und verbindet, heilt er. Wenn er heilt, macht er uns Heillose zu geheilten Leuten. Für immer geheilt für ihn.
Darum ist es gut, solch ein Gebet zu sprechen. In seiner Sprechstunde war keiner vergebens.
O Gott und Herr, du weißt das Mittel, unsere Krankheit zu heilen. Dein Sohn heißt Heiland. Der kann machen, daß mit Lachen unser Mund erfüllet sei.

6. Juli *Und Gott sprach: Ich will ihm eine Gehilfin machen, die um ihn sei* 1. Mose 2,18

So war es nicht gemeint, als Gott den Menschen schuf, daß die Frau sich abrackern soll und der Mann sich dienen läßt.

So war es doch: Gott wollte dem Menschen eine Gehilfin geben für all sein Werken und Tun. Aber das konnte und kann nur recht geschehen, wenn die Verbindung mit Gott gewahrt bleibt und nicht abreißt. Das ist nämlich die Voraussetzung für alles rechte Tun. Deshalb soll sie helfen zuerst beim Beten und dann mit dem Waschen. Wenn die Frau Gehilfin ist, dann glaubt sie mit dem Mann und, wenn es sein muß, für ihn. Läßt sich der Mann das gefallen?
So war es jedenfalls gemeint, als Gott dem Adam eine Gehilfin gab. Durch Paragraphen läßt sich so etwas nicht regeln. Aber es kann werden, wenn eine Frau anfängt, Gott ganz ernst zu nehmen. Dann nimmt sie ihr Amt an ihrem Mann ganz ernst. Wer seine Frau liebt, nimmt sie ernst, wenn sie von Gott spricht, ganz ernst.
Welcher Mann hat solche Frau? Welche Frau hat solchen Mann?
O Gott und Herr, gib, daß wir diesen Gehilfendienst aufs neue lernen. Denn du willst, daß wir nicht allein bleiben, sondern einander helfen, an dir zu bleiben mit allem, was wir aneinander tun.

Daniela *

7. Juli *Der Herr, dein Gott, ist bei dir, ein starker Heiland.*

Zephanja 3,17a

Bei dir persönlich! Entweder gibt es einen persönlichen Glauben oder gar keinen. Entweder haben wir einen persönlichen Gott, oder wir meinen nicht den, den es gibt. Denn Gott denkt persönlich, Gott handelt auch persönlich, als starker Heiland.
Eigenartig, wenn auch das Wort in zweiter Person der Einzahl steht und in direkter Anrede, so ist dennoch nicht ein einzelner angesprochen, sondern eine Gesamtheit. Wer die Stelle aufschlägt, merkt, daß Zion angeredet wird, also die Gemeinde, das auserwählte Volk. Zion sind wir, die seinen Namen nennen und in der Stadt Gottes wohnen. Zion ist die Kirche. Und dennoch: Einzahl? Persönlich? Für dich und mich gültig?
Wie bei der Glocke! Sie läutet die ganze Gemeinde zusammen, und doch ruft sie jeden einzelnen. Der Klang geht über alle Dächer und dringt in die Zimmer, aber jeder muß sich für sich entscheiden, dem Klang zu folgen. So ist der Ruf: »Der Herr, dein Gott, ist bei dir!« allen gesagt, aber jeder einzelne muß es sich selbst zusprechen lassen, muß ja sagen dazu.
Ach nimm mich hin, du Langmut ohne Maße; ergreif mich wohl, daß ich dich nie verlasse. Herr, rede nur, ich geb begierig acht; führ, wie du willst, ich bin in deiner Macht. Gerhard Tersteegen

8. Juli *Wohl dem, der nicht wandelt im Rat der Gottlosen noch tritt auf den Weg der Sünder noch sitzt, da die Spötter sitzen.*

Psalm 1,1

Spötter sind solche, die über Gott und Menschen lachen. Die Gott nicht ernst nehmen und auch den Menschen nicht. Die sich von Gott nichts sagen lassen und auch nicht von Menschen.
Dabei können sie laut lachen, daß die Wände wackeln. Dabei können sie kichern, daß es kaum der nächste merkt. Dabei können sie ihren Mund zu leichter Ironie verziehen, daß es nur ganz wenige sehen, und trotzdem: Spötter sitzen da.
Wo fühlen wir uns wohl? Wo sind wir zu Hause? Dort, wo Spötter verkehren? Grinsen ist noch kein Lachen, ihr Spott ist noch lange kein Humor, und deren Fez ist noch lange keine Freude.
Wo Christen sind, da kann gelacht werden. Dort ist Humor und dort ist Freude. Also doch ein großer Unterschied. Denn Freude geht nie auf Kosten des Nächsten, und Freude ist nur echt, wenn sie nicht in Deckung vor Gott geht, sondern unter seinem Angesicht bleibt: Freude spottet nicht.
Wo sitzen wir am liebsten? Wo halten wir uns auf? Mit wem verbringen wir die Zeit? Und die Antwort macht dann deutlich: bei den Spöttern oder bei denen, die Gott liebhaben.
Gott will uns nicht bei Spöttern haben.
Mit der Welt sich lustig machen, hat bei Christen keine Statt; fleischlich reden, tun und lachen schwächt den Geist und macht ihn matt. Ach bei Christi Kreuzesfahn geht es wahrlich niemals an, daß man noch mit frechem Herzen sicher wolle tun und scherzen.

9. Juli *Du sprichst: Ich bin unschuldig; er wende seinen Zorn von mir. Siehe, ich will mit dir rechten, daß du sprichst: Ich habe nicht gesündigt.* Jeremia 2,35
Das meinen alle. Es gibt keinen, der freiwillig sagt, er habe gesündigt. Wir weisen alle auf unsere Veranlagung hin. Wir sagen, wir hätten es geerbt. Wir beschweren uns über die Verhältnisse, daß sie uns ja dazu zwingen, nach dem Gesetz zu handeln, das die Welt uns selbst befiehlt, in die wir hineingeboren wurden, ohne daß wir gefragt sind. Große Menschen haben das formuliert.
Ganze Völker haben so gesagt. Breitspurig standen sie vor Gott: Wir haben nicht gesündigt. Wer hat nun recht?
Wenn wir recht haben, dann hat sich Gott geirrt. Dann war der große Irrtum der Weltgeschichte der, daß er seinen Sohn für diese Welt hingab, die es gar nicht nötig hatte.
Oder hatte Gott recht?
Daran entscheidet sich alles für uns. Wollen wir ihm das sagen? Sind wir bereit, es Gott gegen die Stirn zu sagen: »Für mich hättest du es dir sparen können, ich wäre ohne deine Liebe ausgekommen.«? Wagen wir das wirklich?
Nein, mein Gott, du hast recht. Du hast bestimmt recht.

10. Juli *Und Amazja sprach zu Amos: Du Seher, gehe weg und flieh ins Land Juda und iß Brot daselbst und weissage daselbst. Und weissage nicht mehr zu Beth-El; denn es ist des Königs Heiligtum und des Königreiches Haus.* Amos 7,12.13

Der damalige Reichsbischof hieß Amazja. Er war ihm sehr unangenehm, daß der Prophet Amos laut im Namen Gottes seine Mitteilungen machte. Unangenehm darum, weil der Reichsbischof geschlossen hinter dem König Jerobeam stand. Dann passen Gottes Nachrichten nie. Das ist immer so, wenn ein Reichsbischof oder ein Bischof oder ein Pastor oder überhaupt die Gemeinde geschlossen hinter einem König steht. Die Geschlossenheit, mit der wir Christen hinter der Obrigkeit stehen, kann nur darin bestehen, daß wir total hinter Gott stehen. Das muß die Obrigkeit wissen, und wenn sie es nicht weiß, muß man es ihr beibringen, und wenn sie es sich nicht beibringen läßt, dann muß man mit gutem Gewissen weitermachen. Amos jedenfalls machte weiter. Raffiniert bietet der Reichsbischof ihm noch eine gute Stelle an: Er werde dafür sorgen, daß in Juda sein Gehalt erhöht werde, aber keinesfalls solle er hier in Beth-El reden. Hüten wir uns als christliche Gemeinde vor allen Versprechungen, wenn wir der Obrigkeit schwierige Dinge sagen müssen, die wir ihr im Namen Gottes schulden. Wir dienen dem Staate am besten mit einem totalen Gehorsam Gott gegenüber. Wir stehen nie geschlossen hinter Menschen. Wir stehen nur geschlossen hinter Gott.
O Gott und Herr, gib daß die Obrigkeit dich wichtiger nimmt als sich.

11. Juli *Gib mir einen neuen, gewissen Geist.* Psalm 51,12

Das kann Gott tun. Der Geist, der gestern noch chaotisch alles durcheinanderdachte, der gestern noch bereit war, voller Verzweiflung alles von sich zu werfen und noch andere mit sich in den Abgrund hinabzuziehen, ist auf Grund der Tatsache, daß Gott ein reines Herz schenkt, ein neuer gewisser Geist geworden. Wem die Sünden vergeben sind, bei dem ändert sich die Weltanschauung. Er sieht die Welt anders. »Die Welt ist mir ein Lachen!« Gestern noch standen wir völlig hilflos, vor hundert Irrlichtern und dennoch im Dunkeln tappend. Heute ist alles klar. Es gibt einen Geist, ganz neu und gewiß, einen angebundenen Geist, einen Geist, der nicht mehr denkt, was er will, sondern was er darf. Denn wer ein reines Herz geschenkt bekommen hat, darf anders denken als einer, der mit unreinem Herzen herumläuft. So daß wir heute mit neuem Geist fröhlich sein dürfen und es ausrufen können: »Der Bann ist gebrochen, ich kann wieder glücklich sein.« Ja, das tut der neue Geist. Gott gibt ihn uns. David hat ihn auch bekommen und viele vor uns. In solche Gesellschaft der mit neuem Geist Beschenkten dürfen wir eintreten: Es ist die Gemeinschaft der Heiligen.

Sein Geist wohnt mir im Herzen, regiert mir meinen Sinn, vertreibet Sorg und Schmerzen, nimmt allen Kummer hin, gibt Segen und Gedeihen dem, was er in mir schafft, hilft mir das Abba schreien aus aller meiner Kraft. Paul Gerhardt

12. Juli *Und nun spricht der Herr, der dich geschaffen hat, Jakob, und dich gemacht hat, Israel: Fürchte dich nicht, denn ich habe dich erlöst; ich habe dich bei deinem Namen gerufen: du bist mein.*

Jesaja 43,1

Leichter geht es, wenn man numeriert, z. B. bei Transporten oder bei der Kontrolluhr. Man hat uns oft transportiert und kontrolliert. Und immer kam es darauf an, daß zum Schluß die Zahl voll war, nötigenfalls wurde Ersatz besorgt. Gott macht es sich schwerer. Gott numeriert nicht. Wenn der Meister 99 Schafe hatte und eines ihm verlorenging, zog er aus, dieses eine zu suchen. Er ergänzte die Zahl nicht durch ein Ersatzschaf. Es ging ihm um dieses eine.

Es geht ihm um uns. Um uns ganz persönlich. Er ruft uns mit Namen. Keinen gibt es, dessen Name ihm unbekannt wäre. Denn er hat ihn gerufen. Namen, die Gott ruft, vergißt Gott nicht. Denn jeder Name, den Gott ruft, ist der Ergänzungsname zu Jesus Christus. Wenn er unseren Namen nennt, nennt er ihn mit Christi Namen zugleich.

Damit macht er uns dem zu eigen, den er ruft. Wörtlich: Du bist mein. Die Welt macht zur Nummer. Gott nicht. Von der Welt müssen wir uns diese Art gefallen lassen. Warum laufen wir denn Gott weg, der endlich was tut, was wir alle ersehnen? Wir gelten was vor ihm. Wir sind unersetzlich.

Du hast zu deinem Kind und Erben, mein lieber Vater, mich erklärt; du hast die Frucht von deinem Sterben, mein treuer Heiland, mir gewährt; du willst in aller Not und Pein, o guter Geist, mein Tröster sein. J. J. Rambach

13. Juli *Da sprach der Herr zu Kain: Wo ist dein Bruder Abel?*

1. Mose 4,9

Man kann vor Gott nicht einzeln hintreten. Er fragt uns immer nach den andern. So gewiß Gott für jeden einzelnen da ist, so gewiß Jesus in der Einzelseelsorge »jemanden vom Volk besonders nehmen kann«, so gewiß sich jeder einzelne vor ihm entscheiden muß, so gewiß ist aber auch kein Christsein möglich, ohne daß der andere von uns mitgenommen wird zu ihm. Denn Gott denkt seine Kinder zusammen. So fragt Kain nach Abel.

Nach wem fragt Gott uns? Er fragt die Eingesessenen nach den Flüchtlingen, er fragt aber auch die Flüchtlinge nach den Eingesessenen; er fragt aber erst recht die Flüchtlinge von gestern, die inzwischen Eingesessene wurden, nach den Flüchtlingen, die heute an die Türen kommen.

Es ist eine schmerzliche Entdeckung, daß wir in unserem Volke einander so vergessen, wie wir es auf den ersten Seiten der Bibel finden! Glaube keiner, es sei übertrieben. Es ist so, und wer sich dem widersetzt, der ist um so deutlicher gefragt: »Wo ist dein Bruder Abel?« Mann, wo ist deine Frau? Frau, wo ist dein Mann? Vater, wo ist dein Sohn, deine Tochter? Ihr Töchter und Söhne, wo sind eure Eltern, eure Geschwister? Gott will uns zusammen vor sich haben. Nehmen wir sie mit? Allein sollen wir nicht zu ihm kommen. Es geht um unseren und der anderen Glauben zugleich. Gott schickt uns fort und läßt erst die andern holen.

O Gott und Herr, ich will nicht allein selig werden. Du rufst mit mir die andern. Ich will mit ihnen vor dich treten. Tu deine Wunder an allen, auch an denen, die ich so schwer leiden kann.

14. Juli *Betet!* Epheser 6,18

Für viele liegt das Beten lange zurück. Sie sagen: »Ich bin doch kein Kind mehr. Im Laufe des Lebens sind mir Dinge passiert, die das Beten unmöglich machen, schwere Dinge sind es, die nicht in den Kleidern hängengeblieben sind. Damit kann man nicht vor Gott treten. Kinder sind anders daran. Sie mögen es tun, aber ich kann es nicht.«

Der Apostel aber wendet sich nicht an einen Kindergottesdienst, er wendet sich an Erwachsene. Er weiß, daß all das, was uns im Leben begegnet ist und uns das Beten schwermachen könnte, einschließlich der Sünde von Gott einkalkuliert wurde, denn Jesus rief nicht die Leute ohne Gepäck und ohne Lasten, sondern die Mühseligen und Beladenen zu sich.

Wie betet man denn? Hier ist es gut, wieder bei den Kindern in die Lehre zu gehen, die sich ja nicht schämen, mit allem zur Mutter zu kommen. Sie haben eine ganz bestimmte Ahnung davon, daß Mutterliebe größer ist als das, was sie angestellt haben. Wir Erwachsenen sollten wissen, weil Jesus kam, daß Gottesliebe größer ist als das, was auch wir angestellt haben mögen; und wer die Lieder im Gesangbuch kennt und die Gebete in der Bibel, der weiß, daß da fromme Menschen als Sünder zu Jesus kamen. Spätestens bei der dritten Strophe solch eines Liedes merken wir, daß wir in dieser Gesellschaft richtig untergebracht sind. Es sind lauter Mühselige und Beladene, die sich aufgemacht haben, zu beten und sich von ihm erquicken zu lassen.

Lieber Gott, vor dir falten wir die Hände. Lehre uns beten! Wir wissen kaum, wie wir es sagen sollen, aber du weißt ja, was wir meinen. Mach uns fröhlich in deiner Nähe, deine Vergebung gib uns dort auch.

15. Juli *Und nicht lange danach sammelte der jüngste Sohn alles zusammen und zog ferne über Land.* Lukas 15,13

Ja, der Sohn im Gleichnis vom verlorenen Sohn war konsequent. Das muß man ihm lassen. Er zog nicht in den Nachbarort. Er schaffte Distanz: fern über Land! Wer von Gott nichts wissen will, nimmt auch die christlichen Bilder von der Wand, ärgert sich über jeden Glockenton und stellt das Radio ab, wenn Orgeltöne kommen.

Sind wir konsequent? Gott läßt uns gewähren. Der Vater schickte ja auch nicht den Hofhund, benachrichtigte nicht die Polizei. Denn er zwingt nicht.

Das kann jedenfalls keiner sagen, er sei von Gott vergewaltigt worden. Gott will keine Marionetten, Gott kettet nicht an. Es kann jeder fern über Land ziehen.

Aber eben dies, daß man es kann, läßt die erste Frage danach auftauchen: Warum fliehe ich ihn denn? Man flieht doch nur vor Sklavenhaltern!

Sprich nicht: Ich hab's zu arg gemacht, ich hab die Götter seiner Gnaden so lang und schändlich umgebracht, er hat mich oft umsonst geladen. Wofern du's jetzt nur redlich meinst und deinen Fall mit Ernst beweinst, so soll ihm nichts die Hände binden, und du sollst jetzt noch Gnade finden. Er hilft, wenn sonst nichts helfen kann: mein Heiland nimmt die Sünder an. Leopold Franz Friedrich Lehr

16. Juli *Er ging hin und hängte sich an einen Bürger des Landes.* Lukas 15,15

So konsequent der Mensch auch ist, der sich von Gott löst, er blamiert sich: Er wird religiös. Wie der Sohn in Lukas 15 (Luther sagt übrigens: »Mit Lukas 15 kann man selig werden»), der sich zwar von seinem Vater trennt und nichts mehr von ihm wissen will, über kurz oder lang in die Arme eines andern rennt, so rennt derjenige, der von Gott wegläuft, in andere Arme. An welchen »Bürger des Landes« sind wir geraten? An welchen hängen wir uns?

Religiös ist jeder.

Wer seinen christlichen Glauben drangibt, wird religiös, und wenn er beim Maskottchen am Auto landet.

Nochmals: Wie heißt der »Bürger«, an dem wir hängen? Wie heißt der Ersatzvater, dem wir jetzt dienen? Wie heißt der Ersatzgott, dem wir uns jetzt verschreiben?

Man sollte sich dieser Frage ruhig stellen. Wer sich darüber keine

klare Auskunft geben will, soll wissen, daß die Auskunft ihm nicht erspart wird.
O Gott, ich bitte dich, daß ich mir nie das imponieren lasse, was die Religiösen erzählen. Laß mich bei dir bleiben.

17. Juli *Er schickte ihn auf seinen Acker, die Säue zu hüten.*

Lukas 15,15

So lohnt der Teufel seine Leute. Das machen Ersatzväter, wenn man den Vater verlassen hat.
Auf welchen Feldern sind wir bereits gelandet? Wie heißen die Säue, mit denen wir jetzt Umgang pflegen? Was haben wir davon gehabt, daß wir Gott verließen? Worin besteht die Erfüllung unserer selbstgewählten Freiheit?
Ist die Andacht denn ein Fragebogen? Der Fragebogen wird nicht abgeschickt, aber ausfüllen sollten wir ihn, damit wir Klarheit gewinnen und Konsequenzen ziehen. Denn das wäre dem Vater im Traum nicht eingefallen, seinen Sohn auf das Feld zu schicken und ihn die niedrigsten Dienste tun zu lassen. Es fällt Gott im Traum nicht ein, uns in den Dienst von Göttern zu schicken, die uns in die Zange nehmen. Gott hat etwas anderes mit uns vor. Ganz etwas anderes: die Freiheit unter ihm. Die gibt es noch für uns. Der erste Schritt zurück zur Freiheit ist, den Fragebogen auszufüllen. Der erste Schritt. Wir wollen ihn tun.
Könnt ich's irgend besser haben als bei dir, der allezeit soviel tausend Gnadengaben für mich Armen hat bereit? Könnt ich je getroster werden als bei dir, Herr Jesu Christ, dem im Himmel und auf Erden alle Macht gegeben ist?

Philipp Spitta

18. Juli *Ich will mich aufmachen und zu meinem Vater gehen.*

Lukas 15,18

Als wir Soldaten waren, lehrte man uns als wichtige Regel: Beurteilung der Lage und Entschluß. Beides gehört zusammen. Denn der Feind bedrängt uns. Man kann nicht nur Lagebeurteilung machen. Man kann nicht Selbstgespräche führen und traurig in die Welt blicken und immer nur sagen: Hoffnungslos! Hoffnungslos! Zur Beurteilung gehört der Entschluß.
Denn schon die Beurteilung unserer persönlichen Lage, die Beurteilung unserer Glaubenslosigkeit war der erste Schritt zum Weg zurück, war die feinste Reaktion auf Gottes Rufen. Wir wissen genau die Richtung. Wer sich aber nicht entschließt, auf Grund der Beurteilung der Lage seine Richtung zu ändern und dem neuen Ruf (dem altbekannten, denn es ist des Vaters Ruf!) zu folgen, summiert verpaßte Chancen seines Lebens.
Gott will, daß wir zum Entschluß kommen: Ich will mich aufmachen

und zu meinem Vater gehen. Man nennt das in der Bibel Umkehr oder Buße tun. Scheuen wir Buße? Scheuen wir uns, »zu Kreuze zu kriechen«? Dabei haben wir uns nicht gescheut, vor ganz anderen Dingen zu kriechen. Zum Kreuz kriecht man übrigens nicht. Man eilt hin.
Ich Betrübter komme hier und bekenne meine Sünden; laß, mein Heiland, mich bei dir Gnade zur Vergebung finden, daß dies Wort mich trösten kann: Jesus nimmt die Sünder an. Erdmann Neumeister

19. Juli *Vater, ich habe gesündigt gegen den Himmel und vor dir und bin hinfort nicht mehr wert, daß ich dein Sohn heiße; mache mich zu einem deiner Tagelöhner.* Lukas 15,18.19
Alles war schon gewonnen, als der Sohn den Vater so ansprach. Alles ist schon gewonnen, wenn wir Gott so anreden, wenn wir ihn bei seinem Vaternamen nennen. Wer »Vater« sagt, will wieder Sohn sein. Wer »Vater« sagt, beruft sich auf das älteste Recht: Du kannst nicht leugnen, daß du mein Vater bist.
Gott leugnet es nicht.
Mögen wir noch so weit von ihm entfernt gewesen sein, und mag Gott für uns noch so illusionär in Nebel verschwunden gewesen sein; mögen wir uns Dinge im Leben geleistet haben, mit denen wir den Namen des Vaters eingebüßt haben: Wer »Vater« rufen kann, erinnert Gott an sein Amt an uns. Denn wie sich ein Vater über seine Kinder erbarmt, so erbarmt sich der Herr über die, so ihn fürchten. So steht es in der Bibel. Und er tut es.
Er tut es bestimmt.
Wer »Vater« sagt, will von nun ab wieder Sohn sein. Wir sollten es versuchen. Es ist sein Name.
Vater unser, der du bist im Himmel, geheiligt werde dein Name.

20. Juli *Da er aber noch ferne von dannen war, sah ihn sein Vater, und es jammerte ihn, lief und fiel ihm um seinen Hals und küßte ihn.* Lukas 15,20
Die entscheidenden Schritte im Leben tut Gott mit uns, nicht wir. Wenn er nicht zöge, würden wir nie ankommen. Wenn er nicht suchte, würden wir nie finden. Wenn er nicht nach Hause riefe, wären wir immer noch draußen.
Die Geschichte vom verlorenen Sohn aud dem handelnden Vater macht die Barmherzigkeit Gottes klar: Gott handelt an uns, läuft uns entgegen, tut, als wäre nichts geschehen, und hat Gemeinschaft mit uns Sündern: »Er lief und fiel ihm um seinen Hals und küßte ihn.« Gottes Gnadenthron ist nicht von kläffenden Hunden bewacht. Vor der Tür zum Paradies steht der Cherubim nicht mehr. Der Ein-

tritt ist frei, seit Jesus Christus auf der Erde war, so daß er entgegengeht und zu sich zieht aus lauter Güte.
Wer kann da noch widerstehen? Wir sind nach Haus geliebte Leute, seitdem Gott uns in Jesus Christus abholte. Von ferne abholte. Zur vollen Gemeinschaft mit ihm.
Ach, mein Herr Jesu, wenn ich dich nicht hätte, und wenn dein Blut nicht für die Sünder redte, wo sollt ich ärmster unter den Elenden mich sonst hinwenden?
Ich wüßte nicht, wo ich vor Jammer bliebe; denn wo ist solch ein Herz wie deins voll Liebe? Du, du bist meine Zuversicht alleine, sonst weiß ich keine. Christian Gregor

21. Juli *Er sprach zu seinen Knechten: Bringet das beste Kleid hervor und tut es ihm an.* Lukas 15,22
Man sollte in der Bibel die Stelle genau studieren. Da nimmt man wahr, daß sich der Sohn für die Heimkehr eine bestimmte Rede ausgedacht hatte. Wie er nun die Worte im Angesicht des Vaters formuliert, unterbricht ihn der Vater mittendrin. Er läßt ihn nicht ausreden, sondern legt die linke Hand auf den Mund des Sohnes und winkt mit der rechten seinen Knechten: »Bringet das beste Kleid hervor.«
Widersacher Jesu Christi haben ganze Bücher darüber geschrieben, wie Gott uns zwinge, vor dunklen Altären zu knien, und haben von Bußzwang der Christen orakelt. Wer so redete, hat Falschmünzerei betrieben. Man lese es doch. Der Sohn wird nicht fertig mit seinem Bußgebet. Mittendrin wird er unterbrochen, und volle Begnadigung wird ihm zugesprochen.
Was hindert uns denn noch, zu ihm zu sagen, was wir sagen sollten? Sobald wir anfangen, sobald wir endlich uns ihm ergeben, sobald wir auch schon die ersten Worte formulieren, ist er dabei, zu sagen: »Alles ist gut. Alles. Du bist mein.«
Eil, es ist nicht Zeit zum Schämen! Willst du Gnade? Du sollst nehmen. Willst du leben? Das soll sein. Willst du erben? Du wirst sehen. Soll der Wunsch aufs höchste gehen: Willst du Jesum? Er ist dein. Ph. Fr. Hiller

22. Juli *Bringet das beste Keid hervor und tut es ihm an, und gebt ihm einen Fingerreif an seine Hand und Schuhe an seine Füße.* Lukas 15,22
Eines der eindrücklichsten Jugenderlebnisse: Zu sechzig waren wir auf Fahrt. Im Dorf war ein Diebstahl passiert. Es kam nur einer von uns in Frage. Der Verdacht lastete auf allen. Der Leiter hatte gesagt: »Wer es gewesen ist, melde sich bis heute abend 9 Uhr bei

mir.« Am nächsten Morgen gab er bekannt: »Hans ist gestern um 5 Minuten vor 9 Uhr bei mir gewesen. Wir haben Gott miteinander um Verzeihung gebeten. Als Zeichen, daß ich ihm vergeben habe, ernenne ich ihn zu meinem Adjutanten.«

Nichts anderes passierte in der Geschichte von Lukas 15; als der verlorene Sohn, der das Erbe vertan hatte, armselig als Vagabund zu Hause ankam, erklärte ihn der Vater zu seinem Prokuristen. Denn der Siegelring am Finger des Sohnes ermächtigte ihn, für den Vater zu zeichnen.

Wir werden von Gott ermächtigt. Ehemals Fremdlinge, nun aber Kinder; ehemals Vagabunden, nun mit seiner Vollmacht ausgestattet, daß wir handeln können, als handle er; daß wir reden können, als rede er. Gott läßt uns nicht entgelten, was wir getan haben, was hinter uns liegt. Er rechnet nicht an, er vergißt total und hält uns so, als wären wir immer bei ihm geblieben.

Welch ein Herr, welch ein Herr! Ihm zu dienen, welch ein Stand!

K. B. Garve

23. Juli *Dieser mein Sohn war verloren und ist gefunden worden.*

Lukas 15,24

»Ich bin ein Gottsucher!« sagte er mit zerfurchter Stirn. Auf die Frage, ob er denn schon so gesucht habe, daß er eine Nacht durch gesucht hätte, gab er verlegen zur Antwort: Er sei darüber eingeschlafen.

So sucht man wohl seine Brieftasche wieder, aber nicht Gott. Wenn einer Gott sucht, muß es schon ernsthafter sein, wenn es imponieren soll. Darum müssen wir uns unweigerlich fragen lassen, ob unser Suchen nicht praktisch doch nur ein vorsichtiges Umkreisen des Gesuchten ist. Wollen wir etwa doch in Distanz bleiben? Wollen wir im Grunde gar nicht finden? Haben wir Angst vor dem Finden? Es kann sehr ergreifend klingen, wenn ein Gottsucher seine Gedichte verfaßt — und sie sind doch nicht aus allerletztem Ernst.

Suchen wir wirklich? Oder fliehen wir heimlich? Wie, wenn wir Gott auf die Frage: »Wo warst du?« die Antwort gäben: »Ich habe dich ein Leben lang gesucht.«? Wissen wir, wie Gottes Antwort sein wird? So wird sie lauten: »Ich stand doch hinter dir, du wußtest sogar, daß ich dauernd hinter dir stand. Du wolltest dich aber nicht umwenden.« Wer Ernst macht mit dem Suchen, findet.

Herr Jesus Christus, du hast gesiegt, nicht wir. Wir waren nur die Verlorenen. Du hast uns gefunden.

24. Juli *Er war verloren und ist gefunden worden.* Lukas 15,24

Hier kommt die ganze Wahrheit vom vorigen Tag ans Licht. Sind wir wirklich Gottsucher? Gottsucher gibt es nicht. Es gibt nur von

Gott Gesuchte. Das ist die Wahrheit über unser Gottsuchen. Wir sind die Verlorenen. Nicht Gott ist verloren. Gott braucht man nicht zu suchen, Gott ist da. Uns muß man suchen. Wir spielen suchend Versteck. Gott hat gesucht. Gott hat lange gesucht, so lange, daß sich keiner beschweren kann, Gott sei sehr ungeduldig mit ihm gewesen, er habe sein Suchen zu schnell abgebrochen. Gott hat alles getan, ist in die verlorensten Nester nachgestiegen, um uns zu erreichen: Gott wohnte unter uns.

Wenn das so ist, dann ist es zum Erschrecken. Dann wird es höchste Zeit, daß wir uns als Verlorene entdecken und uns finden lassen. Wie man sich finden läßt? Man kann doch rufen, man kann sich doch melden, man kann sagen: »O Herr, ich geb's auf, mir bist du zu stark geworden.«

Wer es tat, kam ganz in seine Nähe. Ein Leben fing an.

Such, wer da will, ein ander Ziel, die Seligkeit zu finden; mein Herz allein bedacht soll sein, auf Christum sich zu gründen; sein Wort ist wahr, sein Werk sind klar, sein heilger Mund hat Kraft und Grund, all Feind zu überwinden. Georg Weißel

25. Juli *Sie fingen an, fröhlich zu sein.* Lukas 15,24

Als der verlorene Sohn nach Hause gekommen war, fing die Freude erst an. Wenn wir nach Hause kommen, fängt die Freude auch an. Sie fängt erst an. Sie steigert sich. Bis wir im Himmel nur noch ein Loblied nach dem anderen anstimmen.

Hat die Freude bei uns schon angefangen, oder merkt man nichts davon? Wenn Freude ist im Himmel über einen Sünder, der Buße tut, dann wird ja auch Freude in unserem Leben sein über uns, wenn wir Buße tun. Sind wir froher geworden? Nicht, daß wir jetzt immer mit lächelndem Mund durch die Gegend laufen sollen. Unerträgliche Typen, die meinen, die Freude im christlichen Glauben dauernd lächelnd ausdrücken zu müssen, und außerdem diese Art noch von andern verlangen. Aber an einigen Stellen unseres Lebens muß es doch deutlich werden, daß die Freude angefangen hat; da müssen es die, die mit uns umgehen, merken können: er bewältigt die Probleme getroster und stiller, als er es früher tat. Der Streit wird kürzer, die Bereitschaft zu vergeben wird schneller ... Was auch immer und wo auch immer: Haben wir angefangen, fröhlich zu sein? Wenigstens angefangen?

In dir ist Freude in allem Leide, o du süßer Jesu Christ; durch dich wir haben himmlische Gaben, du der wahre Heiland bist. Hilfest von Schanden, rettest von Banden; wer dir vertrauet, hat wohl gebauet, wird ewig bleiben. Halleluja. Zu deiner Güte steht unser Gmüte, an dir wir kleben in Tod und Leben; nichts kann uns scheiden. Halleluja. Johann Lindemann

26. Juli *Da ging sein Vater heraus und bat ihn.* Lukas 15,28

Freude herrschte im Saal. Der Sohn, der Verlorene, war heimgekehrt. Der andere, der immer zu Hause geblieben war, ärgerte sich über die Freude an diesem Zuspätheimkehrer. Er blieb draußen. Und der Vater? Zwei Möglichkeiten ergeben sich für ihn. Er hätte kommandieren können: »Komm herein!« Er hätte seinen Sohn auch durch einen Knecht sagen lassen können: »Wenn du dich hier nicht mitfreuen kannst, dann bleib draußen!« Statt dessen wählt der Vater den dritten, ungeahnten Weg: Da ging sein Vater hinaus und bat ihn.

Wenn Gott es nicht so täte, wären wir alle noch draußen. Wir würden außerhalb der Gemeinschaft seiner Christen uns ärgern über Gottes Wege, daß er den und den und ausgerechnet den noch begnadigen will, alle vollgültig zur Gemeinde führt. Wollen wir Gott die Liste derer vorschreiben, derer er sich erbarmen soll? Soll Gott einstufen? In welche Stufe setzen wir übrigens unseren Namen? Während wir an den Listen herumschreiben und einordnen, während wir Gott Bedingungen stellen, wie weit seine Barmherzigkeit reichen darf, kommt er zu uns heraus und bittet uns, hereinzukommen. Er holt beide Verlorenen herein: die Zuspätheimkehrer und die Frommen, die an Gottes Barmherzigkeit Kritik üben. Er steht neben uns und bittet uns herein. Uns — ohne Einstufung.

Wenn Gott es so tat, dann fällt uns die Feder, mit der wir einstuften, aus der Hand.

Nichts hab ich zu bringen, alles, Herr, bist du.

27. Juli *Sie suchen alle das Ihre, nicht, das Christi Jesu ist.* Philipper 2,21

Ist man schon dahintergekommen? Man registriert die Christen sehr nervös. Mit feinem Instinkt bekommt man bald heraus, um was es den Christen geht. Das Urteil lautet oft: »Sie sind ja fromm aus Eigennutz.« Wir dürfen uns hier nicht zu schnell ausschließen. Wir müssen uns fragen, so unbequem es auch ist: Spielen wir uns damit, daß wir als Christen gelten, an eine starke Wand? Gehen wir in die Kirche, damit unser Leumund erhalten bleibt? Halten wir die Beziehungen zum Pfarrer aufrecht, um in unser Geschäft vielleicht Aufträge des Kirchenvorstandes hereinzubekommen? Besuchen die Kinder darum den Kindergottesdienst, und sind wir deshalb für den Religionsunterricht in der Schule, damit uns die Erziehung erleichtert wird?

»Sie suchen alle das Ihre.« Wir sollten aber das suchen, um was es Jesus Christus geht. Ihm sollten wir dienen, nicht uns. Wer etwas anderes erreichen will, sucht sich selbst. Der ist fromm für die eigene Tasche. Der baut zwar am Tage an einem Haus, holt aber in der Nacht die Steine weg, damit noch ein Häuschen für ihn dabei abspringt. Der traut dem Bauherrn nicht, daß er ihn wohnen läßt. Das heimlich selbstgebaute Haus zerfällt. Zerfällt bestimmt! Er aber baut ewige Hütten.

Wir dienen, Herr, um keinen Lohn, es wär uns selbst zu Schaden. Doch stehen wir um deinen Thron im Abglanz deiner Gnaden.

R. A. Schröder

28. Juli *Rufe mich an in der Not.* Psalm 50,15

Rufe mich an! Als wenn es in der Bibel schon ein Telefon gegeben hätte. So genau ist es zu verstehen. Ruf mich doch an! Bleibe doch nicht allein, friß es nicht in dich hinein! Quäl dich doch nicht! Du kommst ja nicht voran. Ruf mich doch an!

Kennen wir Gottes Rufnummer? Gefaltete Hände sind seine Rufnummer. Wer die Hände faltet, hat richtig gewählt. Er braucht es nur noch durchzusagen. Zur Durchsage ist nichts nötig, keine angelernte Einleitung, sondern nur die Schilderung des Tatbestandes. Wer es nicht alleine kann, sollte dahin gehen, wo andere es tun. Im Gottesdienst passiert es; wenn man dort die Lieder singt, sagt man schon, was man auf dem Herzen hat. Und wenn der Pastor sagt: »Lasset uns beten!«, dann spricht er für uns in den Hörer.

Nochmals: Rufe mich an! Wer die Hände faltet, tut's.

Ich ruf zu dir, Herr Jesu Christ, ich bitt, erhör mein Klagen; verleih mir Gnad zu dieser Frist, laß mich doch nicht verzagen. Den rechten Glauben, Herr, ich mein, den wollest du mir geben, dir zu leben, mein'm Nächsten nütz zu sein, dein Wort zu halten eben.

Johann Agricola

29. Juli *Joseph sprach zu seinen Brüdern: Fürchtet euch nicht, denn ich bin unter Gott.* 1. Mose 50,19

Es war ein peinlicher Augenblick, als die Brüder sich vor Joseph im Halbkreis versammelt hatten. Alle Macht lag bei ihm, es ihnen heimzuzahlen, was sie an ihm verschuldet hatten. Aber er tat es nicht. Er sei unter Gott, beruhigte er sie.

Wir haben alle etwas zu sagen, jeder hat etwas zu vermelden, wir sind Vorgesetzte und Untergebene. Aber das Vorgesetztenverhältnis wird furchtbar, wenn nicht alle unter einem Vorgesetzten stehen, der Kaiser und der Grenadier, der Meister und Lehrling, der Lehrer und der Schüler, Regierer und Regierte. Macht uns die Macht böse? Können diejenigen, die auf uns zu hören haben, uns mit der Frage anreden, ob wir noch unter Gott sind und die Beschlüsse, die wir gefaßt haben, unter Gott gefaßt haben? So müssen andere uns fragen können. Wer das nicht mehr zuläßt, ist nicht unter Gott. Wer solchen Fragen nicht standhält, muß Sorge haben um seine Anord-

nungen. Mögen sie noch so plausibel sein: sie zerstören, auf die Dauer bestimmt.
O Gott und Herr, gib uns eine Obrigkeit, die unter dir lebt. Hilf uns selber, unter dir zu bleiben mit allem, was wir tun und anzuordnen haben. Laß andere merken, daß sie ohne Furcht mit uns verkehren können. Denn wir sind alle unter dir.

30. Juli *Denn er läßt seine Sonne aufgehen über die Bösen und über die Guten und läßt regnen über Gerechte und Ungerechte.*

Matthäus 5,45

Das ist die Güte Gottes, daß seine Barmherzigkeit allen gilt, nicht nur denen, die ihm dienen, sondern auch denen, die ihm seinen Dienst verweigern. Das tut Gott einfach darum, weil er nicht möchte, daß man ihm um des Regens willen diene. Gott will nicht, daß man ihn liebt, um was von ihm zu bekommen. Darum schenkt Gott allen.
Aber auch aus einem andern Grunde läßt Gott über beide regnen: Gott will nicht, daß sich die Christen von den Nichtchristen an falscher Stelle unterscheiden. Die Grenze zwischen der Gemeinde und der Welt liegt anderswo: Nicht beim Besitz, nicht beim pünktlichen Regen auf den Äckern der Christen und bei der Trockenheit auf den Äckern der Heiden — die Grenze liegt heimlich da, wo Menschen sich lieben lassen und wo Menschen die Liebe Gottes ausschlagen. »Er läßt regnen über Gerechte und Ungerechte«, um aller Welt zu sagen, daß seine Liebe grenzenlos ist und alle meint, die Gerechten und die Ungerechten, daß der Saal groß und noch Raum darin ist und daß alle hineingehören. Alle. Wir gehören auch dazu.
O sammle deine Herden dir aus der Völker Zahl, daß viele selig werden und ziehn zum Abendmahl. Schließ auf die hohen Pforten, es strömt dein Volk heran; wo noch nicht Tag geworden, da zünd dein Feuer an! Chr. G. Barth

31. Juli *Sorget nicht! sondern in allen Dingen lasset eure Bitten im Gebet und Flehen mit Danksagung vor Gott kund werden.*

Philipper 4,6

»Laß doch die Sorgen zu Haus ...« Nein, so nicht. Denn wenn man dann wieder nach Hause kommt, sind sie ja wieder da. Und das Vergessen war nur Trug. Es ist typisch, daß solch Vergessen auch nur eingeleitet werden kann mit dem: »Trink, trink, Brüderlein ...« Das Gegenteil von Sorge ist nicht Leichtsinn. Das Gegenteil von Sorge nennt der Text oben. Also gilt es, in allen Dingen unsere Bitten im Gebet und Flehen mit Danksagung vor Gott zu bringen. Das Wort ist für die, die mit Gott in Kontakt stehen, aber dennoch sorgen. Also gilt es uns. Ausgerechnet uns Christen! Und bevor wir uns nach außen wenden und durch die Fenster rufen: »Sorget nicht!«, sollten wir doch im Kreis der Christen bleiben und es uns erst einmal selber zurufen. Wer mit Gott in Kontakt steht, kann die Dinge ohne Sorge Gott sagen. Denn Sorgen und Grämen ist selbsteigne Pein. Wer sich vor Gott sorgt, zweifelt an ihm, stellt Gott unter Verdacht, er stehe nicht zu seinem Wort. Er gibt heimlich Gott sein Mißtrauensvotum ab und sagt: »O Gott, auf dich ist kein Verlaß!« So gottlos ist Sorge.

Wohl mir, daß ich dies Zeugnis habe! Drum bin ich voller Trost und Freudigkeit und weiß, daß alle gute Gabe, die ich von dir verlanget jederzeit, die gibst du und tust überschwenglich mehr, als ich verstehe, bitte und begehr. Bartholomäus Crasselius

1. August *Dein Wort ist wie ein Hammer, der Felsen zerschmeißt.*
Jeremia 23,29

Die Parolen, die heute in die Welt geredet werden, sind viel lauter. Sie werden viel heftiger ausgesprochen und über alle Sender morgens, mittags, abends und des Nachts an die Ohren der Menschen gebracht, in Gehirne gepreßt und in die Herzen gehämmert. Wie kann da schon Gottes Wort mit, das in der Bibel steht oder von den Kanzeln gepredigt wird.

Gott will sein Wort nicht in die Gehirne pressen und in die Herzen hämmern. Gottes Wort will verwandeln. Wie ein schwerer Felsen, der zu nichts gut ist in der Welt, quer in der Gegend steht, aber abgebrochen und in Stücke zerhauen, zum Hausbau verwandt werden kann: so verwandelt Gottes Wort den Menschen, der auch quer in der Gegend steht und zu nichts nütze ist als eben dazu, seine siebzig Jahre in dieser Welt zuzubringen, zum Kind des Eigentums. Der Mensch darf ihm gehören und damit eine ewige Bestimmung haben für diese Welt und für die Welt, die wir nach siebzig Jahren betreten: Die Bibel nennt das Ewigkeit. Sind wir noch Felsblöcke, oder sind wir verwendet zum Hausbau?

Das kann Gottes Wort tun. Denn Gott selbst spricht! Wenn er spricht, dann handelt er. Gott will an dir handeln und dich verwandeln. Hat er es schon getan?

O Gott und Herr, dein Wort hat verwandelnde Kraft. Verwandle auch uns, damit du uns gebrauchen kannst. Tu du solches heute an uns.

2. August *Was steht ihr hier den ganzen Tag müßig?* Matthäus 20,6

Eine höchst interessante Geschichte. Der Weinbergbesitzer geht oftmals am Tag über den Markt und holt sich Leute, die da herumstehen und nichts tun.

Ist er ein Antreiber? Wird er nervös, wenn andere nicht arbeiten? Will er mit anderer Hände Arbeit Geld machen? Nein, es geht ihm um die Ernte, nicht um das Geld. Die Ernte ist in Gefahr. Es ist gesät, es ist gepflanzt, das Wachstum geschah programmgemäß, ein ganzer Weinberg voller Früchte! Sollen die Trauben vertrocknen? Sollen sie abfallen und im Gewirr der Erde und Steine verdorren? Wenn wir bedenken, daß es keine Ärzte gibt, die angesichts einer Cholera-Epidemie mit verschränkten Armen dastehen oder sich ins Kino setzen, so erschrecken wir über die Möglichkeit, daß wir Menschen in entsprechender Alarmstufe leben, ohne zu reagieren! Denn in Alarmstufe steht der Weinberg in der Erntezeit: Die Ernte ist da, Gott hat das Seine getan. Was jetzt noch zu tun übrigbleibt, ist: die Ernte zu bergen. Arbeiten wir in der Ernte, oder stehen wir müßig herum? Sorgen wir, daß Menschen eingeholt werden in das Reich seines Sohnes, oder lassen wir sie außerhalb verdorrren? Man muß nicht Pfarrer sein, um was zu tun. Weinbergspezialisten sind nicht nötig. Pflücken kann jeder, in welchem Beruf auch immer.

Laß uns heute nicht müßig stehen. Verwende du uns.

3. August *Eins ist not.* Lukas 10,42

Zwei Frauen! Die eine kam mit vollem Tablett, stellte es hin und eilte wieder in den Keller, um die Flaschen zu holen. Dann hatte sie immer noch keine Zeit. Sie besorgte die Tischdecke und wollte eben noch in den Garten, um Blumen in die Vase zu tun. Währenddessen saß die andere Frau neben dem Gast. Sie hörte zu, wie er redete. Als endlich der Tisch gedeckt war und die Blumen in der Vase standen, war die Zeit abgelaufen. Der Gast mußte gehen.

»Eins ist not«, sagte der Gast. Maria hat es richtig gemacht. Martha falsch. Wir kennen die Geschichte: Wenn es um Gott geht, handelt es sich nicht mehr um das, was wir anbieten können, sondern es geht um das, was er anbietet. Es gibt Menschen, die vor lauter Anbieten nicht mehr nehmen.

Höre doch damit auf, nimm endlich an, was Gott geben will. Er hat etwas anzubieten. Aber da darf man kein Tablett in der Hand haben. Man muß frei sein für ihn. Offene Hände! Man darf nicht mehr reden. Man muß endlich schweigen und hören. Denn Gott hat etwas zu sagen. Wer darum bat, daß er rede, hat gehört, was er sein Leben lang nicht mehr vergißt.

Allein zu dir, Herr Jesu Christ, mein Hoffnung steht auf Erden. Ich weiß, daß du mein Tröster bist, kein Trost mag mir sonst werden. Von Anbeginn ist nichts erkorn, auf Erden ist kein Mensch geborn, der mir aus Nöten helfen kann; ich ruf dich an, zu dem ich mein Vertrauen han. Konrad Hubert

4. August *Wohl denen, die in deinem Hause wohnen; die loben dich immerdar.* Psalm 84,5

Man kann sich in der Kirche nicht einmieten, dennoch kann man darin wohnen und sich dort zu Hause fühlen. So stark, daß man Heimweh danach bekommt, daß man es draußen nicht aushält und am Sonntag alles daran setzt, um zum Gottesdienst zu kommen. Nicht wegen des Pfarrers, nicht wegen der Andacht, sondern weil es Gottes Haus ist. Da ist von ihm die Rede. Er selber spricht zu uns. Haben wir dort Wohnrecht? Es gibt Leute, die ein Sommerhaus haben draußen am Wald und nur ihr Wochenende dort verbringen, je nachdem das Wetter ist. Das Gotteshaus ist kein Wochenendhaus, auch wenn nur am Sonntagmorgen Gottesdienst ist. Dort zu wohnen ist nicht abhängig von Wetter und Launen.

Wir müssen montags in den Beruf. Ein Schiff kann auch nicht dauernd im Hafen liegen, es muß hinaus; dennoch weiß der Kapitän, wo der Heimathafen ist. Wohl denen, die in deinem Hause wohnen, wohl denen, die vom Hafen wissen. Wer nicht wohnt, der haust. Wer nicht wohnt, der vagabundiert. Wo wohnen wir? Können wir genau Auskunft geben? Wohl denen!

Das Gegenteil davon heißt: »Schlimm sind sie dran.« Steht es schlimm um uns?

O Gott und Herr, schenke uns Liebe zur Kirche und sorge für Heimweh unter uns, wenn wir nicht bei deiner Gemeinde sind.

5. August *Er hat sie mit seiner Rede vom Herrn abgewendet.* Jeremia 29,32

Ein furchtbares Wort! Es gibt also Menschen, die andere Gott abspenstig machen und wegstehlen. Das brauchen nicht immer Propheten zu sein, das brauchen nicht immer Obrigkeit und Minister zu sein, wir können es selbst. Jawohl, es könnte die Quintessenz unseres Lebens sein: Er hat seinen Bruder vom Herrn abgewendet. Haben wir anderen den Weg an Gott vorbei gezeigt? Das geschieht bereits mit unserer Art zu reden und zu handeln, zu kaufen und zu verkaufen, zu arbeiten und den Feierabend zu gestalten, wie wir unser Familienleben leben und uns Verwandten gegenüber benehmen. In allem kann man andere vom Herrn abwenden. Aber die Rede ist das schlimmste Mittel. Bereits unsere Gewohnheit, über Gott zu reden und seinen Namen zu mißbrauchen: »Ach Gott, ach Gott, ach Gott ...«, zeigt andern schon, daß es uns offenbar gar nicht so ernst sein kann um Gott. Es folgt höchst konsequent daraus, daß auch für sie so ernst Gott vielleicht gar nicht zu nehmen sei. Wie steht es also damit? Gibt es Menschen, die wir Gott weggestohlen haben? Einer genügt für eine furchtbare Rechnung. Vielleicht haben

wir eine ganze Liste? Da bleibt nichts anderes übrig, als Gott die Namen aufzuzählen.
Herr, hole du wieder, die ich zerstreut habe; gehe ihnen nach, erbarm dich ihrer. Verwirf mich nicht!

6. August *Wohl dem, der große Lust hat zu seinen Geboten!*

Psalm 112,1

Das fehlte ja noch. Machen die Gebote Gottes Lust? Sind sie nicht eine Qual? Kann man die Gebote fröhlich tun? Doch, man kann. Freilich ist an dieser Antwort dies eine Wort »man« falsch. Richtig ist: »Er« kann. Er kann machen, daß wir Lust zu seinen Geboten haben.
Und er tut es auch. Denn er macht seine Liebe an uns so groß, daß man sich schämt, seine Gebote nicht zu halten. Es gibt doch tatsächlich einen freudigen Dienst bei Kindern, wenn es darum geht, der Mutter zu helfen; nicht etwa, weil eine Belohnung winkt, sondern weil die Mutter den Kindern vorher so viel Gutes getan hat, daß nun alles aus Dank geschieht. Dann stößt sogar ein Kind das andere heimlich an und ermuntert leise: »Es wäre doch gemein, wenn wir jetzt nicht helfen würden.« So erinnert einer den andern an das, was Gott an uns tut. Das beschämt uns. Das bringt uns nach vorn. Das macht uns munter. Das gibt uns Lust, in Dankbarkeit zu tun, was er in seinen Geboten von uns fordert. Und wenn es nur ein Stückchen wäre! Wer wüßte nicht, was er heute als kleines Stück dankbaren Gehorsams tun dürfte!
Ich will dich all mein Leben lang, o Gott, von nun an ehren, man soll, Gott, deinen Lobgesang an allen Orten hören. J. J. Schütz

7. August *Gelobt sei Gott, der mein Gebet nicht verwirft noch seine Güte von mir wendet.* Psalm 66,20

Wenn man das sagen kann, muß zweierlei geschehen sein: Zunächst muß man gebetet haben. Dann muß man Erfahrungen mit seinen Gebeten gemacht haben. Um was beten wir? Es gibt viele Menschen, die sich darüber beschweren, ihr Gebet sei oft verworfen worden. Aber haben wir denn gefragt, ob unsere Bitten in Gottes Plan passen? Wenn ein zwölfjähriges Mädchen dem Vater den Vorschlag macht, daß er ihm einen Ring für 120 Mark kaufen möchte, dann ist das doch töricht und liegt nicht im Plan des Vaters, der seiner Tochter doch nicht schaden will. So kann Gott auf unsere Gebete nicht blind eingehen. Gott ist bereit, alles zu tun, worum wir ihn bitten, wenn es auch nur von ferne in seinen Plan paßt. Denn Gott hat viel mit uns vor. Gott will Geschichte an uns machen, seine Geschichte. Nicht nur an uns, auch durch uns an denen, mit denen wir

zusammen sind. Und um diese Geschichte zu machen, geht Gott oft seltsame Wege.
Wenn man von dem Gesichtspunkt Gottes alles hält, der auf jeden Fall einen guten Plan mit uns hat, dürfen wir ins Loben und ins Danken kommen mitten im Gebet. Denn er wendet seine Güte nicht von uns. Das steht unbedingt fest. Selbst wenn es anders aussieht.
O Gott und Herr, wenn auch meine Pläne nicht deine Pläne sind und deine Wege nicht meine Wege sind, so bitte ich dich doch herzlich: Laß mich an dir festhalten und dich in allem loben dürfen.
Denn du wendest deine Güte nicht von mir.

8. August *Mancher ist arm bei großem Gut, und mancher ist reich bei seiner Armut.* Sprüche 13,7

Ist dieser Satz zum Verdummen da? Dann wäre das Christentum eine Verdummungsanstalt. Und die Bibel wäre ein Lexikon der Propaganda, die dem Armen vorschwätzte, seine Armut sei höchst relativ, er solle das Klagen aufgeben, denn Inflation mache die Reichen ja doch arm, sie aber, die Armen, würden dabei nichts verlieren. Ein Trost der Habenichtse? Nein! Wenn das Wort Gottes sagt, daß mancher bei seiner Armut reich ist, so will Gott damit uns einen Maßstab geben: Worauf kommt es an? Wir sollen nicht immer nur unseren Aluminiumlöffel besehen. Gott will, daß wir unseren Reichtum anders buchen als ausgerechnet an silbernen Löffeln. Gott kommt es darauf an, daß wir den Menschen wichtiger nehmen als seine Güter. Sage mir, wovon du redest, und ich will dir sagen, wer du bist. Sage mir, wen du in dein Haus einlädst, unter welchen Gesichtspunkten du in deiner Freundschaft wählst, und ich will dir sagen, ob du reich oder arm bist. Gott will, daß die, die in ihm reich sind, zusammenhalten und zusammenbleiben. Der Reichtum in ihm ist der eigentliche Gesichtpunkt seiner Wertung. Sollten wir nicht unsere Freundschaften einmal danach überdenken? Wen müßten wir von jetzt an stärker meiden? Wen sollten wir von jetzt an stärker zu uns ziehen? Denn wir sollen wissen, daß wir nur durch die reich werden, die selber reich in Gott sind.
O wie lieb ich, Herr, die Deinen, die dich suchen, die dich meinen, o wie köstlich sind sie mir! Du weißt, wie mich's oft erquicket, wenn ich Seelen hab erblicket, die sich ganz ergeben dir. Gerhard Tersteegen

9. August *So liegt es nun nicht an jemandes Wollen oder Laufen, sondern an Gottes Erbarmen.* Römer 9,16

Am siebzigsten Geburtstag unseres Vaters versammelten sich alle Kinder und Enkelkinder. Beim Nachmittagskaffee unter dem Birnbaum wurden Tischreden gehalten. Dabei stellte mein Zwillingsbru-

der die Frage: »Vater, sag uns das Geheimnis deines Lebens; muß dich nicht Freude und Stolz erfüllen angesichts der Kinder und der vielen Enkelkinder?« Darauf kam Vaters Antwort: »Es ist Gnade, Kinder, alles Gnade.« War das Resignation eines müden Vaters? Nein! Keine Resignation, sondern allerhöchste Anerkennung. Diese Anerkennung des lebendigen Gottes und seines Erbarmens liegt über dem Text von heute. Es ist entscheidend für unser ganzes Leben, daß wir es früh genug lernen, uns an sein Erbarmen zu klammern. Wenn auch Gott in seiner alleinigen Autorität dem gnädig ist, dem er gnädig ist, und sich dessen erbarmt, dessen er sich nun einmal erbarmt, so wissen wir, daß über seinem Gnadenwillen die Totalität seiner Liebe steht.
Also sollen wir endlich Schluß machen mit unserem Wollen und Laufen! Gott will keinen nervösen Glauben haben, sondern alle Morgen neu uns beschenken. Und wir werden staunend dahinterkommen, heute schon, später erst recht: alles Gnade; alles Gnade!
An mir und meinem Leben ist nichts auf dieser Erd; was Christus mir gegeben, das ist der Liebe wert. Paul Gerhardt

10. August *Ich rief dich bei deinem Namen und nannte dich, da du mich noch nicht kanntest.* Jesaja 45,4
Gott hat also den Anfang gemacht mit uns, nicht wir haben mit Gott angefangen.
Darum haben wir doch die Kindertaufe so lieb, weil sie uns daran erinnert, daß wir nicht erst ein Stück des Glaubens ihm dargebracht haben, bevor er an uns was tun konnte, sondern daß alles, aber auch alles von ihm herkommt. Daß wir ihn nennen können, ist sein Werk; daß wir etwas von Gott wissen, liegt an seinem Sich-Offenbaren. Gott sendet, wir sind nur Empfänger. Die Erwachsenentaufe, die ihre Berechtigung in der Missionsgeschichte und im Anfang des Christentums hatte, ist darum in ihrer heutigen Anwendung immer mit dem schweren Verdacht belastet, daß wir Menschen vielleicht doch Gott eine Vorleistung liefern möchten. Die Kindertaufe aber ist der Bibel treu: Als wir noch Säuglinge waren, als wir aufgepäppelt werden mußten, um überhaupt in dieser Welt zu existieren, als wir also noch völlig abhängig waren und nicht die ersten Schritte selbst tun konnten, hat Gott bereits das seine an uns getan. Wenn wir das doch ein Leben lang behalten könnten! Gott hat am Anfang schon »Ja« zu uns gesagt. Wenn wir uns doch darauf berufen wollten!
Ja, Herr, du hast uns doch bei unserem Namen genannt, bevor wir dich kannten, du hast doch den Anfang mit uns gemacht, nicht wir. Darum berufen wir uns auf diesen deinen Willensentschluß ganz am Anfang unseres Lebens und bitten dich, Herr, mach du nun auch wahr, daß wir deine Kinder bleiben dürfen!

11. August *Die Lehrer werden mit viel Segen geschmückt.*

Psalm 84,7b

Die Lehrer tun ihren Dienst an Volksschulen, an höheren Schulen und an Universitäten. Aber damit sind sie noch nicht mit Segen geschmückt. Daß sie mit viel Segen geschmückt werden, geht über ihre Examina und pädagogische Begabung hinaus. Gesegnete Lehrer lehren nicht nur die Ergebnisse und Methoden ihrer Forschung, nicht nur den Stoffplan, sondern sind solche, an denen Kinder und Studenten merken, daß sie aus der Lehre Jesu Christi kommen. Wenn Lehrer also Schüler des einen Meisters bleiben, werden sie in die Reihe derer befördert (welche Beförderung!), die mit viel Segen geschmückt werden. Sie dürfen ganze Generationen mit Gottes Namen bekannt machen durch alle Fächer und Fakultäten. Sie dürfen Kindern, Schülern und Studenten sagen, daß sie als Lehrer und Professoren nicht ohne diesen Lehrer auskommen. Sie machen damit den Schülern Mut, Jünger des einen Meisters zu werden. Wie viele Lehrer haben wir, von denen unsere Kinder solches sagen können?

Laß jede hoh und niedre Schule die Werkstatt deines guten Geistes sein, ja sitze du nur auf dem Stuhle und präge dich der Jugend selber ein, daß treuer Lehrer viel und Beter sein, die für die ganze Kirche flehn und schrein. K. H. von Bogatzky

12. August *Ja, ich will euch tragen bis ins Alter und bis ihr grau werdet.*

Jesaja 46,4

Eine Mutter kann sechs Kinder leichter ernähren als sechs Kinder eine Mutter. Das ist die Erfahrung, die das Leben lehrt, und viele wissen davon ein Liedlein zu singen. Mag es auch Ausnahmen geben: wohl den Müttern, die solche Kinder haben; wohl den Vätern, die solche Söhne haben. Aber ein Zittern und Zagen kommt doch uns alle an, die wir anfangen grau zu werden: Wie wird das wohl einmal werden, wenn ...?

Gott weiß, wann wir jung sind, Gott weiß, wann wir in der Mitte des Lebens stehen. Gott weiß, wann unser Altern beginnt. Gott weiß, wann wir — ja, sagen wir's ruhig: wann wir im Wege stehen als die Alten. Gott weiß unsere Termine, unsere Jahreszeiten, unsere Lebenszeiten. Und in jede Stufe unseres Lebens hilft seine tragende Hand. Die wird nicht müde. Gottes Hand wird bestimmt nicht müde. Er will uns tragen, als Säugling und als Greis. Er tut es. Seine Hände sind stabil. Es ist noch keiner aus seiner Hand gefallen. Daß wir uns doch da hineinlegen könnten!

Gott und Herr, du willst uns tragen bis ins Alter. Treib die Sorgen weg, die wir uns um das Alter machen. Du bist bis zu unserer letzten Lebensstunde unser Vater.

13. August *Denn ich weiß wohl, was ich für Gedanken über euch habe, spricht der Herr: Gedanken des Friedens und nicht des Leides, daß ich euch gebe das Ende, des ihr wartet.* Jeremia 29,11

Aus Blechbüchsen haben wir die Buchstaben dieses Spruchs zusammengeschnitten und an die Eingangstür unserer Zeltkirche im Cherbourger Gefangenenlager geheftet. War es möglich, solches in so aussichtsloser Situation zu sagen? Es gibt doch Zeiten, in denen wir meinen, daß wir bei Gott nicht mehr vorkommen, daß Gott uns vergessen habe, daß Gott jetzt wegsehe, uns übersehe und blind sei für unser Leid. Gott behauptet das Gegenteil: Er denkt an uns, sogar mit ganz bestimmten Gedanken. Selbst in den entsetzlichen Zeiten gilt dieser Bescheid: »Ich habe mir Gedanken über euch gemacht, nicht Gedanken des Leides, obwohl ihr im Leid seid, sondern Gedanken des Friedens, obwohl ihr im Krieg seid. Und glaubt nur, wenn ich denke, dann geschieht etwas.« Damals haben wir in Gefangenschaft die Wirklichkeit dieser Aussage Gottes gespürt. Es geschah tatsächlich allerhand. Und es gibt viele, die es bezeugen können. Auch heute, in welchem Leid wir auch stehen, werden wir mit diesen Gedanken Gottes, mit seinen Gedanken des Friedens, wirklich Frieden haben. Mitten im Leid, mitten in der Ausweglosigkeit haben wir den Frieden und den Ausweg. Warum? Sobald er's uns sagt, geschieht es. Es sind Gedanken des Friedens! Bestimmt!

Was mein Gott will, das g'scheh allzeit, sein Will der ist der beste;
zu helfen dem er ist bereit, der an ihn glaubet feste.

Albrecht Herzog von Preußen

14. August *Ist nicht Ephraim mein teurer Sohn und mein trautes Kind? Denn ich denke noch wohl daran, was ich ihm geredet habe; darum bricht mir mein Herz gegen ihn, daß ich mich sein erbarmen muß, spricht der Herr.* Jeremia 31,20

Diese Frage stellt sich Gott selber wie ein Sich-Erinnern; Gott erinnert sich an Ephraim, an seinen teuren Sohn und sein trautes Kind. Ob Gott sich unser auch erinnert? Doch, Gott erinnert sich unser. Das ist außer Zweifel! Auch wenn wir nicht »treu« sind, wie es im Text steht. Denn Gott sagt es ganz klar: Sein Erinnern liegt gar nicht daran, daß Ephraim treu wäre. Ephraim war abgefallen. Ephraim ist im Streit zur andern Seite hinübergegangen. Als Abgefallene gelten wir ja auch, die wir in hundert Entscheidungen uns doch auf die falsche Seite geschlagen haben. Dennoch werden wir als teurer Sohn und als trautes Kind bezeichnet, weil Gott sich im Blick auf Ephraim und im Blick auf uns an das erinnert, was er uns gesagt hat. Und Gott hat etwas gesagt, das entscheidende Wort kam von ihm selbst. Das über uns entscheidende Wort ist sein Sohn Jesus Christus. Im Blick auf Jesus Christus kommt Gott zu dieser Äußerung über Ephraim und uns. Sollten wir diesen Jesus nicht viel mehr kennenlernen, sollten wir ihn nicht in die Mitte unseres Lebens nehmen? Denn der hat es geschafft, daß wir vor ihm als teure Söhne und traute Kinder gelten.

O Wunderliebe, die mich wählte vor allem Anbeginn der Welt und mich zu ihren Kindern zählte, für welche sie das Reich bestellt! O Vaterhand, o Gnadentrieb, der mich ins Buch des Lebens schrieb!

J. G. Herrmann

15. August *Und nun, Herr, siehe an ihr Drohen und gib deinen Knechten, mit aller Freudigkeit zu reden dein Wort.*

Apostelgeschichte 4,29

Das Wort »Freudigkeit« wird von Christen oft mißbraucht. Das Wort bedeutet im eigentlichen Sinn stetige, durchhaltende Freude. Nicht ein Himmelhoch-Jauchzen, das sich dann abwechselt mit Zu-Tode-Betrübtsein. Wir sollen nicht zeitweilig auf Draht sein und dann wieder unten liegen und ermüden. Freudigkeit ist durchhaltende Freude in der Treue zu dem, wozu uns Gott gerufen hat.

Wie ist das eigentlich mit unseren Unterbrechungen, sein Wort zu reden? Stehen wir nun dann ein für den Namen Jesu Christi im persönlichen und öffentlichen Leben, wenn es sich so macht? Darf das Wort Gottes abhängig sein davon, daß wir dazu aufgelegt sind oder das Bedürfnis dazu haben?

Die Kinder lieben die Eltern ja auch nicht nur dann und wann, etwa bei bestimmten Anlässen. Die Liebe der Kinder zu den Eltern und die der Eltern zu den Kindern ist eine durchgehende Liebe. Solche Liebe, solche durchziehende Freudigkeit, sein Wort zu reden, von seinem Worte alles zu halten, dürfen wir von ihm erbitten. Schon vor solcher Bitte dürfen wir wissen, er sagt »Ja« dazu.

Gib Freudigkeit und Stärke, zu stehen in dem Streit, den Satans Reich und Werke uns täglich anerbeut. Hilf kämpfen ritterlich, damit wir überwinden und ja zum Dienst der Sünden kein Christ ergebe sich.

Paul Gerhardt

16. August *Meine Augen sehen nach den Treuen im Lande, daß sie bei mir wohnen.*

Psalm 101,6

Gott sucht unter Millionen die wenigen, die ihm treu sind. Ihm! Damit das sofort klar ist: Die bekannten Zeilen »Die Treue steht zuerst im Himmel und auf Erden« meinen nicht den treuen Briefmarkensammler, dem keine Marke in der Sparte entgeht; auch nicht den treuen Kollegen, dessen Andenken wir in Ehren halten; auch nicht den Soldaten, der sein Leben fürs Vaterland läßt. Gottes Augen sehen nach den Treuen im Lande, die seine Treue mit Treue beantworten, die Gott Treue um Treue halten. Sind wir treu? Sind wir Gott treu?

Gottes Augen sehen nach den Treuen. Nicht unsre Augen. Wenn von unsren Augen die Rede wäre, sprächen wir jetzt vom Scheidungsprozeß. Denn wir Menschen pflegen ja auf Treulosigkeit mit Scheidung und Skandal zu reagieren.

Gott hat seinen Scheidungsprozeß aber hinter sich. Im größten Skandal der Weltgeschichte, geschehen auf Golgatha, machte Gott dem einzigen Treuen, seinem Sohn, den Prozeß; er schied sich von ihm — und entschied sich für uns Treulose.

Von unseren Augen ist nicht die Rede. Von Gottes Augen ist die Rede. Er verfolgt uns bis in unsere Treulosigkeiten, um uns in die Treue heimzuholen. Bei Gott versammeln sich viele Treulose. Es ist die christliche Gemeinde! Lauter Leute, die von ihm treu gemacht wurden und nun bei ihm wohnen dürfen.

O Gott, wie habe ich denn deine Treue verdient? Laß mich dir treu bleiben, heute auch. Es ist ja so leicht, weil wir bei dir wohnen dürfen. Halt mich bei dir.

17. August *Lasset euch nicht mit mancherlei und fremden Lehren umtreiben.* Hebräer 13,9

Es ist natürlich interessant, chinesische Philosophie zu studieren und indische Theosophie. Man kann sogar darüber Doktorarbeiten machen, sich ein Leben damit beschäftigen, und trotzdem: Wir sollen wissen, daß beides zu dem gehört, was die Bibel unter »mancherlei und fremden Lehren« zusammenfaßt.

Die eine Lehre, die für uns in Frage kommt, ist die, die ein anderer uns lehrt. Der andere! In Philosophien und allerlei Theosophien gehen wir bei Menschen in die Lehre. Mit der offenen Bibel gehen wir bei Gott in die Lehre: »So spricht der Herr!« Und unsere Theologie und unser Studium an der Lehre sind praktisch nur ein Abhören dessen, was er selber sagt. Rede, Herr, dein Knecht hört. Erst, wenn wir wirklich als Knechte gehört haben und als Gehorsame Antwort geben, können wir die mancherlei und fremden Lehren auch noch studieren. Aber sie treiben uns nicht um. Wir haben eine Mitte gewonnen, und von dieser Mitte aus werden wir gehalten. Wir sind dann nicht unstet und flüchtig wie ein Schiff, das ohne Tiefe den jeweiligen Wellen und Windstößen preisgegeben ist, sondern sind ein Boot mit festem Hafen und mit festem Ziel. Und die ganze Welt steht diesem Boot noch offen.

O Herr Christus, ich danke dir, daß du der feste Grund meines Lebens bist und mir von dir alle Welt geöffnet ist. Halte mich fest, wo ich auch bin und was ich auch studiere. Du bist stärker als alles.

18. August *Setzet eure Hoffnung ganz auf die Gnade!* 1. Petrus 1,13

Worauf setzen wir? Jeden Sonntag sammelt sich halb Deutschland um die Lautsprecher, um die neuen Totoergebnisse zu hören. Alle sind gespannt darauf. Richtig gesetzt?

So kann man auf die Gnade setzen. Haben wir es ganz getan?

Der Apostel sagt es ausdrücklich, daß wir ganz auf die Gnade setsen sollen. Nicht halb. Nicht halb auf Gnade und halb auf Verdienst. Nicht halb auf Gnade und halb noch auf andere Möglichkeiten. Begnadigung ist ganze Begnadigung. Die volle Schuld ist da, aber die volle Schuld wird ganz vergeben.

Oder hoffen wir auf mildernde Umstände? Sammeln wir etwa schon Gesichtspunkte und unsere guten Taten, um sie vor Gott auszubreiten? Uns wird das Reden noch vergehen, wenn wir meinen, so vor ihm bestehen zu können. Nicht weil Gott ein harter Richter wäre, sondern weil Gott es sich vorgenommen hat: Sie sollen von meiner Fülle nehmen Gnade um Gnade. Sehen wir unsere Schuld noch nicht? Wer die Schuld nicht sieht, weiß nicht, wie schwer sie wiegt. Und wer ihre Größe nicht kennt, weiß nicht, wie groß die Gnade ist. Gnade aber ist total.

Sein Sohn ist ihm nicht zu teuer, nein, er gibt ihn für mich hin, daß er mich vom ewgen Feuer durch sein teures Blut gewinn. O du unergründeter Brunnen, wie will doch mein schwacher Geist, ob er sich gleich hoch befleißt, deine Tief ergründen können? Alles Ding währt seine Zeit, Gottes Lieb in Ewigkeit. Paul Gerhardt

19. August *Sie gingen zur Stadt, wo sie wohnen konnten.* Psalm 107,7

Das Vertriebenenschicksal ist in der Bibel schon bekannt. Wir sind nicht die ersten, die dies Schicksal erleben. Aber Gott, das müssen wir wissen, Gott hat sich der Vertriebenen allezeit besonders angenommen: Nicht, daß er sie von heute auf morgen in feste Wohnungen brachte! Aber daß er den Heimatlosen um so näher und den Flüchtlingen um so stärker sich zugesellte, so stark, daß Gottes Sohn selbst sagte: Wer die aufnimmt, der nimmt mich auf.

Wie, wenn Gott eines Tages gar nicht nach unserem Glaubensbekenntnis fragte, sondern nur danach, was wir den Heimatlosen und Vertriebenen getan haben? Denn wir sollen wissen, daß Gott die Vertriebenen zu Menschen führen will, bei denen von Gott die Rede ist; also zu Brüdern, die einen gemeinsamen Vater haben; also zu einer Stadt, die einen gemeinsamen Herrn hat; also in Häuser, die nur einem gehören, von denen das Wort gilt, daß der Herr sie baut. Sind unsere Häuser Gottes Häuser? Gott belegt sie selber, nicht das Wohnungsamt.

Sollt wo ein Schwacher fallen, so greif der Stärkre zu; man trag, man

helfe allen, man pflanze Lieb und Ruh. Kommt, bindet fester an; ein jeder sei der Kleinste, doch auch wohl gern der Reinste auf unsrer Liebesbahn. Gerhard Tersteegen

20. August *Ich habe deine Tränen gesehen.* 2. Könige 20,5

Weinen wir aus Trotz? Weinen wir, weil uns die Nerven durchgehen? Aus Enttäuschung?

Solche Tränen meint Gott nicht. Die Tränen, die Gott sieht, sind die Tränen eines Königs Hiskia, der angesichts tödlicher Krankheit sein Antlitz zur Wand wendet und zum Herrn betet. Tränen, die Gott sieht, sind Tränen eines Petrus, der hinausging und bitterlich weinte, weil er den Herrn preisgegeben hatte. Tränen, die Gott sieht, sind Tränen, die seine Leute weinen vor ihm.

Wenn Gott sieht, dann handelt er zugleich. Denn was Gott sieht, wird sofort bei ihm übersetzt: »Ich muß auf sein, die Armen sind verstöret; ihr Seufzen dringt zu mir herein, ich hab ihr Klag erhöret. Mein heilsam Wort soll auf den Plan.« Gott spricht also sofort, und die Tränen versiegen in dem Augenblick, da er redet. Wie die Tränen der Kinder versiegen, sobald die Mutter wieder spricht. Gott trocknet Tränen, wenn er redet. Denn seine Rede ist so, daß wir auf ihn sehen und hören, und alles wird klar. Ja, alles, das Rätselhafte in unserem Leben bekommt Antwort bei ihm.

Es ist gut, zu wissen, daß Gott die Tränen sieht. In der Bibel steht sogar: Ohne Zweifel, du zählst sie. Ohne Zweifel, zweifellos. Es ist wahr, und er wird sie abwischen von unseren Augen. Er tut es schon jetzt. Hast du nicht dieses verspüret?

Leucht uns selbst in jener Welt, du verklärte Gnadensonne; führ uns durch das Tränenfeld in das Land der süßen Wonne, da die Lust, die uns erhöht, nie vergeht. Chr. Knorr von Rosenroth

21. August *Du wirst sein wie eine Wasserquelle, welcher es nimmer an Wasser fehlt.* Jesaja 58,11

Ein trockenes Jahr bringt Stadt und Land in Aufregung. Wenn in der Talsperre das Wasser so gering wird, daß die Bauern die alten Felder umpflügen, die sonst im Wasser standen, und genau ausrechnen können, daß die Felder noch Frucht bringen, da sich so schnell die Talsperre nicht füllen wird — dann ist Alarmzustand. Die Bäume! Die Bäume in ihren tiefsten Wurzeln sind ohne Grundwasser. Was soll das geben?

Was für die Natur gilt, gilt für unseren inwendigen Menschen. Wehe, wenn die Trockenheit lang anhält, wenn wir meinen, es gehe auch ohne Verbindung mit Gott. Wenn wir meinen, man könne ruhig durchhalten einen Monat ohne Gebet oder ein Jahr lang ohne

Gottesdienst. Es braucht's zunächst keiner zu merken. Wie an dem Baum ja auch noch junge Triebe im Frühjahr zu sehen sind: aber die Früchte fallen ab, bevor sie reifen. Das Wasser in den Bäumen reicht nicht aus.
Wann kommt es bei uns heraus, daß die Früchte keine Früchte sind? Wann wird es bei uns offenbar? Wann wird der Zusammenbruch unwiderruflich sein? Wie lange rechnen wir noch?
O Gott und Herr, bewahre uns vor offenkundigem Zusammenbruch. Wir bringen den Schaden heute noch vor dich. Laß uns Anschluß an deine Quellen finden. Geist vom Vater, taue, taue Segen auf die dürre Flur.

22. August *Dein Wort erquickt mich.* Psalm 119,50
Lesen wir die Bibel als Erquickung? Oder sind wir schon ohne Gottes Wort erquickt? Es gibt viele, die meinen, das regelmäßige Lesen der Bibel nicht nötig zu haben und die Predigt des Wortes Gottes aussparen und dennoch Christen bleiben zu können.
Warnung! Den hätte ich sehen mögen, der in vierjähriger Gefangenschaft bei regelmäßigem Postverkehr ohne irgendein Lebenszeichen von seiner Frau seine Ehe aufrechterhalten hätte. Gott gibt Lebenszeichen. Der Postverkehr ist regelmäßig. Gott sendet Nachrichten. Wer meint, ohne diese Nachrichten auskommen zu können, betrügt sich selbst. Wer außerdem noch meint, seine Liebe zu Gott ohne Nachrichtenaustausch sei um so größer, tarnt damit seine Glaubenslosigkeit. Wir sind auf Post angewiesen, auf dauernde Bestätigung seiner Liebe zu uns. Gott selbst will Nachricht haben von uns. Gott will korrespondieren. Ohne Lesen seines Wortes und ohne Gebet ist der Verkehr mit ihm unterbunden.
Wie verkehren wir mit Gott?
Seinen Geist, den edlen Führer, gibt er mir in seinem Wort, daß er werde mein Regierer durch die Welt zur Himmelspfort; daß er mir mein Herz erfülle mit dem hellen Glaubenslicht, das des Todes Macht zerbricht und die Hölle selbst macht stille. Alles Ding währt seine Zeit, Gottes Lieb in Ewigkeit. Paul Gerhardt

23. August *Herr, frühe wollest du meine Stimme hören.* Psalm 5,4
Wir müssen täglich mit Gott gesprochen haben. Dies Gespräch muß stattfinden. Fällt es aus, sprechen wir nicht mit anderen, sondern schwätzen. In der Welt wird genug geschwätzt. Christen sind aber Leute, mit denen andere nicht ein Schwätzchen, sondern mit denen andere ein Gespräch führen wollen. Denn von Christen will man was im Leben. Sie haben eine Aufgabe. Von einem Roman erwartet

man nicht, daß er ein Fahrplan sei; vom Christen nicht ausgerechnet, daß er den Conférencier macht.
Jesus Christus hat uns doch eine bestimmte Rolle zugewiesen: Seine Zeugen zu sein. Zeuge Jesu Christi aber wird man erst dann, wenn man bei Jesus Christus war, wenn er zu einem gesprochen hat und das Seine an uns tat. So sind alle, die von ihm geheilt entlassen wurden, zu andern gelaufen, lobten und priesen Gott um alles, was sie gehört und gesehen hatten. — Was werden wir also heute sagen? Wem werden wir etwas von seiner Herrschaft mitteilen? Wir werden nur dann etwas zu sagen haben und den andern nicht zu enttäuschen brauchen, wenn wir dies Gebet gesprochen haben: »Herr, frühe wolltest du meine Stimme hören.« Und er hört. Gott ist direkt darauf aus, uns zu hören, damit er an uns handeln kann.
O Herr, frühe wollest du meine Stimme hören.

24. August *Sehet, welch eine Liebe hat uns der Vater erzeiget, daß wir Gottes Kinder sollen heißen!* 1. Johannes 3,1

Können wir uns unter Bärbel einen ganz bestimmten Menschen vorstellen? Es ist doch so, eine Bärbel muß so aussehen und eine Margot muß so aussehen, ein Fritz sieht ungefähr so aus, und unter einem Hans stellt man sich wieder eine andere Figur vor.
Namen prägen. Wie heißen wir? Wir haben einen Doppelnamen. Hans und Bärbel, Fritz und Margot sind nicht nur Kinder ihrer Eltern. Wir sind nicht nur unserer Eltern Kinder. Wir gehören einem andern. Wir tragen eines andern Namen mit uns. Denn mit uns ist an zwei Ämtern etwas passiert. Beim Standesamt haben wir den bürgerlichen Namen bekommen; bei der Taufe sind wir verbunden worden mit dem Namen, der über alle Namen ist.
Merkt man uns das an? Hat der Name Christi uns geprägt? Kann man uns mit dem Namen Christi einordnen, oder haben wir uns selbständig gemacht? Sind wir etwa wie der Sohn, der sich schämt, nach seines Vaters Namen genannt zu werden? Dann muß es doch zwei Möglichkeiten geben: Entweder der Sohn ist weggelaufen, oder der Vater hat sich von seinem Sohn gelöst.
Keinesfalls hat Gott sich von uns gelöst. Dann muß offenbar mit uns das erstere passiert sein: Wir sind weggelaufen.
O Gott, gib, daß wir deinem Namen Ehre machen, weil wir deine Kinder heißen dürfen.

25. August *Saget Dank allezeit für alles Gott und dem Vater in dem Namen unseres Herrn Jesu Christi.* Epheser 5,20

Allezeit? Danken für alles? Das ist nicht leicht. Das ist schwer. Denn es gibt Situationen im Leben, in denen wir nicht danken können.

Ach, wenn wir doch schweigen könnten, wenn wir wenigstens nicht ins Hadern kämen, wenn wir wenigstens dahin kämen, Gott nicht abzusagen im Blick auf die Führung, im Blick auf die Erfahrungen, die wir Menschen machen müssen in dieser Welt! Den Studenten habe ich oft gesagt: »Machen Sie Ihr Examen mit Gott. Auch wenn Sie durchfallen, jedenfalls mit Gott.«
Es kommt darauf an, daß wir die Verbindung mit Gott nicht abhängig machen von unseren positiven Erlebnissen, sondern daß wir Gott Gott sein lassen. Er will uns gut sein, gleichgültig, welche Erfahrungen wir auch in diesem Leben machen. »In dem Namen unseres Herrn Jesu Christi«, da steht es fest, garantiert: Er ist uns gut. Dann kann ihm auch kein Fehler unterlaufen. Wenn wir auch die Richtigkeit unserer Lebensführung jetzt nicht übersehen. Da Gott doch seinen Sohn gibt, kann er uns nicht fallenlassen. Und wenn es auch noch so danach aussehen sollte! Es ist nicht wahr!
Denn die Last treibt uns zu rufen, alle flehen wir dich an: Zeig doch nur die ersten Stufen der gebrochnen Freiheitsbahn! Gottfried Arnold

26. August *Lasset euch niemand das Ziel verrücken!* Kolosser 2,18
Damals gab es auch schon Leute, die in den christlichen Gemeinden herumliefen und in Sonderoffenbarungen Schwerpunkte des Glaubenslebens diktieren wollten. So ähnlich wie heute einer zum Beispiel sagt: »Solange bei euch keine Wunder passieren, solange bei euch keine Krankenheilungen passieren, ist die Echtheit eures Glaubenslebens in Frage gestellt.« Darauf kommt es nicht an! Es kommt darauf an, daß wir in der Gemeinschaft mit Christus leben, wo er das Haupt ist und wir mit vielen Gliedern zusammen in der Gliedschaft der Gemeinde lebendig bleiben.
Darauf kommt es an. Leben wir in der Gemeinde, haben wir Gemeinschaft mit den Kindern Gottes. Leben wir vom Wort, das unter ihnen umhergeht, dann leben wir in Christus selbst. Wir sollen uns nicht durcheinanderbringen lassen durch Spezialoffenbarungen. Solche Abstecher haben sich immer gerächt: Sie landeten außerhalb der Gemeinde und brachten viel durcheinander — ohne Frucht.
Du heiliges Licht, edler Hort, laß uns leuchten des Lebens Wort und lehr uns Gott recht erkennen, von Herzen Vater ihn nennen. O Herr, behüt vor fremder Lehr, daß wir nicht Meister suchen mehr denn Jesum mit rechtem Glauben und ihm aus ganzer Macht vertrauen.
Martin Luther

27. August *Wo soll ich hingehen vor deinem Geist, und wo soll ich hinfliehen vor deinem Angesicht? Führe ich gen Himmel, so bist du da. Bettete ich mir in die Hölle, siehe, so bist du auch da.* Psalm 139,7.8

Das Einwohnermeldeamt weiß doch Bescheid. Auch beim Finanzamt sind wir eingetragen. Die Welt ist übersichtlich geworden, es gibt keine Nische mehr, in der wir uns verstecken können. Trotzdem suchen sich heute schon viele ihre Deckung. Heimlich möchte mancher einen Paß haben, der ihm im Ernstfall den Übergang in die Schweiz sichert. Was tun wir im Ernstfall, den Gott mit uns meint? Es gibt keine Flucht vor ihm. Der ganze Psalm 139 zeigt, daß es keine Möglichkeit gibt. Gott ist immer schon vorher da. Wir laufen ihm direkt in die Arme.
In welche Arme? Wer die Flucht aufgab und sich in die Arme warf, merkt, daß es sich um Umarmung handelt. Es sind Arme der Liebe, seit Gott in Jesu ausgestreckten Armen nach uns gegriffen hat. Laßt uns heute nicht vor Gott fliehen. Wohl hinfliehen in die ewigen Arme.
Herr, du weißt, wie oft ich mich vor dir verstecken wollte. Ich danke dir, daß du mich immer wieder gesucht und gefunden hast.

28. August *Meine Zeit steht in deinen Händen.* Psalm 31,16

Also nicht in unseren Händen. Also nicht in Händen eines astrologischen Kalenders. Wir brauchen uns nicht nach vorn zu sichern: Was morgen kommt, hat Gott in der Hand. Auch was gestern war, hat Gott in der Hand. Das Heute erst recht. Wir Christen wissen, daß Vergangenheit und Zukunft in seiner Hand liegen. Darum brauchen wir uns nicht wie die andern zu benehmen. Das ist Mißtrauen. Das ist genauso, als wollten sich unsere Kinder eine Schnitte Brot heimlich für morgen verwahren — aus lauter Angst, die Mutter würde es den Kindern vorenthalten. Wir Christen trauen es Gott zu: Wie er uns gestern durchbrachte, so ist die Zeit auch morgen in seinen Händen.
Hören wir doch auf, dauernd den Weg nach vorn abzusichern. Christen brauchen das nicht. Sie sollen es nicht. Gott hat es wirklich verdient, daß wir ihm das Morgen zutrauen. Gott hat uns allerhand an Garantien gegeben, daß er hält, was er verspricht. Sein eigentliches Pfand ist sein Sohn: Der ist in der Sünder Hand überantwortet. Reicht das nicht? Was soll Gott noch mehr tun, um endlich unser Vertrauen zu verdienen?
Herr und Gott, du hast unser Vertrauen verdient.

29. August *Kinder sind eine Gabe des Herrn.* Psalm 127,3

Es gibt zwei Möglichkeiten, wenn man eine Blume betrachten will: sie zu zerschneiden, die Staubgefäße unter das Mikroskop zu legen und Zahlenberechnungen anzustellen; oder auch: die Blume zu pflücken, sie mit nach Hause zu nehmen, sich von Herzen daran zu freuen und andere damit froh zu machen. Zwei Möglichkeiten gibt es auch, über Kinder zu sprechen, über Kinderzahl und über die Frage, woher die Kinder kommen. Die eine Möglichkeit ist die, daß wir im Biologischen hängenbleiben, die andere, von Gott zu sprechen und von seinen Wundern.

Daß Kinder eine Gabe des Herrn sind, darauf kommt es an, wenn Eltern zu Kindern über Kinder reden sollen. Darauf kommt es auch an, wenn Eltern untereinander über die Kinder reden.

Gott will mehr von uns als biologische, wirtschaftliche und bevölkerungspolitische Gesichtspunkte. Gott will, daß wir im Hintergrund seine gebende Hand aufdecken. Dann werden wir uns auch nicht weigern, wenn Gott uns Kinder gibt. Und Kinder werden sich nicht mehr weigern, vor den Eltern im Gehorsam zu leben. Denn sie wissen, daß sie anvertraute Geschenke Gottes sind und daß einmal Gott den Kindern selbst Kinder geben will, ebenfalls anvertraute Geschenke.

Wie arm machen wir Menschen uns mit sogenannten Aufklärungen, wenn wir nicht mehr wissen, wer der Geber aller Gaben ist und insonderheit der Geber der Kinder! Gott selbst wurde ein Kind. Er hat sich selbst für uns gegeben, wie sollte er uns damit nicht alles schenken: auch die Kinder!

O Gott, hier sind wir und die du uns gegeben hast: Kinder, Eltern und Paten. Wir sind dein.

30. August *Wer Sünde tut, der ist der Sünde Knecht. So euch nun der Sohn frei macht, so seid ihr recht frei.* Johannes 8,34.36

Diese beiden Sätze gehören uns. Beide zugleich.

Die meisten nehmen immer nur den ersten Satz zu eigen, sie seufzen und resignieren: Ja, ja, ich bin der Sünde Knecht.

Aber damit schließen wir uns doch ganz bestimmt aus dem Evangelium aus, in das uns Jesus hineinbeziehen will. Es heißt nicht: »Wer Sünde tut, der ist der Sünde Knecht; wer keine tut, ist frei.«

Von zwei verschiedenen ist in beiden Sätzen die Rede.

Im ersten von dem, der Sünde tut; im zweiten von dem, der befreit.

Es ist also nicht mehr von uns die Rede, sondern von ihm.

Nicht mehr von Knechten ist die Rede, sondern vom Herrn; von der Tatsache, daß seine freimachende Kraft die Befreiung von der Sünde einschließt. Das müssen wir wissen und behalten. Wen der Sohn frei macht, der ist so frei, daß er ein neues Thema gewinnt: Die Freiheit der Kinder Gottes. Die lesen wir aber nicht daran ab, ob es uns gelungen ist, von ganz bestimmten Sünden endgültig mit Erfolg gelassen zu haben, sondern am Befreier. Am Sohn!

Sein letztes Wort: »Es ist vollbracht!« hat uns gemeint.

Dieses weiß ich. Soll ich nicht darum mich zufriedengeben?

31. August *Ihr könnt nicht zugleich trinken des Herrn Kelch und des Teufels Kelch.* 1. Korinther 10,21

Ihr könnt nicht zugleich! Warum nicht? Einfach darum nicht, weil der, der die rechte Hand nimmt, nach rechts führt, und der, der die linke Hand nimmt, nach links. Weil wir das nicht wissen wollen, sind wir so zerrissen und so unversöhnt. Ein Leben lang mit doppelten Karten spielen, macht nervös. Ein Leben lang nach links beschwichtigen und nach rechts Zusagen geben, macht uns friedlos. Wir sind dann wie Menschen, die Schulden haben und mit neuer Schuld alte Schuld decken wollen. Das Loch wird immer größer. Es fragt sich, wie lange wir noch so weitermachen wollen. Wie lange noch. Ihr könnt nicht zugleich. Ihr könnt es wirklich nicht. Aber der Herr ist gut. Er greift auch nach unserer linken Hand. Er löst unseren Krampf. Er entfesselt, wo wir uns falsch gebunden haben.

Er sprach zu mir: »Halt dich an mich, es soll dir jetzt gelingen; ich geb mich selber ganz für dich, da will ich für dich ringen; denn ich bin dein und du bist mein, und wo ich bleib, da sollst du sein, uns soll der Feind nicht scheiden.« Martin Luther

1. September *Gib einen alten Freund nicht auf!* Sirach 9,14

Die Bibel ist kein Knigge.

Sie will keine Regeln für den Umgang mit Alten geben.

Die Bibel hält das Wort Gottes für uns bereit. Wenn Gott uns die Alten empfiehlt, dann tut das Gott darum, weil er an den Alten länger gearbeitet hat als an uns Jungen und weil ein jahrzehntelanger Umgang mit Gott ein Leben so stark prägen kann, daß wir Jungen daran ablesen können, wie Gott sich bewährt, Jahr um Jahr, Jahrzehnt um Jahrzehnt. Haben wir alte Freunde, die ein Leben mit Gott gelebt haben? Wir sollten sie nennen können, aufzählen. Wir sollten sie nicht aufgeben. Denn ausgerechnet in der Zeit, in der wir meinen: »Andere Generation! Wie können sie wissen, was heute gespielt wird!«, ausgerechnet dann haben wir sie nötig.

Werden andere an uns einen alten Freund haben, der ein Leben mit Gott zugebracht hat? Denn nur das Leben ist wertvoll, das ein Mensch mit Gott zugebracht hat. Laßt uns unentbehrlich werden für die, die nach uns kommen! Unentbehrlich wird man nur mit Gott.

O Gott und Herr, nimmt dich unserer Großeltern an und der Alten in der Gemeinde. Laß uns bei ihnen lernen, wie du Jahrzehnt um Jahrzehnt an Menschen arbeitest, und daß auf dich Verlaß ist.

2. September *Des Menschen Sohn ist gekommen, selig zu machen, das verloren ist.* Matthäus 18,11

Meist haben wir sehr unklare Meinungen über das Selig-Sein. Die einen stellen sich vor, es handle sich da um ein andächtiges, immer beschauliches Hände-Falten, und die anderen meinen, es sei ein Gefühlsrausch, bis es dann in die Kabarette gedrungen ist mit Schlagzeug und Saxophon: »Für eine Nacht voller Seligkeit, da geb' ich alles hin.« Während »selig« doch heißt: unter dem erklärten Frieden Gottes leben, in dem man sich bewegen kann, von dem man atmen kann, fast wie einer, der ins Wasser geworfen ist, aber von einer heimlichen Luftzufuhr lebt. Das muß man mal wissen! Die eigentliche Krankheit des Menschen sind gar nicht die Sinnlosigkeit und die dauernden Alarmstufen, sondern die eigentliche Krankheit ist unsere Unseligkeit. Wir regen uns auf über alle möglichen Dinge. Aber wir erschrecken nicht vor dem Eigentlichen. Wir gleichen denen, die, schwer verschuldet, nah am Bankrott stehen, aber dauernd über den Schnupfen schimpfen.

Wir sollten also ansetzen an der Unseligkeit, an der Tatsache, daß wir mit Gott nicht im Frieden leben. Da sollte Jesus ansetzen! Da sollten wir ihn ansetzen lassen! Genau da, und wir würden Wunder erleben.

Selig, ja selig ist der zu nennen, des Hilfe der Gott Jakobs ist, welcher vom Glauben sich nicht läßt trennen und hofft getrost auf Jesum Christ. Wer diesen Herrn zum Beistand hat, findet am besten Rat und Tat. Halleluja, Halleluja. J. D. Herrnschmidt

3. September *Du hast nie gedacht an die Zeit deiner Jugend.*

Hesekiel 16,22

Das ist ein hartes Wort. Gott erinnert sein Volk daran, daß doch dies Volk keinerlei Vorbedingungen erfüllt hatte, als es durch seine Hand erlöst wurde. Es war doch alles nur aus purer Liebe und völlig unerklärlich geschehen. »Du hast nie gedacht an die Zeit deiner Jugend.« Du hast nie gedacht an die Zeit, als Gott dich im Säuglingsalter bereits mit Namen rief. Wir haben die Taufe vergessen, die Tatsache, daß Gott, bevor wir auch nur die Hände falten konnten, schon »ja« zu uns gesagt hatte. Bevor wir auch nur einen Gedanken an ihn denken konnten, hatte Gott erklärt: Du gehörst zu mir und ich zu dir!

Jetzt, da wir in der Reife des Lebens stehen, meinen wir, Gott einiges anbieten zu können: »Herr, sieh du an das Leid, das wir erleben, das kann doch vor dir nicht vergeblich sein. Herr, du siehst doch, was wir geleistet haben in unserem Leben, das muß doch Eindruck auf dich machen.«

»Du hast nie gedacht an die Zeit deiner Jugend.« Was bilden wir uns denn auf unsere Liebe zu Gott ein? Wir sind doch nur Geliebte. Von daher allein können wir unseren Christenstand bedenken: Er

hat uns zuerst geliebt. Er ist schuld daran, daß wir Christen geworden und geblieben sind. Er ganz allein.
Drum komm ich auch mit meinem Beten, das herzlich und voll Glaubens ist. Der mich heißt freudig vor dich treten, ist mein Erlöser Jesus Christ, und der in mir das Abba schreit, ist, Herr, dein Geist der Freudigkeit.

4. September *Deine Propheten haben dir lose und törichte Gesichte gepredigt und dir deine Missetat nicht geoffenbart, damit sie dein Gefängnis abgewandt hätten, sondern haben dir gepredigt lose Predigt, damit sie dich zum Lande hinaus predigten.* Klagelieder 2,14
Man kann sagen, was man will, man kann sich über die Pastoren ärgern und über ihre Predigt — solange sie uns unsere Missetat offenbaren, tun sie recht. Wehe, wenn eine Kirche nicht mehr unsere Missetat offenbart! Dann passiert das, was Jeremia von den falschen Propheten berichtet, daß sie damit praktisch das Volk aus dem Land hinausgepredigt haben.
Darum ist es gut, wenn in der Kirche immer noch von unserer Sünde die Rede ist, denn Gott ist ein heiliger Gott. Wenn ein Sohn Schulden gemacht hat, wird er vom Vater nicht verlangen können, daß er für ihn aufkommt, ohne daß er die Schulden dem Vater mitgeteilt hat. So ist es mit Gott. Wir haben unsere Schulden offen darzulegen. Und es ist immer noch so gewesen: Wer das tat, dem wurde alles bezahlt. Gott liebt den Schuldner, aber er haßt die Schuld. Darum deckt Gott dem die Sünde zu und die Schuld, der zu ihm kommt. Solange die Predigt von der Sünde redet, redet sie von der Möglichkeit der Vergebung. Redet sie nicht von Sünde und Vergebung, verschweigt sie das große Tun Gottes, verschweigt sie seine Liebe. Wie aber sollen wir ohne seine Liebe leben? Was sollen wir ohne seine Vergebung anfangen?
O Gott und Herr, laß uns die Predigt von Sünde und Gnade liebhaben und erhalte sie uns. Gib, daß uns dein teures Predigtamt nichts erspart. Es tut uns bitter not.

5. September *Die Priester ehrte man nicht, und mit den Alten übte man keine Barmherzigkeit.* Klagelieder 4,16
Die Autoritäten sind dort zerstört, wo man den Pastor nicht mehr ehrt und an Alten keine Barmherzigkeit übt. Pastoren sind auch Menschen. Aber wehe, wenn unser Urteil über die Pastoren in Ironie oder Spott übergeht! Ist doch der Pastor von der Gemeinde gerufen, hauptamtlich Diener am Worte zu sein. Nehmen wir diese seine Rolle nicht ernst, behandeln wir ihn statt dessen als einen, den man

auch auf der Straße stehen oder allein predigen lassen kann, so sollen wir wissen, daß wir ihn nicht als Menschen verachten, sondern als Diener am Wort. Wer den Diener am Wort verachtet, verachtet das Wort Gottes selber. Wer den Diener am Wort verachtet, verachtet sehr schnell auch die Alten. Man erklärt sie als lebensunwert und übt keine Barmherzigkeit an ihnen. Man nimmt sie nicht mehr als Autoritäten. Wer diese Autoritäten verachtet, macht sich zum Knecht anderer Autoritäten. Die bringen einem dann bald höchst spürbar unter Blut und Tränen bei, wie sie uns selbst als Kanaille über die Klinge springen lassen. Gefahr ist im Verzug! Ehren wir das Amt, das die Versöhnung predigt? Sind wir barmherzig gegenüber den Alten? Wer sie verachtet, verachtet Gottes Wort. Wer Gottes Wort verachtet, den verachtet Gott selbst, und aus Gottes Mund wird er bald hören: Ich kenne dich nicht.

O Gott und Herr, bewahre uns und unser Volk davor, daß wir die Autoritäten verachten, und laß uns nicht ein loser Haufe werden.

6. September *Es trete ab von Ungerechtigkeit, wer den Namen Christi nennt.* 2. Timotheus 2,19

». . . Im übrigen werden wir nicht versäumen, an unserem Stiftungsfest mit geschlossener Mitgliederzahl an Ihrem Gottesdienst demonstrativ teilzunehmen, unsere Fahnen gehören dann selbstverständlich in die Nähe des Altars«, schrieb der Vereinsvorsitzende.

»Abtreten!« sagte Paulus. Wer den Namen Christi in den Mund nimmt, muß die Konsequenzen ziehen. Will er demonstrieren, dann lasse er den Namen Christi fort. Will jemand Geschäfte machen, dann tue er es nicht unter der Firma Christi. Es trete ab vom Geschäftemachen und vom Demonstrieren, wer den Namen Christi nennt. Das ist ein hartes Wort in einer so christlichen Welt. Denn wir haben gemerkt, daß man gut den Absatzmarkt erweitern kann, wenn man Baumwolle und Christus zugleich anbietet. Wir haben es geschichtlich belegt, daß eine Partei in ihr Programm das »Positive Christentum« hineinnehmen kann und damit alle Christen zur Wahlurne lockt.

Abtreten von Nebengedanken! Denn Gott läßt es sich nicht gefallen, daß man mit seinem Namen sich selber dient. — Was wollen wir heute mischen? Mit Christus läßt sich nichts verbinden und nichts mischen, damit es uns diene. Wer den Namen Christi nennt, kann nur ihm dienen, ganz gleich, was dabei herauskommt.

O Gott und Herr, bewahre mich davor, daß ich deinem Namen Unehre mache mit meinen Geschäften und mit meinem Vorhaben. Laß mich nur dich meinen und nicht mich. Laß mich dir dienen und nicht mir. Laß mich nicht mit dir verdienen wollen.

7. September *Jesus sprach: Gebt dem Kaiser, was des Kaisers ist.*
Matthäus 22,21

Es kann keiner Gott geben, was Gottes ist, wenn er nicht dem Menschen gibt, was des Menschen ist. Es kann keiner sagen: »Ich habe mein Bürgerrecht im Himmel!« und hier auf Erden seinen Personalausweis zerreißen. Es kann keiner sagen: »Im Himmel wird nicht mehr gewählt, also entziehe ich mich auch hier der Wahl!« Es kann keiner sagen: »Im Himmel gibt es keinen Luftschutzbund, also füge ich mich nicht den Alarm-Ordnungen hier!«

Wenn Jesus Christus unser einziger Trost ist im Leben und im Sterben, dann ist er es eben im Sterben und im Leben. Dieser Jesus Christus will, daß wir als Christen leben in dieser Welt. Daß wir als Christen Häuser bauen, als Christen am Fließband arbeiten, als Christen Auto fahren, als Christen dienen, als Christen regieren und schließlich auch als Christen wählen und gewählt werden.

Aber da wir Gottes sind — teuer erkaufte Leute —, gehören wir nicht jedem. Das, nur das macht uns skeptisch gegenüber allen Ansprüchen, die Menschen an uns erheben. Darum werden Christen nie total hinter jemandem stehen. Total stehen wir hinter Gott. Und nur wo Gott uns frei gibt, da gehören wir den Menschen: und geben dem Kaiser nur das, was ihm gebührt. Nie mehr.

O Gott und Herr, hilf uns in allem, auch in politischen Entscheidungen, uns für dich zu entscheiden. Du hast etwas mit Politik zu tun. Laß uns darum auch in aller öffentlichen Verantwortung an dir bleiben.

8. September *Und Gott schuf den Menschen ihm zum Bilde, zum Bilde Gottes schuf er ihn.* 1. Mose 1,27

Immer noch gibt es Schwärmer, die meinen, es aufzeigen zu können, daß wir gott-ähnlich seien. Aber wir haben uns alle verändert, seitdem wir Gott den Krieg erklärt haben. Seit Adam haben wir den eisernen Vorhang heruntergelassen. Das ging nicht spurlos an uns vorüber: Wir sind Gottes Abgefallene.

Bis Gott auf unsere Seite, diesseits unseres eisernen Vorhanges, etwas tat. Er hat nämlich auf unserer Seite sein Ebenbild neu geschenkt. In unserem Land, an dessen Grenzen wir gegen Gott einen Wall aufbauten, hat Gott gewohnt. Er gab uns Christus, seinen Sohn. Der sagt »Vater« zu seinem Vater.

Nun aber entsteht das Wunder: Dieser eine, der »Vater« zu Gott sagen kann, nennt uns seine Brüder. Wer ihn kennt, wer ihn nennt, ist zum Ebenbild Gottes gemacht, ist neu geschaffen.

Wir bleiben Menschen. Aber Gott sieht uns anders an. Er erkennt in uns seinen Sohn wieder. Das ist es! Wir sind Gott verwandt gemacht in dem Geliebten. Wir sind seine Kinder geworden. Wir sind Ebenbilder Gottes. Die Versöhnten sind es.

Liebe, die du mich zum Bilde deiner Gottheit hast gemacht, Liebe, die du mich so milde nach dem Fall hast wiederbracht: Liebe, dir ergeb ich mich, dein zu bleiben ewiglich. Johann Scheffler

9. September *Hört ihr nicht?* Jesaja 40,21

An Gott liegt es nicht. Nein, es liegt bestimmt nicht an Gott. Gott hat keine Sendepausen. Wenn wir nicht hören, ist unser Apparat kaputt. Oder wir haben abgestellt. Gott spricht so deutlich, daß es keinen Menschen gibt, der sagen könnte: »Nie von ihm gehört!« Es gibt keinen Menschen in Deutschland, der nicht eine Glocke gehört hätte. Und wo die Glocke läutet, gibt es eine Tür, und wer da durchgeht, kann ihn hören. Hört ihr nicht? Eben daran liegt es. Wir gehen vorbei. Wir haben abgestellt. Wir wollen nicht hören.

Wie lange noch? Wie lange läßt sich Gott das wohl gefallen, daß wir einfach vorbeidrehen, wenn er redet, einfach abstellen, wenn er sendet? Wie lange läßt sich Gott das wohl gefallen?

Wir hätten längst die Geduld verloren. Wenn ein Freund nicht auf uns hört, lassen wir ihn stehen; wenn unsere Kinder nicht auf uns hören, werden wir wild. Gott läßt uns nicht stehen. Gott wird nicht wild. Gott redet weiter, wie sein Sohn es ausgesprochen hat: Er lockt und lockt »wie eine Henne ihre Küchlein«. Aber der Satz geht weiter: »und ihr habt nicht gewollt.« Ist das von uns gesagt?

Hört ihr nicht?

Gib uns Kraft und Zucht, daß wir nicht abschalten, wenn du redest. Laß uns für dich da sein. Wir wollen hören, Herr. Sammle du uns.

10. September *Und der Herr sprach: Ist dieser nicht ein Brand, der aus dem Feuer errettet ist?* Sacharja 3,2

Gott erinnert sich bei diesem Ruf an seine eigene Tat. Sobald es anfängt bei der Gemeinde, in ihren Gefahrenherden auch nur zu knistern und zu glühen, ist Gott auf dem Plan. Sobald wir in unserem persönlichen Leben merken, daß die Anfechtungen stark werden, sobald wir merken, daß wir an einer Stelle — und an welchen Stellen merken wir es nicht? — angesengt werden, immer ist Gott auf dem Plan. Gott besinnt sich auf das, was er getan hat. »Ist dieser nicht ein Geretteter? Habe ich ihn nicht herausgerissen? Was glüht er wieder? Was ich einmal getan habe, dazu verpflichte ich mich ewiglich. Ich nehme nichts zurück. Ist dieser es nicht, für den ich meinen Sohn gab? Ist es nicht die Gemeinde meines Sohnes?« So wehrt er der Glut und baut alsbald schützende Mauern um uns. Diese Mauer hält selbst in der Todesstunde. Dann ist der letzte Augenblick gekommen, in dem das Feuer noch einmal an uns gerät, der allerletzte Augenblick! Aber auch an dieser Stelle steht er. Er

besinnt sich auf das, was er getan hat, und reißt uns durch. Er trägt uns vom Feuer weg und stellt uns ins Licht. Denn Gott sagt es zu sich selbst: Ist dieser es nicht?
Darum spricht Gott: »Ich muß auf sein, die Armen sind verstöret; ihr Seufzen dringt zu mir herein, ich hab ihr Klag erhöret. Mein heilsam Wort soll auf den Plan, getrost und frisch sie greifen an und sein die Kraft der Armen.« Martin Luther

11. September *Den Frieden lasse ich euch, meinen Frieden gebe ich euch. Nicht gebe ich euch, wie die Welt gibt. Euer Herz erschrecke nicht und fürchte sich nicht.* Johannes 14,27
Gott sei Dank! in des Wortes wirklicher Bedeutung. Denn wenn der Friede Gottes nun auch noch so wankend und schwankend wäre wie der Friede, den wir Menschen unter uns ausmachen, was sollten wir dann tun? Es wäre zum Verzweifeln, und die Selbstmörder hätten recht. Christus gibt den Frieden eben n i c h t, wie die Welt gibt. Er gibt ihn anders. Seine Garantien sind wirklich unzerstörbar. Das liest sich so leicht, daß man doch noch in Zweifel geraten könnte, ob der Friede standhält, ob nicht eines Tages doch wieder Kriegszustand ist zwischen Gott und uns.
Und wenn es sich auch leicht liest, Gott aber ist es schwer geworden. Seinen Sohn zu geben, war wirklich keine Kleinigkeit: Er ließ sein Besten kosten. »Dies Wort ist wahr und trügt nicht und hält gewiß, was er verspricht, im Tod und auch im Leben.«
So laßt es denn herumgehen in dieser Welt als solche, die von seinem Frieden leben. Merkt man uns an, daß uns keiner was anhaben kann? Daß selbst der Teufel zurückprallt und sagt: Unantastbar! Denn der Friede, den Christus gibt, prägt den Menschen. Uns auch?
O Gott und Herr, von deinem Frieden laß uns leben. Andere auch durch uns. Nimm uns den Schrecken, du könntest es mit uns leid werden. Du hältst den Frieden mit uns.

12. September *Wenn dich nun dein Sohn heute oder morgen fragen wird und sagen: »Was sind das für Zeugnisse, Gebote und Rechte, die euch der Herr, unser Gott, geboten hat?«, so sollst du deinem Sohn sagen: Wir waren Knechte des Pharao in Ägypten, und der Herr führte uns aus Ägypten mit mächtiger Hand.* 5. Mose 6,20.21
Fragen unsere Söhne denn? Und wie sie fragen! Sie fragen auch dann, wenn sie es nicht als Frage aussprechen. Sie fragen heimlich. Sie stellen uns in Frage, ohne es zu sagen. Sie beobachten uns dauernd, sie wollen wissen, ob was dran ist an unserem Glauben.
Was sagen wir unseren Söhnen und Töchtern? Wie sagen wir es? Antworten müssen Eltern schon. Nicht aufdringlich. Man kann mit

dem ersten Katechismus antworten, den es in der Christenheit gab. Unser Text ist solch ein Katechismus. Aber das ganze Leben muß Antwort sein. Die Kinder müssen merken, an wen die Eltern gebunden sind. Man sollte ihnen nicht dauernd Bibelstunden und Predigten halten. Der Gang mit den Kindern zum Gottesdienst sagt doch schon viel. Er sagt mindestens dies, daß es einen Platz gibt, wo Vater und Mutter beide vor einem gemeinsamen Dritten stehen, vor Gott selbst! Ehemals Knechte, nun aber herausgeführt mit mächtiger Hand.

O Gott und Herr, wir und unsere Eltern und unsere Kinder, wir alle gehören zu dem Volk, das du mit mächtiger Hand herausgeführt hast in die Freiheit deiner Kinder. Laß uns bei deinem Volk bleiben.

13. September *Die Hauptsumme des Gebotes ist Liebe von reinem Herzen und von gutem Gewissen und von ungefärbtem Glauben.*

1. Timotheus 1,5

Keiner hat mit seiner Liebe zuerst angefangen. Unsere Liebe ist Antwort auf Liebe. Nicht wir haben Gott zuerst geliebt, sondern er hat uns geliebt.

Darum reden Christen nicht von ihrer Liebe. Wer von Liebe redet, macht sich verdächtig. Der Liebende weiß nicht davon. Er weiß nur davon, daß er geliebt wird, und kommt aus dem Staunen nicht heraus.

Einen Ehemann, der laut sagt: »Ich liebe meine Frau«, soll man nicht bestaunen. Denn die Aussage des wirklich Liebenden heißt: »Meine Frau hat mich lieb.« Erst in solcher Aussage entsteht Liebe. Das ist die Hauptsumme, Start, Fahrt und Ziel. Das ist der Strich unter unserer Lebensrechnung: Gott ist die Liebe, er liebt auch mich. Wer das bekennt, liebt, ohne daß er es registriert. Das hat Konsequenzen für unsere persönlichen, für unsere gemeindlichen, für unsere kirchlichen, selbst für unsere politischen Einsätze. Nicht unsere Liebe treibt uns, sondern unser Von-Gott-geliebt-Werden. Darum brauchen wir unser Lieben nicht zu erwähnen, sondern immer nur sein Lieben.

O Gott und Herr, wir bekennen dir, daß wir viel zuviel von uns reden. Du bist es doch, der liebt. Wir sind deine Geliebten.

14. September *Er machte Frieden durch das Blut an seinem Kreuz, durch sich selbst.* Kolosser 1,20b

Meinen wir, so selbstlos könne Gott nicht sein, es stecke etwas dahinter, wenn Gott Frieden mit uns macht durch sich selbst? Wir Menschen reden ja auch vom Frieden und meinen Aufschub, bis wir soweit sind, um losschlagen zu können. Gott schlägt aber nicht los.

Ist's doch nichts aus lauter Liebe, was sein treues Herze drängt. Wir brauchen nichts zu bezahlen. Er macht Frieden und zahlt unsere ganzen Reparationskosten. Er zahlt mit sich selber. Uns wird kein Haar gekrümmt, wir können nur gewinnen.
Das ist allerdings ein Friede, der höher ist als alle Vernunft. Ja, wer mit Gott zu tun hat, muß alle seine Maßstäbe drangeben. Wir dürfen sie drangeben, auch unsere Gedanken dürfen wir drangeben, die uns im Blick auf solchen Frieden kommen, unsere Gedanken, ob wir den Frieden etwa verscherzt haben; auch die Meinung des Kain, seine Sünde sei zu groß, als daß sie ihm vergeben werden könne; auch unsere Sorge, durch unsere dauernde Rebellion habe es Gott jetzt satt mit uns und seine Geduld sei erschöpft. Nein! Nein! Er machte Frieden an seinem Kreuz durch sich selbst. Den machen wir nicht zunichte.
Herr Jesus Christus, wir sagen dir, daß wir deiner Friedenstat glauben.

15. September *Wie oft muß ich meinem Bruder vergeben?*

Matthäus 18,21

Ja, wir möchten eine Liste darüber führen und nach einer Woche in einem eingeschriebenen Brief mitteilen: »Ich habe dir siebenmal vergeben. Jetzt ist Schluß!«
Zu Jesus kam mal einer und fragte so: Wie oft? Genügt es siebenmal? Und Jesus antwortete: Siebzigmal siebenmal. Damit will Jesus keine feste Zahl genannt haben, sondern will gerade die Zahl ausstreichen. Nicht rechnen, nicht nachrechnen, wie oft man vergeben hat! Nicht in Listen führen, was man Gutes getan hat! Die rechte Hand nicht registrieren lassen, was die linke tut!
Und immer, wenn wir mutlos werden und sagen: »Jetzt ist aber Schluß!«, soll uns dies einfallen: Was sollen wir denn tun, wenn Gott mal sagte: »Jetzt mach ich Schluß mit euch«? Denn seine Lust ist es, zu heilen, zu stillen, zu trösten, zu erfreuen und zu segnen und unsern Seelen als Freund zu begegnen. Und wenn es nicht seine Lust wäre, wir würden vergehen in unserem Elend. Denn wir leben täglich von seiner Vergebung.
Also aufhören mit unserem Registrieren! Wie oft sollen wir vergeben? Nicht zählen! Vergebt einer dem andern seine Sünden!
O Herr Christ, deck zu unsre Sünd und solche Lieb in uns anzünd, daß wir mit Lust dem Nächsten tun, wie du uns tust, o Gottes Sohn.

Nikolaus Herman

16. September *Herr, du siehest alle meine Wege.* Psalm 139,3

Gott sieht uns nicht mit den Augen eines Detektivs. Zwar sieht er, wie wir uns quälen, er sieht, was wir falsch machen, er sieht unsere Not, er sieht unsere Verkrampfung. Auch sieht er, wie wir ihm ausweichen, wie wir auf ihn verzichten wollen. Wie wir uns drücken vor seinem Angesicht, das sieht er auch.

Aber wir dürfen es ihm sagen, alles. Auch daß wir von ihm weggelaufen sind, daß wir unser Gesicht weggewandt haben, als er uns ansah. Wir dürfen ihm aber jetzt sagen, daß wir uns nun umsehen, auf ihn unsere Blicke richten und ihm zugeben: Herr, du siehst mich. Und er sieht uns mit den Augen Gottes an, mit den Augen, die nach Hause winken: »Komm doch her, ich weiß Bescheid, ich habe für dich gebeten, daß dein Glaube nicht aufhöre.« Auf diese Sicht Gottes, auf solch ein Ansehen sind wir angewiesen.

Heute auch.

Wir sollten ihm unsere Wege, alle unsere Wege, bekannt machen: Herr, du siehest alle meine Wege.

Sie müssen alle an seinen Augen vorbei.

Laß dein Angesicht leuchten über uns und sei uns gnädig, erhebe dein Antlitz auf uns und gib uns Frieden.

17. September *Auf daß ihr seid ohne Tadel und lauter und Gottes Kinder, unsträflich mitten unter dem unschlachtigen und verkehrten Geschlecht, unter welchem ihr scheinet als Lichter in der Welt.*

Philipper 2,15

Wir sind mitten drin. Gott holt seine Kinder nicht heraus. Gott läßt regnen über Gerechte und Ungerechte. Die Christen sollen nicht eine christliche Kolonie gründen außerhalb der Stadt. Wir sollen in den Wohnhäusern bleiben, in denen wir wohnen, auch wenn die Nachbarn keine Christen sind. Wir sollen in einer Stadt bleiben, auch in einem Land, selbst wenn das Gericht über der Stadt und über dem Land liegt. Mitten drin sollen wir bleiben.

Auch wenn wir manchmal seufzen, auch wenn wir manchmal meinen, es wäre besser, wir lösten uns, wir zögen aus. Angenommen, wir täten es, angenommen, wir würden eine christliche Kolonie gründen, lauter Christen — wir wissen, daß mitten unter den Jüngern der Judas war. Keiner ist sicher, daß er, wenn er in diese christliche Kolonie zöge, nicht ausgerechnet die Rolle des Judas spielen würde. Denn wir können für den andern Tag nicht garantieren. So laßt uns denn bleiben, mitten unter verkehrten Leuten laßt uns bleiben. Es zeigt uns deutlich, daß wir Stunde um Stunde bewahrt bleiben müssen durch den, der will, daß wir mitten drin bleiben. Er bewahrt wirklich. Denn er vergißt seine Kinder nicht. Gott hat gute Augen. Es entgeht ihm nichts.

O Gott, du weißt, wo wir wohnen. Laß uns fröhlich hier wohnen.

18. September *Auf daß ihr seid ohne Tadel und lauter und Gottes Kinder, unsträflich mitten unter dem unschlachtigen und verkehrten Geschlecht, unter welchem ihr scheinet als Lichter in der Welt.*

Philipper 2,15

Gestern hörten wir schon, daß wir als Gottes Kinder mitten unter einem verkehrten Geschlecht leben sollen. Heute wird uns gesagt, daß diese Bleibe keine passive, sondern eine höchst aktive Angelegenheit ist. Wir sind ein Licht. Also haben wir Einfluß zu nehmen. Denn wir dürfen scheinen als Lichter in der Welt. Scheinen wir? Wenn man mit einer Taschenlampe gegen eine rußige Wand leuchtet, so werden die Strahlen aufgesogen. Sobald wir aber auf eine helle, glatte Wand den Strahl richten, erhellt sich der ganze Raum. Sind wir rußig oder sind wir hell? Darauf kommt es an. Denn wir scheinen nur darum, weil das Licht Jesu Christi auf uns fällt. Er ist die Sonne. Fallen die Strahlen vergeblich auf uns, oder scheinen sie von uns wider? Der ganze Raum soll hell werden. Jawohl, über kurz oder lang muß es sich auswirken, ob ein Christ in einem Haus wohnt unter unchristlichen Nachbarn, oder ob die unchristlichen Nachbarn unter sich sind.

Untersuchen wir die Wand, untersuchen wir uns selbst. Leuchtet Christus vergeblich? Wie viele Strahlen hat Christus schon suchend nach uns geschickt — und immer noch keine Wirkung!

Weck die tote Christenheit aus dem Schlaf der Sicherheit; mache deinen Ruhm bekannt überall im ganzen Land. Erbarm dich, Herr.

Chr. G. Barth

19. September *Da ging der König hinein, die Gäste zu besehen, und sah allda einen Menschen, der hatte kein hochzeitlich Kleid an.*

Matthäus 22,11

Die Angestellten in der Garderobe bemühten sich, ihm klarzumachen, es sei nicht möglich, den Saal ohne das weiße Gewand zu betreten. »Aber seht doch meinen Anzug! Ich habe ihn mir schwer verdient.« Er ließ sich nichts von ihnen sagen. So kam denn, was kommen mußte. Der Veranstalter des Festes entdeckte ihn sofort.

Es geht in der Vorhalle nicht darum, ob unser Anzug ausreicht, ob in Anbetracht der Opfer und unseres Kaufpreises unser Anzug anerkennenswert ist. Sondern es geht darum, was wir zu dem Gewand sagen, das der Veranstalter für das Fest bestimmte. Denn es ist das Gewand seines Sohnes. Der Veranstalter ist Gott. Das wissen wir. Es handelt sich also um das weiße Kleid, das den Vater an die Liebe erinnert, die er für die Menschen aufbrachte. Es ist Christi Schmuck und Ehrenkleid. Wer diesen Schmuck nicht anlegt und dieses Ehrenkleid nicht überzieht, sagt nein zu Gottes Liebe. Wer das Kleid verneint, läßt sich nicht lieben.

Lassen wir uns lieben? Oder meinen wir, wir seien die Religiösen.

Die Gott Achtung abnötigen? Jedenfalls steht von dem geschrieben, der in der Vorhalle Worte genug hatte, um sich durchzusetzen, daß er im Saale selbst kein Wort mehr herausbrachte: »Er aber verstummte.«
Christi Blut und Gerechtigkeit, das ist mein Schmuck und Ehrenkleid, damit will ich vor Gott bestehn, wenn ich zum Himmel werd eingehn. Leipzig 1638

20. September *Siehe ich bin bei euch alle Tage bis an der Welt Ende.* Matthäus 28,20

Das können wir Menschen so ziemlich auf allen Gebieten: nichts gefährlich werden lassen, abreagieren, auch in der Religion. So kann man auch diesen Text abfangen. Er ist sicherlich der bekannteste Spruch in der Bibel. 90 Prozent hierzulande kennen ihn auswendig. Matthäi am letzten! Daß Jesus bei uns ist alle Tage, macht uns nichts mehr aus. Man macht mit oder ohne Jesus sein Tagewerk. Man treibt mit oder ohne Jesus Politik, je nach Veranlagung. Keiner beunruhigt mehr den andern, und viele, die versuchen, zu beunruhigen, schaffen es nicht mehr. »Die Menschen zittern davor, daß die Kommunisten kommen; aber sie zittern nicht, wenn Christen kommen. Es bewegt sich nichts«, sagt Willy Kramp. Warum nicht? Offenbar darum, weil wir Christen das »bei euch alle Tage« selbst nicht mehr ernst nehmen, nicht mehr zittern und darum auch nicht mehr getrost sind. Wir nehmen das Sündenbekenntnis in der Liturgie und die Gnadenverkündigung im Gottesdienst hin wie fahrplanmäßige Züge. Wo sind noch verzagte und vor Gott zerschlagene Herzen? Denn den Zerschlagenen gilt doch das Wort.
O Gott und Herr, bewahre uns davor, daß uns dein Wort nichts mehr ausmacht. Sei du heute unter uns wirksam den ganzen Tag. Du weißt, wie nötig wir dich haben.

21. September *Lasset uns ablegen die Werke der Finsternis und anlegen die Waffen des Lichtes.* Römer 13,12

Es gibt für uns zwei Möglichkeiten: Entweder kommen wir ins Helle, oder wir bleiben im Dunkeln. Wie ein Lichtkegel eines Autoscheinwerfers eine Wand anstrahlt und damit einen Kreis auf dieser Wand bildet, so teilt der helle Schein, der von Gott kommt, die Welt in Finsternis und Licht. Wohin verkrümeln wir uns eigentlich? Warum bleiben wir im Dunkeln? Asseln suchen die Finsternis, wenn Licht auf sie fällt. Sind wir Asseln? Fliehen wir das Licht? Scheuen wir den Strahl, den Gott auf diese Welt sendet, oder stellen wir uns diesem Schein?
Das ist die Frage! Wir sollen aber wissen, daß jeder geheilt wird,

der sich diesem Schein stellt. Denn der Strahl Gottes entdeckt alles und verzehrt alles, was nicht in seinem Lichte rein ist.
Reinigung tut uns not. Vergebung der Sünden tut uns not. Und das Ergebnis solch eines Tuns Gottes an uns ist helle Freude, in diesem Lichte stehen zu dürfen.
Stehen wir in diesem Licht?
O Gott und Herr, laß uns heute in deinem Licht uns aufhalten. Laß uns sofort frieren, wenn wir nicht bei dir sind.

22. September *Petrus aber sprach zu dem Bettler: Silber und Gold habe ich nicht; was ich aber habe, das gebe ich dir: Im Namen Jesu Christi von Nazareth stehe auf und wandle! Alsobald sprang er auf, konnte gehen und stehen.* Apostelgeschichte 3,6.8
»Ja, wenn das heute noch passierte!« sagen viele, dann möchten sie an Gott glauben, dann möchten sie auch zur Kirche gehören, dann möchten sie alles ernst nehmen, was da geschieht.
Passiert das denn nicht? Passieren nicht viel gewaltigere Dinge? Wir Menschen sind töricht. Wenn irgendwo mal ein Wunder passiert wie in Lourdes oder an anderen Stellen, dann weiht man Kapellen und meint, es müsse dort immer dasselbe passieren. So legen wir die Wunderfahrt Gottes auf Schienen fest. Und anschließend vermischen sich so viele Dinge, daß vieles, was in Lourdes und an anderen Wallfahrtsstätten an Heilungen geschah, für den Einsichtigen fragwürdig bleibt. Gott tut dann dort nicht mehr alles, sondern der Mensch tut es mit religiöser Suggestion. Warum nehmen wir Wunder erst dann ernst, wenn etwa das geschieht, was in der Urgemeinde passierte, als Petrus einen Lahmen heilte? Müssen wir erst warten, bis sich die Illustrierten der »Wunder« annehmen? Das größte Wunder wird in der Zeitung nicht registriert! Oder hat schon jemand dort gelesen, daß uns die Sünde vergeben ist? Wenn das kein Wunder ist! Das allerjüngste Wunder übrigens ist die Tatsache, daß wir jetzt diese Zeilen lesen, denn Gott will mit uns reden.
Laß uns nicht schwärmen, Herr, für allerlei Wunderstationen. Wir wollen uns in der Nähe deines Kreuzes aufhalten. Mach uns dankbar.

23. September *Nicht, daß ich's schon ergriffen habe oder schon vollkommen sei; ich jage ihm aber nach, ob ich's auch ergreifen möchte, nachdem ich von Christo Jesu ergriffen bin.* Philipper 3,12
Ist es uns schon aufgefallen, daß der Christenstand in der Bibel meist mit Ausdrücken der Bewegung formuliert wird, zum Beispiel: nicht müde werden, laufen, nachfolgen, wandern? Hier steht »ihm nachjagen«. Eigentlich müssen wir hier doch erröten. Wo ist denn

Jagd unter uns? Wir humpeln ja. Wir sind müde. Meist haben wir uns an den Wegrand gelegt und machen den Lauf schon gar nicht mehr mit. Haben wir die Peitsche nötig? Wer das vermutet, der kennt die Bibel nicht. Lesen wir doch den Text oben genau: »... nachdem ich von Christo Jesu ergriffen bin.«

So macht es Jesus mit uns. Wer müde am Rand liegt, braucht nur zu rufen. Christus ergreift ihn, stellt ihn wieder auf den Weg und bringt ihn in die rechte Richtung. Haben wir das erfahren? Sind wir zu müde, um zu rufen? Vielleicht sind wir gar nicht zu müde zum Rufen, sondern es liegt uns an dem Lauf nichts. Wenn uns aber am Lauf nichts liegt, liegt uns ja am Ziel nichts. Wem aber am Ziel nichts liegt, der sollte doch die Konsequenzen ziehen und aufgeben, ganz aufgeben. Nein! Nein! Dann ist Gefahr im Verzug! Wenn wir so müde werden, daß uns »alles egal« wird, dann ist letzte Alarmstufe! Laßt uns ihn rufen, unseren Jammer ihm sagen. Dann bricht Jesus seinen Gang ab und geht den Weg zurück bis dahin, wo wir liegen: »Und wenn er's gefunden hat, legt er es auf seine Achseln mit Freuden.« — Wir sind von Christus ergriffene Leute!

Ergreif uns, Herr.

24. September *Wer bin ich?* 2. Mose 3,11

Der Pessimist gerät in die Sackgasse, und der Optimist wird bald in die Enttäuschung geraten. Denn beide sind nicht realistisch. Wer bin ich? Bin ich Optimist? Bin ich Pessimist? — Ich bin Realist, sollte unsere Antwort sein. Realist wird man aber nur dadurch, daß Gott selber an uns etwas tut. Jawohl! Gott muß etwas an uns tun, wenn wir Realisten werden sollen. Denn sobald Gott etwas an uns tut, werden wir die Welt und die Fragen, in denen wir stehen, die Situationen und Ereignisse, die wir durchleben, mit ihm bewältigen.

So steht Mose vor einem wichtigen Auftrag. Er soll sein Volk führen. Er soll es befreien. Das kann er nicht als Optimist, auch nicht als Pessimist. Das kann er nur, wenn Gott zu ihm ja sagt und er zu Gott. Und Gott tut das, wenn jemand diese Frage vor seinem Angesicht stellt und sich einen neuen Namen geben läßt, eine neue Macht, aus der er handeln kann. Dann handelt er nicht als geborener Pessimist oder als gewordener Pessimist, nicht als veranlagter Optimist oder als erfahrener Optimist, sondern als von Gott in Stand gesetzter Realist. Gottes Antwort lautet: Ich will mit dir sein! Haben wir solche Macht im Rücken? Gott will das tun. Er will, daß wir nicht allein in unserem Namen, sondern in seinem Namen handeln. Dann würden wir etwas zuwege bringen.

Gott weiß! Gott kann! Gott will! und Gott verspricht! Ach glaub ihm doch, mein Herz, und zage nicht. Erich Klapproth

25. September *Haltet alle Gebote, auf daß ihr gestärkt werdet.*

5. Mose 11,8

Alle. Es sind nur zehn. Und sage keiner, sein Geschäft habe damit nichts zu tun. Sie kommen darin vor, die Brötchen und die Wurst, auch das Gehalt und die Lohntüte, der Umgang mit den Menschen im Betrieb und überall. Es ist nun einmal so. Wenn Gott die Welt geliebt hat, dann hat er sie total geliebt, dann gibt es keinen nichtgeliebten Menschen bei ihm, auch keine nichtgeliebten Dinge. Sie gehören ihm, und es ist nicht möglich, daß wir uns an Menschen vergreifen, auch nicht an Dingen. Er bleibt der Herr über Menschen und Dinge. Gott läßt es sich einfach nicht gefallen. Und wer meint, es falle nicht auf: bei Gott fällt es auf.

Warum sind wir auch so töricht? Gott will doch mit den Geboten, daß wir gestärkt werden. So steht es in der Bibel. Gott will uns mit den Geboten nicht quälen, nicht krank machen und nicht vernichten. Gott will uns stärken, gesund machen und zum Leben bringen. Und wer sich auf seine Gebote eingelassen hat, hat Tag um Tag und Monat um Monat und Jahr um Jahr gemerkt: es liegt ein Segen darin, ohne den sein Leben nicht mehr zu denken ist. Andere orientieren sich dann an Menschen dieses Segens.

Wo sind Menschen des Segens? Kennen wir welche? Gott will, daß wir es selber werden. Die ganze Welt schreit nach solchen. Sie tun Deutschland not.

Treib unsern Willen, dein Wort zu erfüllen; lehr uns verrichten heilige Geschäfte, und wo wir schwach sind, da gib du uns Kräfte.

Paul Gerhardt

26. September *So ihr mich von ganzem Herzen suchen werdet, so will ich mich von euch finden lassen.* Jeremia 29,13.14

Wir müssen uns oftmals dieser Frage stellen, ob wir ihn von ganzem Herzen suchen. Man kann suchen, wie die Kinder ihr Spielzeug suchen. Die werden nach fünf Minuten ärgerlich, weil sie es nicht finden, und sind statt mit dem Roller nun auch bald mit der Eisenbahn zufrieden. Sieht unser Suchen so aus? Haben wir uns bald zufriedengegeben mit dem, was uns nahe war, wenn wir nach links und rechts vergeblich getastet und Gott nicht gefunden hatten? Sah so unser Suchen aus?

Wer ihn so sucht, wird ihn nie finden. Wer ihn so sucht, hat ihn nicht nötig. Aber wir haben ihn doch nötig.

Es ist uns doch aufgegangen, daß wir nur dann Menschen sein können, wenn wir Gott haben. Wir haben doch gemerkt, daß wir im Leben und im Sterben uns nicht selbst gehören werden, daß wir uns ja doch verlieren, daß wir Gott gehören müssen, der uns nicht verliert. Wenn uns das aufgegangen ist, dann haben wir ihn doch nötig!

Ich lief verirrt und war verblendet, ich suchte dich und fand dich nicht; ich hatte mich von dir gewendet und liebte das geschaffne Licht. Nun aber ist's durch dich geschehn, daß ich dich hab ersehn.

Johann Scheffler

27. September *Ich will dich segnen und sollst ein Segen sein.*

1. Mose 12,2

Das sagt Gott dem Abraham und mutet ihm zugleich zu, die Garantie des Segens, seinen Sohn Isaak, zu opfern. So gibt es unter uns manche, denen Gott ausgerechnet zumutet, auf die Garantie des Segens, also auf die Gesundheit, zu verzichten. Manchen gibt es, dem Gott den Hof in fremde Hände spielt, die Garantie des Segens, dem Gott die Kinder nahm, die Arbeit, die Frau, die Augen, das Gehör, die Hände ... Die Garantien des Segens.

Gott nimmt die Garantien und segnet, wenn einer wie Abraham den Berg betritt und Gott die Garantie übergibt; wenn einer sich Leib, Gut, Ehr, Kind und Weib nehmen lassen kann, die Garantien des Segens, ohne Gott zu fluchen. Laß fahren dahin! Wenn einer das kann: er ist gesegnet. Gottes Name liegt auf ihm. Denn segnen heißt: den Namen Gottes auf jemand legen, also ihn für Gott in Beschlag nehmen. Es gibt so wenig Gesegnete unter uns. Die Welt hat so wenig von uns, wir sind ihr kein Segen, weil wir uns an unsere Garantien klammern. Dabei könnten große Dinge durch uns geschehen. Und die unter dem Fluch lebende Welt, unser unter dem Fluch lebendes Volk, unsere Nächsten wären erlöst davon, Gott fluchen zu müssen, wenn wir uns unsere Garantien nehmen und uns segnen ließen.

Ich glaube, lieber Herr, hilf meinem Unglauben.

28. September *Gib mir, mein Sohn, dein Herz.* Sprüche 23,26

Ein Liebeslied vor 700 Jahren heißt so: »Du bist mein, ich bin dein: des sollst du gewiß sein. Du bist beschlossen in meinem Herzen, verloren ist das Schlüsselein; du mußt immer drinne sein.« Beim Bräutigam kommt kein anderes Mädchen in Frage, nur die Braut. In sein Herz kann kein anderes Mädchen eindringen. Das Herz ist abgeschlossen; die Braut kann auch nicht mehr verlorengehen, der Schlüssel ist weg.

Wenn das Wort Gottes das Herz getroffen hat, verschließt sich das Herz für andere Worte. »Da ging's ihnen durchs Herz«, steht oft in der Bibel. Damit sind Entscheidungen gefallen wie beim Bräutigam: »... daß ich sein eigen sei ...«

Aber der Teufel hat einen Dietrich. Er probiert und probiert, um auch mit seinen Worten bis in unser Herz zu dringen. Er will, daß wir auf ihn hören.

Denn er weiß, auf wen man hört, dem »gehört« man. Auf daß ich

des Teufels eigen werde, ist sein Programm. Er will uns zu seinem Eigentum degradieren, seine Untertanen sollen wir werden und ihm botmäßig sein.
Was sollen wir tun, wenn er mit dem Nachschlüssel hantiert? Gott es sagen. Gott schirmt ab. Gott sichert gegen Eindringlinge.
Dir öffn ich, Jesu, meine Tür, ach komm und wohne du bei mir; treib all Unreinigkeit hinaus aus deinem Tempel, deinem Haus. H. G. Neuß

29. September *Ich behalte dein Wort in meinem Herzen, auf daß ich nicht wider dich sündige.* Psalm 119,11

Man muß also wachsam sein. Erst im Himmel hört das auf. Hüten wir uns, zu meinen, es sei schon Himmel! Der Teufel ist noch los Gottes Wort im Herzen gilt es zu behalten.
Es geht also nicht nur um ein Auswendigwissen: das geschieht im Kopf. Inwendig muß es sein!
Damit wird der Text zu einer Verteidigungsparole. »Behalten« heißt, den Raum abstecken, ihn am Rand verteidigen, die Grenzen besetzen. Wie es im Lutherlied heißt: »Das Feld muß er behalten.« Die Entscheidung fällt am Rand. Die Entscheidung fällt an den Nahtstellen. Die Entscheidung fällt zu Hause, im Beruf, bei unseren Kindern, im Verhältnis zu unserer Frau: der Teufel probiert an hundert Türen. Wenn er nicht von vorn hereinkommt, versucht er es von hinten; kommt er nicht gegen den Gehorsam des Vaters an, dann versucht er es bei der Wankelmütigkeit der Mutter oder umgekehrt. Oder er probiert es an den Söhnen und Töchtern. Er ist immer im Angriff. Darum laßt uns sein Wort behalten, festhalten, um jeden Preis.
Dein Wort ist, Herr, ein Flammenschwert, ein Keil, der Felsen spaltet, ein Feuer, das im Herzen zehrt und Mark und Bein durchschaltet. O laß dein Wort noch fort und fort der Sünde Macht zerscheitern und alle Herzen läutern. K. B. Garve

30. September *Er ist unser Friede.* Epheser 2,14

»Vertrau dich deinem Drogisten an«, kommt in einem Roman vor. Wer nicht schlafen kann, nimmt das Pulver dafür. Wer nicht wach werden kann, nimmt das Pulver dafür; wer unruhig ist, nimmt entsprechende Tabletten. Wer friedlos ist — nun, dafür gibt es auch was. Und wenn es nicht Drogisten sind, und wenn es keine Tabletten sind, so gibt es auch außerhalb der Drogen Möglichkeiten des Friedens. Die Einbildung vermag viel, auch die Vergeßlichkeit, schließlich deckt die Zeit einiges zu.
Alles falsch. Es ist praktisch doch nur kalter Krieg, verdeckter, verschobener Krieg, aber kein Friede.

Er ist unser Friede. Wer also von Frieden spricht, ohne Christus zu nennen, der hat die Rechnung ohne den Wirt gemacht. Denn der Krieg, in dem wir leben, ist der Krieg gegen Gott. Vor ihm ist Friedensschluß zu machen. Das geschieht nicht mit Drogen und nicht mit Einbildung. Weil der Krieg schlimm war, kostet der Friede mehr als unsere Erfindungen. Gott muß es selbst erfinden und fand seinen Sohn. Seitdem dies Blut geflossen ist, ist der Krieg beendet, es ist Friede, Friede, der höher ist als unsere Vernunft.
Er ist unser Friede. Man kann also nicht Frieden ohne Christus haben, höchstens Ruhe vor vernichtendem Sturm.
Allein Gott in der Höh sei Ehr und Dank für seine Gnade, darum daß nun und nimmermehr uns rühren kann kein Schade. Ein Wohlgefalln Gott an uns hat; nun ist groß Fried ohn Unterlaß, all Fehd hat nun ein Ende. Nikolaus Decius

1. Oktober *Aller Augen warten auf dich, und du gibst ihnen ihre Speise zu seiner Zeit.* Psalm 145,15
Man fängt nicht mit dem Essen an, bevor alle sitzen. In der Kantine ist dies etwas anderes. Aber in der Familie ist es doch so. Und dann: Hinein? Nein, das wäre zu schnell. Wenn alle sitzen, muß noch was passieren, bevor die Löffel klappern. Eben dies, daß aller Augen auf ihn warten. Auf wen? Daß aller Augen sich abwenden vom Essen und sich auf den richten, der es gibt.
Wenn man etwas geschenkt bekommt, dann sieht man den Geber auch an. Man nimmt es nicht im Vorbeigehen, als wäre es selbstverständlich. Die Suppe und das Brot nehmen wir aber schon dauernd selbstverständlich. Und das ist das Schlimme. Was man selbstverständlich nimmt, das degradiert man. Das Essen aber ist kein Fraß, und der es gab, ist kein Automat. Das Essen ist eine Speise uns zur Stärkung. Und der es gab, ist der Geber aller Gaben: Gott. Darum: Aller Augen warten auf ihn. Darum schließt man die Augen und sieht Gott dabei an und dankt ihm, daß er uns nicht verhungern läßt. Wer das tut, wird merken, daß er fröhlicher wird. Denn der Dankbare ist fröhlicher als der Undankbare.
Herr, wir kommen zu dem Essen, laß uns deiner nicht vergessen, denn du bist das Lebensbrot. Speis die Leiber, stärk die Seelen, die wir dir nun anbefehlen, steh uns bei in aller Not. Gib uns, daß wir nach der Erden deine Gäst' im Himmel werden.

2. Oktober *Betet ohne Unterlaß!* 1. Thessalonicher 5,17
Es ist das Schlimmste für die Kinder, wenn Väter sie schneiden, wenn sie ihnen nicht erlauben, sie anzusprechen, ihnen kein Wort zubilligen. Gott aber läßt sich ansprechen. Betet!

Wenn man durch eine Kinderschar mit dem Rad zur Arbeit fährt, kennt man seine eigenen Kinder sofort heraus: Sie winken und rufen: »Vater!«, während die anderen schweigend am Rand stehen. »Vater« rufen die Christen, auch wenn andere kopfschüttelnd schweigen. Betet!
Ohne Unterlaß dürfen wir den Vater angehen. Wieder: wie bei den Kindern, vom Ball angefangen, der im Stacheldraht die Luft verlor, bis zum Schrei im Schmerz beim Autounglück und bis zur frohen Nachricht: »Vater, versetzt! Prima Zeugnis!« So meint es der Text: in guten und in bösen Stunden, ohne Unterlaß. Betet!
Muß es wirklich befohlen werden? Ja, es muß befohlen werden. Weil wir so leicht verstummen, weil wir herumwühlen in unserem Leid und uns verlieben in unsere Freude, weil wir uns immer mit uns selbst beschäftigen, statt es dem Vater zu sagen. Betet!
Vater unser, im Himmelreich, der du uns alle heißest gleich Brüder sein und dich rufen an und willst das Beten von uns han: Gib, daß nicht bet allein der Mund, hilf, daß es geh von Herzensgrund.

Martin Luther

Tag der „Deutschen Einheit"

3. Oktober *Und es kam eine arme Witwe und legte zwei Scherflein ein.* Markus 12,42

Sie hat es nicht abschreiben können. Sie war so arm, daß der Staat bei ihr nichts abholen konnte. Andere können abschreiben. Andere können das, was sie Gutes tun, verbuchen. Andere verwahren sogar den Postabschnitt, um ihn als Beleg zu haben. Der eine gibt tausend Mark, und diese gibt zwei Groschen. Wer gibt mehr? Es kommt offenbar nicht auf die Summe an. Diese Witwe hatte nicht mehr. »Sie hat von ihrer Armut alles, was sie hatte, ihre ganze Nahrung, eingelegt«, sagt Jesus von ihr. Diese Witwe gab alles.
Wie geben wir? Aus der Westentasche das Kleingeld? »Hast du Kollektengeld?« fragen wir, wenn wir in die Kirche gehen, und meinen damit den Groschen. So geben wir. Man kann es in Prozenten gar nicht ausdrücken, so klein ist es.
Kennen wir die Gabe, mit der wir beschenkt sind? Die ist hundertprozentig. Gott spart nicht, wenn er uns beschenkt. Wenn Gott so sparsam mit seiner Gabe wäre wie wir mit unserer, wir kämen alle um. Ob wir nicht mehr geben müßten?
Wenn Gott sich zahlen ließe, was er dir täglich gab? Bedenk's mit Dank, genieße und gib dem Bruder ab. R. A. Schröder

4. Oktober *Er übet Gewalt mit seinem Arm und zerstreut, die hoffärtig sind in ihres Herzens Sinn.* Lukas 1,51

Gott hat noch nie seine Arme verschränkt. Auch wenn alles dagegen

spricht: sein Arm ist noch ausgereckt. Auch wenn die großen Konferenzen über Krieg und Frieden in dieser Welt stattfinden, ohne daß sein Name dabei genannt wird, auch wenn »Männer Geschichte machen«: sein Arm übt Gewalt.
Das kann nur der merken, der zuläßt, daß Gott in seinem Leben selber Gewalt übt. Denn solange wir mit unseren Armen in der Welt herumwirtschaften, werden wir nie etwas von der Gewalt seines Armes in großen und kleinen Zusammenhängen der Geschichte spüren. Bevor wir uns also über die Weltsituation beklagen, tut uns die Botschaft der Maria bitter not, daß er uns als Hoffärtige zerstreuen werde. Hoffart liegt uns allen. Wir sind Revolutionäre. Wir meinen doch alle, es besser zu können als Gott. ». . . warum hat Gott denn nicht . . . so müßte Gott jetzt handeln . . . dreinschlagen sollte man . . .« Ausgerechnet mit solchen Gedanken haben wir uns zu denen gemacht, die er zerstreuen muß. Er muß uns zerstreuen. Wir sind nicht für ihn brauchbar.
Er fällt solch ein Urteil, wenn wir uns über ihn aufregen. Maria betete, aber sie regte sich nicht auf. Sie blieb in ihrer Magdrolle und brachte es betend fertig, heimlich und staunend zuzusehen, wie Gott seine Wunder tat.
Weil alles wankt und alles fällt und bleibt nur auf den Schein gestellt, wähl ich den Grund, der trägt und hält, den Fels, dran jeder Trotz zerschellt. R. A. Schröder

5. Oktober *Tut alles ohne Murren und ohne Zweifel!* Philipper 2,14

Gott verträgt kein Murren. Gott will freiwilligen Gehorsam der Kinder. Nicht darum, weil Gott eifersüchtig ist und keinen Widerspruch duldet. Gott ist kein Tyrann. Gott will den Gehorsam nicht blindlings. Sondern Gott erwartet, daß wir ihn so kennen, daß wir seine Befehle als Befehle des Vaters ausführen, der es gut mit den Kindern meint. Wer allerdings nicht weiß, daß Gott es gut mit uns meint, muß murren. Aber ein Christenleben ist eine fröhliche Sache. Oft wird es schwer mit der Fröhlichkeit. Das liegt aber nur daran, daß wir dann das Angesicht des Vaters vergessen. Dann schiebt sich jemand zwischen Gott und uns. Der Teufel hat großes Interesse daran. Dann vermuten wir, Gott könne grausam mit uns umgehen. Solche Vermutung ist bereits halber Sieg des Teufels. Unser Murren ist ein Choral in seinen Ohren. Dabei vergessen wir ganz, daß ein Vater, auch wenn er sein Kind straft, das Kind dennoch liebt. Das wissen wir doch aus eigener Erfahrung. Und wenn sich Väter auch irren und es bei Müttern einmal durcheinandergeht, Gott irrt sich nicht, bei Gott geht nichts durcheinander. Gottes Tun ist lauter Liebe. Gott hat es ja unter Beweis gestellt. Kennen wir den Beweis?

Er hat noch niemals was versehn in seinem Regiment, nein, was er tut und läßt geschehn, das nimmt ein gutes End. Ei nun, so laß ihn weiter tun und red ihm nicht darein. Paul Gerhardt

6. Oktober *Ich vermag alles durch den, der mich mächtig macht: Christus.* Philipper 4,13

Jesus ist am Werk durch uns an andern.

Jawohl, mit unseren Niederlagen, jawohl damit, daß uns die Nerven durchgehen, daß wir Sünder sind, daß wir uns herumquälen. Es wird wirklich an keiner Stelle eindeutig sichtbar, daß wir »alles vermögen«. Die einen sündigen, und wir sündigen, die einen haben Niederlagen, und wir haben Niederlagen. Aber hier entscheidet sich alles: Bei uns sind die Sünden weggeworfen! Wir sind beweglich für das Werk, das vor uns liegt. Wir sind mächtig gemacht, weil Christus unser Nichtkönnen annulliert. Damit kommt Christus selbst durch uns zu dem, was er wirken will.

Plötzlich ist dann jemand da, der an Christus glaubt und bezeugt, das sei anläßlich unseres Dienstes und unseres Redens und unseres Tuns geschehen. Aber wir können uns wirklich nicht entsinnen, daß wir da eine Rolle gespielt haben. Wir brauchen unsere Macht nicht zu registrieren. Er bleibt mächtig.

Herr Jesu, dein Kirch erhalt, wir sind arg, sicher, träg und kalt; gib Glück und Heil zu deinem Wort, schaff, daß es schall an manchem Ort. Nikolaus Selnecker

7. Oktober *Wenn es aber kommt, was kommen soll, siehe, so werden sie erfahren, daß ein Prophet unter ihnen gewesen ist.* Hesekiel 33,33

»Ja, wenn wir einen neuen Luther hätten!« sagen die, die ihn nicht bemerken würden, wenn er da wäre. Gott ist ein Gegner solcher Redensarten. Wir sollen sein Wort ernst nehmen, wo es uns trifft. Und es trifft uns. Wer will das im Ernst leugnen? Später rufen wir wieder: »Hätten wir doch gehört! Hätten wir doch!« Ganze Völker haben so gerufen. Sie standen verzweifelt mit ihren Kränzen an Gräbern der Propheten. Darum müssen wir uns heute ein feines Gemerk von Gott erbitten, daß wir die Stunden genau nützen, den Ernst unserer Lage wahrnehmen und sein Wort so ernst nehmen, wie es genommen werden soll und genommen werden will. Aber wir zucken die Achseln, sagen, es sei nicht zu hören, und sehen den Wald vor lauter Bäumen nicht. Im Grunde ist das fahrlässige Verachtung. Wohl hören wir, aber wir hören nicht zu. Denen leihen wir im Grunde unser Ohr, die sich als Schreihälse oder als Schmeichler heranmachen. Gott schreit nicht und schmeichelt nicht. Gott ruft!

Laßt uns jetzt höchst aufmerksam sein, genau abtasten, wo Gott jetzt redet. Und er redet gewaltig.
O Gott, laß uns nüchtern bleiben. Du tust dein Werk in unsern Tagen. Laß uns achthaben darauf, wieviel in deinem Namen unter uns geschieht.

8. Oktober *Wer mir folgen will, der verleugne sich selbst und nehme sein Kreuz auf sich täglich und folge mir nach.* Lukas 9,23
Falls! Also nur für den Fall, daß tatsächlich ihm jemand nachfolgen will, muß er wissen, daß er in der Nachfolge Jesu sich selbst zu verleugnen und sein Kreuz täglich auf sich zu nehmen hat. Aber das können wir nicht, solange wir noch in uns selbst verliebt sind. Das können wir nicht, solange wir uns nicht von uns selbst erlösen lassen wollen, solange wir uns nicht selbst drangeben wollen.
Wir seufzen mehr, als daß wir loben.
Wir schmeicheln uns auch gern und meinen, mit Recht müde werden zu dürfen, und schieben Pausen ein in der Nachfolge. Wir halten es für richtig, zu sagen, es sei doch nun genug, was Gott von uns verlange; was nun komme, sei zuviel: »Das kannst du nicht von mir verlangen.« Aber das ist doch ein Beweis dafür, daß wir gar nicht nachfolgen wollen. Wir wissen genau, daß er nicht versucht über unser Vermögen und daß er vorangeht und wir ihm nach und daß zwischen ihm und uns kein Abstand bleiben soll. Wir wissen genau, daß es um so leichter ist, je näher wir an ihm bleiben.
Vertreib aus meiner Seelen den alten Adamssinn und laß mich dich erwählen, auf daß ich mich forthin zu deinem Dienst ergebe und dir zu Ehren lebe, weil ich erlöset bin. L. A. Gotter

9. Oktober *Machet euch um Zion und umfanget sie, zählet ihre Türme.* Psalm 48,13
Das Volk soll sich an die Stadt heranmachen, staunen und die Türme zählen. Wir haben das Staunen ja langsam verlernt. Uns ist die Stadt Gottes nichts Besonderes mehr. Daß Gott bis zur Stunde seine Gemeinde in dieser Welt erhalten hat, daß es die Kirche Jesu Christi gibt, daß jeden Sonntagmorgen noch Gottesdienst möglich ist, daß es eine Gemeinde gibt, die sich um das Abendmahl sammelt, daß Gott bereit ist, alle Morgen neu seine Barmherzigkeit und Vergebung zu schenken: das ist uns selbstverständlich geworden. Wir haben das Wundern verlernt. Nun bestaunen wir lieber die Bilder der Illustrierten, zählen andere Türme und schreien laut, glücklich und neidisch, wenn in der Welt etwas passierte, das nach Heilung aussah: »Seht, bei denen passieren noch Wunder!«
Wir haben uns selber arm gemacht. Wir suchen auf allen Straßen nach Brotkrumen und lassen das Brot ungegessen auf dem Tisch

liegen. Wir rennen nach irgendwelchen Wassertümpeln, dabei sprudelt der Quell neben uns. So töricht sind wir geworden. Darum machet euch um Zion! Sucht diese Stadt auf! Zählet Zions Türme! Kommt ins Staunen über den Reichtum, den Gott seiner Gemeinde heute unter uns schenkt, und lebt von diesem Reichtum! Und wer einmal anfängt, die Türme dieser Stadt zu zählen, wird merken, daß die Zahl vollständig ist. Es ist alles da.

O Gott und Herr, laß uns nicht schielen nach fremdem Reichtum. Vergib, wenn wir dein Bürgerrecht in deiner Stadt mißachten. Laß uns deine Leute bleiben.

10. Oktober *Ich weiß, wo du wohnst.* Offenbarung 2,13

Er weiß, wo wir wohnen. Ob in einer Mietskaserne oder in einem Bauernhof, ob in einer Feldscheune oder im Lager, ob zu Hause oder in Gefangenschaft. Er weiß, wo wir wohnen. Wenn wir also nicht wissen, wo unsere Brüder in der unermeßlichen Welt festgehalten werden, und wenn ihre Adressen nur in fragwürdigen Zahlen und Nummern bestehen, mit denen wir die Briefe der Liebe versehen, und wenn wir auch nicht wissen, ob sie ankommen: Er weiß, wo sie wohnen. Er weiß es bestimmt. Viele Menschen machen weite Wege, wenn sie ahnen, daß dort jemand sei, der um ihren Bruder oder um ihren Sohn weiß. Sie scheuen weder Kosten noch Mühe. Aber nur wenige unternehmen den Weg zu dem, der wirklich um Söhne und Brüder Bescheid weiß. Er weiß, wo wir wohnen. Darum ist es gut, daß wir es ihm sagen, was wir für Sorgen und Beschwernisse haben, daß wir es sagen, was wir uns wünschen für den, den wir vermissen.

Und er schafft es mit heimlicher Gewalt. Er kann selbst in Lagern aus- und eingehen, trotz aller Stacheldrähte und trotz aller Wachbestimmungen. Er kann hineingehen und mit ihnen reden, sie trösten, erfreuen und segnen. Er tut es, wenn wir ihn bitten.

Er weiß viel tausend Weisen, zu retten aus dem Tod, ernährt und gibet Speisen zur Zeit der Hungersnot, macht schöne rote Wangen oft bei geringem Mahl; und die da sind gefangen, die reißt er aus der Qual. Paul Gerhardt

11. Oktober *Der Herr ist mein Hirte.* Psalm 23,1

Es gibt viele Bilder, die den Hirten so andächtig und sentimental darstellen, daß wir den eigentlichen Beruf des Hirten völlig vergessen haben. Der Hirte der damaligen Zeit hatte einen Stecken und Stab, um wilde Tiere abzuwehren. In dauerndem Streit lag er mit denen, die seine Schafe ihm stehlen oder rauben wollten. Zugleich gebrauchte er diese Waffen als Werkzeug, um durch mancherlei

Dickicht und unwegsames Gelände seine Schafe durchzuschieben. Er bahnte eine Gasse nach der andern, um sie von Weide zu Weide zu führen. »Der Herr ist mein Hirte« heißt also: Wir haben einen Herrn, der bewaffnet ist. Wir haben einen Herrn, der nach links und rechts die Feinde abwehrt; der nur Stecken und Stab hochzuheben braucht, und schon fliehen die Tiere, die uns etwas anhaben wollen.

Wir haben also einen Herrn, an den wir uns eng halten müssen. Denn nur in seiner Gemeinschaft, eng bei ihm, sind wir bewahrt vor Tieren, sind wir davor bewahrt, zu verhungern und zu verdursten. Was macht die Kirche ohne Jesus Christus? Was macht eine Gemeinde ohne diesen Herrn? Was machen wir selber ohne diesen Hirten? Können wir dies sagen: Mein Hirte; der Herr ist mein Hirte?

O Gott und Herr, laß mich eng bei dir bleiben. Laß mich aufholen. Vergib den Abstand zwischen dir und mir. Du bist mein Hirte.

12. Oktober *Höret, alle Völker! Gott der Herr hat mit euch zu reden aus seinem heiligen Tempel!* Micha 1,2

Wir sind doch der Meinung, daß wir erst mal mit Gott zu reden haben. Bevor er uns etwas sagt, pflegen wir ihm allerlei an Beschwerden vorzutragen. Solange wir aber unsere Punkte aufzählen, schwätzen wir. So nennt es die Bibel. Genau wie der Lehrer es zu ungezogenen Kindern sagt: »Ihr schwätzt!«

Solange wir so reden, sagt Gott nichts. Gott hat mit uns zu reden. Sicherlich mit allen Völkern. Das heißt aber nicht, daß wir als Deutsche Gott das Programm vorschreiben, in welcher Reihenfolge er mit allen Völkern redet. Also nicht erst mit den Russen hat Gott zu reden, nicht erst mit Nordkorea und Vietminh, nicht erst mit den Nachbarn, nicht erst mit den anderen. Sondern mit uns! Aber wir tun ganz gespannt, was Gott denn wohl zu sagen habe, das wir nicht schon wüßten. Was kann aus Nazareth Neues kommen?

Wir im christlichen Abendland sind schlimm dran. Wir wissen schon alles. Wir benehmen uns wie der Sohn, der gelangweilt seine Stirne hochzieht, wenn der Vater mit ihm redet.

O Gott und Herr, du hast mit Deutschland zu reden. Laß uns alle, die Regierenden und die Regierten, auf dich hören, ehe es wieder zu spät ist. O Gott, rede aus deinem Heiligtum. Rede, Herr, deine Knechte hören.

13. Oktober *Jesus sprach zu seinen Jüngern: Die Ernte ist groß, aber wenige sind der Arbeiter. Darum bittet den Herrn der Ernte, daß er Arbeiter in seine Ernte sende.* Matthäus 9,37.38

Haben wir nicht viel zu selbstverständlich die Nachrichten aus den

Zeitungen und den kirchlichen Blättern registriert? So als gehe uns das nichts an? Der Nachwuchs der Theologen ist spärlich. Und die Diakonissenhäuser trauern, daß sich zu wenige als Schwestern melden. Wir zucken dann bedauernd die Achsel, auf die Frage nach unseren Söhnen und Töchtern weichen wir aus und weisen auf unsere familiäre und finanzielle Situation hin: sie müssen verdienen, die anderen Geschwister warten auf die Lohntüte der älteren Verdiener. Wer so schnell das Problem beseitigt und so selbstverständlich meint, sich aus der Affäre zu ziehen, der betet nicht. Jedenfalls betet er nicht dieses Gebet, das Jesus von uns verlangt. Und solange wir nicht dies Gebet: »Herr, sende Arbeiter in deine Ernte« wirklich beten und Gott inständig dies Anliegen vortragen, ihn gleichsam damit bedrängen, solange wir nur interessierte Zuschauer bleiben, wie Reporter in der Brandnacht, ohne selbst zu löschen und zu bergen und das Unheil abzuwenden, sind wir mit unserem eigenen Glaubenssegel wie das Flugzeug, das auf langer Rollbahn dennoch keinen Wind unter die Flügel bekommt. Es hebt sich nicht. Wir sind ohne Bewegung. Gott hat bei solchem Gebet mit uns selbst etwas vor: Gott schickt uns selbst in die Ernte. Es wird auch höchste Zeit, daß wir uns senden lassen.
Herr, sende mich!

14. Oktober *Durch Christus sind wir zum Erbteil gekommen, auf daß wir etwas seien zu Lob seiner Herrlichkeit.* Epheser 1,11.12

Wer erbt, hat nichts dazu getan. Erben ist eine höchst passive Angelegenheit. Ein anderer hat es geschafft, ein anderer hat gespart, ein anderer hat gesammelt, wenn wir erben. Wir sind durch Christus zum Erbteil gekommen, er hat uns in die Liste der Erbenden gesetzt. Inwiefern wir auf die Liste kamen, kann keiner erklären. Ist's doch nichts als lauter Lieben, das sein treues Herze regt. Auf Grund dieser Tatsache kann aus uns endlich etwas werden. Was wird denn aus uns? Die Karriere des Christen richtet sich danach, ob wir etwas zum Lobe seiner Herrlichkeit werden. Nicht Bischof, nicht Pfarrer, nicht Oberschwester und nicht Schwester sind die Maßstäbe, nach denen uns Gott registriert. Mancher Pfarrer hat mehr zum Lobe seiner Herrlichkeit getan als ein Bischof, und manche Schwester mehr als eine Oberschwester. Aber die Pfarrer und die Schwestern und alle die, die sich jetzt bestätigt fühlen und sagen: »Im Himmel wird einmal anders registriert, da werden meine Taten und meine Verdienste zur Geltung kommen«, können gewiß sein, daß sie mit ihrer Karriere ganz unerwähnt bleiben.
Zum Lobe seiner Herrlichkeit! Nicht zum Lobe unserer Herrlichkeit. Solange wir noch unsere Herrlichkeit meinen, vertun wir das Erbe. Geerbt haben wir alle.

Dein soll sein aller Ruhm und Ehr, ich will dein Tun je mehr und mehr aus hocherfreuter Seelen vor deinem Volk und aller Welt, solang ich leb, erzählen. Paul Gerhardt

15. Oktober *Es ist euch zuviel, hinauf gen Jerusalem zu gehen; siehe, da sind deine Götter, Israel, die dich aus Ägyptenland geführt haben.* 1. Könige 12,28

Man höre und staune, mit welchem Kompliment die Obrigkeit vor dreitausend Jahren der damaligen Kirche begegnete: Es ist euch zuviel! Mit anderen Worten: »Wir kommen euch entgegen, wir machen es euch leichter, ihr braucht nicht mehr nach Jerusalem zu gehen, wir setzen euch den Tempel ganz nah.«

Das ist der Kirche oftmals angeboten worden. Jede Generation fängt mit diesen Versuchungen an: Es ist euch zuviel, die dicke Bibel zu lesen, macht doch eine dünnere! Es ist euch zuviel, den schweren Katechismus zu lernen, macht doch einen modernen! Es ist euch zuviel, sonntags in die Kirche zu gehen, wir besorgen euch einen zentralgesteuerten Rundfunk-Gottesdienst im Sessel, dort predigt der von uns für euer Heil und unseres Volkes Segen bestimmte oberste Bischof. Damit fängt jede Ersatzreligion an — damals und heute. Damals endete sie im Betrug. Auch heute. Wir müssen uns doch klarwerden, daß Gott sich festgelegt hat in seinem Wort, das er uns geschenkt hat. Wir können ihn nicht suchen, wo wir wollen. Wie der Vater zu Hause auf uns wartet und nicht auf irgendeiner Insel, auf die wir uns mutwillig verschlagen haben, so wartet Gott in seinem Heiligtum. Hüten wir uns, Gott irgendwo anders zu suchen als dort, wo er ist!

Bewahre uns, o Herr, in allen Versuchungen und bei allen Angeboten, dich außerhalb deiner Kirche zu suchen.

16. Oktober *Ich habe dich je und je geliebt; darum habe ich dich zu mir gezogen aus lauter Güte.* Jeremia 31,3

Oft sieht man diesen Spruch auf Todesanzeigen. Es ist gut, wenn man das am Ende des Lebens sagen darf: Gott hat uns aus Liebe zu sich gezogen. Aber Gott hat dies Wort Israel fürs Leben gegeben, nicht für Beerdigungsanzeigen.

Je und je, das heißt nicht dann und wann, je nachdem, ob Gott auf den Gedanken kam, oder je nachdem, wie Israel Gelegenheit dazu gab. Je und je heißt: stets geliebt. Ich habe dich stets geliebt, alle Stunden, alle Tage, mit allem, was du erlebst. Über allem stand meine Liebe. Und wenn du dich auch noch so gequält hast mit eigensinnigen und eigennützigen und selbstgewählten Wegen bis in die Sackgassen deines Lebens, immer hat dich meine Liebe verfolgt.

Darum habe ich dich zu mir gezogen. Gezogen, weil du ja weg wolltest. Gezogen nicht erst im Sterben, sondern dein ganzes Leben lang. Laßt es uns nicht erst auf unsere Todesanzeigen setzen! Denn es ist Gottes Zusage fürs Leben. Es ist eine Liebeserklärung Gottes. Gott will nicht vergeblich lieben.

Weil denn weder Ziel noch Ende sich in Gottes Liebe findt, ei so heb ich meine Hände zu dir, Vater, als dein Kind, bitte, wollst mir Gnade geben, dich aus aller meiner Macht zu umfangen Tag und Nacht hier in meinem ganzen Leben, bis ich dich nach dieser Zeit lob und lieb in Ewigkeit. Paul Gerhardt

17. Oktober *Welcher ist unter euch Menschen, so ihn sein Sohn bittet ums Brot, der ihm einen Stein biete?* Matthäus 7,9

Das ist doch klar: Wenn ein Sohn seinen Vater um Brot bittet, dann gibt dieser Vater seinem Sohn doch keinen Stein in die Hand. Das sagt Jesus. Wieviel mehr . . .!

Wieviel mehr ist Gott bereit, zu geben, wenn wir ihn bitten. Warum bitten wir Gott nicht? Von Gott aus ist alles klar. Gott will geben. Gott will bestimmt. Seine Hände sind bereit, auszuschütten. Aber wir, wir wollen uns nichts schenken lassen. Wir wollen es uns lieber selbst besorgen.

Weil wir uns nicht binden lassen wollen. Ganz einfach darum, weil wir in Sorge sind, wir müßten dann Gott vorher etwas gegeben haben, mindestens aber, wir müßten uns dann später revanchieren. Gott rechnet nicht nach. Ein Vater, der seinem Sohn Brot gibt, rechnet die Schnitten auch nicht nach. Der Sohn kann sich doch auch nicht revanchieren. So ist es mit Gott. Genauso. Wir sollten von ihm nehmen, das Angebotene nehmen, total auf die Aussicht hin, daß wir bei ihm damit in Schuld geraten und nichts wiedergeben können. Was können wir denn schon wiedergeben? Gott weiß, daß bei uns nichts zu holen ist, was er nicht vorher gab.

O Herr, laß uns von dir alles erbitten. Du gibst überschwenglich mehr, als ich von dir erhoffe, bitte und begehr.

18. Oktober *Abraham sprach zu Lot: Willst du zur Linken, so will ich zur Rechten; oder willst du zur Rechten, so will ich zur Linken.* 1. Mose 13,9

Teilung des Erbes ist immer kompliziert. Aber der Älteste, der eigentlich die Vorhand hatte, gab die Vorhand preis und ließ den anderen entscheiden: »Willst du zur Linken, so will ich zur Rechten.« Nachlesen sollte man es, ziemlich am Anfang der Bibel.

Es geht nicht nur um Wald- und Wiesengelände, es fängt schon bei der Uhr des Vaters an und beim Schrank der Mutter. Ja, wer viel

auf Beerdigungen war, weiß: Sie sind oft auf dem Friedhof schon dabei, einander die Vorhand zu bestreiten.
Gott hatte auch Vorhand. Das Recht lag allein auf Gottes Seite. Denn wir Menschen haben den Bund, den Gott mit uns gemacht hat, zerbrochen. Alles sprach für Gott.
Gott hat von seiner Vorhand gelassen. Er hat dem Menschen die Vorhand gegeben. Was dabei herauskam, weiß jeder: In der Menschen Hände überantwortet. Er, Gottes Sohn.
Lernen wir daraus? Wenn Gott sich überwand und Vorhand gab, könnten wir es denn nicht tun? Könnten wir es nicht wirklich tun, wenigstens versuchen? Laßt es uns heute sagen: »Willst du zur Linken, so will ich zur Rechten.«
Laß mich mit Freuden ohn alles Neiden sehen den Segen, den du wirst legen in meines Bruders und Nähesten Haus. Paul Gerhardt

19. Oktober *Es soll aller seiner Übertretung, so er begangen hat, nicht gedacht werden; sondern er soll leben um der Gerechtigkeit willen, die er tut.* Hesekiel 18,22
Man muß sich das einmal genau überlegen. Gott vergißt unsere Sünden, als wären sie nicht geschehen: Was wir auch in unserem Leben geleistet haben im Kampf gegen Gott und in der Neutralität ihm gegenüber, es soll vergessen werden. Nicht daß unsere Sünde etwa nur zeitweise vergeben würde; nicht daß Gott einmal ein Auge zudrückte: »Wir reden später mal davon!« Nein, es soll nicht mehr davon geredet werden! Merken wir, was Vergebung heißt? Vergebung tilgt also alle Qual der Erinnerung an das, was hinter uns liegt. Wir selber brauchen auch nicht mehr an die vergangenen Sünden zu denken, wenn Gott dieser Sache nicht mehr gedenkt. Wir wollen daraus Folgerungen ziehen: Laßt uns mehr an seine Barmherzigkeit und Vergebung denken als an unsere Sünden. Sonst hinken wir nach. Gott hat sie jedenfalls vergessen. Ob das nicht eine Einladung sondergleichen bedeuten kann, daß man als Gottloser gar nichts anderes kann, als zu sagen: »Gott, wenn es so ist, wenn solch ein Versprechen wirklich gilt, warum laufe ich dann noch von dir weg?«
Darum auf Gott will hoffen ich, auf mein Verdienst nicht bauen; auf ihn mein Herz soll lassen sich und seiner Güte trauen, die mir zusagt sein wertes Wort; das ist mein Trost und treuer Hort, des will ich allzeit harren. Martin Luther

20. Oktober *Jesus sprach zu seinen Jüngern: O du ungläubige und verkehrte Art, wie lange soll ich bei euch sein und euch dulden?* Lukas 9,41

Jesus stöhnt über seine Jünger. Da war einer gekommen, um seinen Jungen durch Jesus heilen zu lassen. Unterwegs aber traf er bereits die Jünger, blieb bei ihnen stehen und bat sie, daß sie den Sohn doch heilen möchten. Natürlich war das für die Jünger eine nie wiederkehrende Gelegenheit, ihre eigene Macht zu erproben. Sie meinten, da sie ja doch in der Nähe des Meisters lebten, falle ihnen von seiner Macht zu eigener Verfügung etwas ab. So laborierten sie an dem Sohn, aber sie vermochten es nicht, ihn zu heilen. Einfach darum, weil sie meinten, sie könnten es ohne Jesus, Jesus sei durch sie zu ersetzen.

Wollen wir Jesus auch ersetzen? Laborieren wir auch in der Welt herum in der Meinung: »Alle Arbeit für Christus« und entziehen ihm die Arbeit? Jesus will nicht ruhen. Er will selber sein Werk tun. Glauben wir Eltern, wir könnten den Glaubensstand unserer Kinder garantieren? Oder genauso: Glauben wir Kinder, endlich für einen ordentlichen Glaubensstand der Eltern Sorge tragen zu können? Jesus kann es. Wir sollten uns an ihn wenden mit all unseren Fällen. Keinem ersparen wir die Begegnung mit Jesus selbst. Darum laßt uns mit denen, die unseren Dienst begehren, zu ihm gehen.

O Gott, tu du es. Wir bitten dich, tu du es!

21. Oktober *Deine Füße sind nicht geschwollen diese vierzig Jahre.*

5. Mose 8,4

Machten sie gute Miene zum bösen Spiel?

Die Wüste hat ihnen doch hart mitgespielt: 40 Jahre lang, kreuz und quer, immer der Wolke nach am Tage, immer der Feuersäule nach in der Nacht. Keiner von ihnen konnte behaupten, er habe nicht gemurrt. Oft hätten sie gern Schluß gemacht wegen Durst und Hitze, Sonne und Sand, Regen und Fluten, Feinden vorn, Feinden hinten — und als fußkrank hatten sich alle gemeldet.

Und nun: »Deine Füße sind nicht geschwollen!« Machen sie also doch gute Mienen? Drücken sie anschließend ein Auge zu?

Nein!

Sondern sie nennen dankbar den Namen dessen, der sie 40 Jahre führte: Gott der Herr war ja bei ihnen. Geschwollene Füße? Ihr Herr war da als Sanitäter ihres Lebens, Heilsöl wußte er auszuteilen schon vor dem Marsch. Sonne und Hitze? Er sorgte für die Wolken, und immer war Ruhe vorhanden dem Volke Gottes. Er war da und gab Wasser aus dem Felsen, teilte die Fluten und dämpfte die Feinde. Er war da! Von ihm ist die Rede.

Was werden wir erzählen, wenn wir unser Leben beschreiben? Es gibt nur zwei Möglichkeiten: Entweder wir berichten von uns, oder wir berichten von ihm. Entweder wird es eine Räuberpistole oder ein Loblied nach dem andern.

In wieviel Not hat nicht der gnädige Gott über dir Flügel gebreitet.

Joachim Neander

22. Oktober *Er trat in das Schiff, und seine Jünger folgten ihm.*

Matthäus 8,23

Damit waren doch eigentlich alle Probleme gelöst. Damit, daß Jesus mit den Jüngern ins Schiff tritt, ist die Frage, ob Sturm oder nicht Sturm, ob Wellen oder nicht Wellen, Kentern oder nicht Kentern, keine Frage mehr. Er ist im Boot. Wer das sagen kann von seinem Leben, wer das sagen kann von seinem Haus, wer das sagen kann in allen Situationen des Lebens: »Christus ist mit im Boot«, der hat keinen Anlaß mehr zur Furcht. Wirklich, wir können es von ihm selber lernen. Denn in dem Augenblick, als die Jünger beim Sturm anfangen, unruhig zu werden, und ihn sogar wecken und um Hilfe anrufen, ist sein erstes Wort: »Warum seid ihr so furchtsam?«

Angst braucht man nur zu haben, wenn er nicht im Boot ist. Aber da Christen solche sind, die ihn im Boot haben, fahren wir übers Meer als die Getrosten und Tapferen. Solche tun der Welt heute not: Leute, die Christus im Boot haben.

Wenn wir dich haben, kann uns nicht schaden Teufel, Welt, Sünd oder Tod; du hast's in Händen, kannst alles wenden, wie nur heißen mag die Not. Drum wir dich ehren, dein Lob vermehren mit hellem Schalle, freuen uns alle zu dieser Stunde. Halleluja. Wir jubilieren und triumphieren, lieben und loben dein Macht dort oben mit Herz und Munde. Halleluja.

Johann Lindemann

23. Oktober *Jesus sprach: Ihr wisset, daß die weltlichen Fürsten herrschen und die Oberherren haben Gewalt.*

Matthäus 20,25

Das müssen sie auch. Jesus hat genau gewußt, daß dieses Herrscheramt der Obrigkeit von Gott geschenkt ist, um die Welt, bevor er kommt, nicht aus den Fugen geraten zu lassen. Das ist Gnade Gottes. Der Mensch soll die Welt nicht selbst zerschlagen, bevor der Herr kommt. Er selber zerschlägt die Welt. Er schafft das Ende. Diese Termine sollen seine Termine bleiben. Darum soll die Welt so lange zusammenhalten, bis er kommt. Weil das so ist, darum haben wir denen, die die Welt im Namen Gottes zusammenhalten, gehorsam zu sein. Nicht nur das. Wir haben ihnen zu helfen, daß sie die Welt zusammenhalten.

Wir sollen das der Obrigkeit nicht allein überlassen. Wir müssen selbst Hand anlegen. Die Obrigkeit hat ein Recht auf unseren Dienst, auch der Bürgermeister in unserem Ort, auch die Parteileitung in unserer Stadt. Denn wir sind noch in dieser Welt. Den

Dienst schulden wir ihr, bis der Herr kommt. Vorher kann sich keiner entziehen. Die Christen erst recht nicht.
Laß uns, o Gott, den Staat so ernst nehmen, wie du ihn von uns genommen haben willst. Laß uns dir treu dienen, wenn wir ihm dienen.

24. Oktober *Lasset die Kindlein und wehret ihnen nicht, zu mir zu kommen; denn solcher ist das Himmelreich.* Matthäus 19,14

Damals gab es auch schon Menschen, die den Kindern Jesus Christus vorenthalten wollten. Darum mußte Jesus sagen: »Lasset die Kindlein zu mir kommen.« Das ist nicht damit getan, daß die Mutter abends mit dem Kind betet und der Vater dann ein Auge zudrückt und sagt: »Na, es geht wohl auch nicht anders.« Das Gebet des Kindes ist nicht ein Einschlafmittel. Wenn es schon ein Gesetz gibt gegen Kindesmißhandlungen, fragt es sich, ob es nicht als Mißhandlung eines Kindes angesehen werden kann, ihm Jesus vorzuenthalten. Wenn Erwachsene sich ihm schon entziehen, wieso haben sie dann ein Recht, die Kinder ihm zu entziehen? Das Jugendschutzgesetz würde einem Vater, der selber Kettenraucher ist und seinen zehnjährigen Jungen zu regelmäßigen Lungenzügen auffordert, schon auf die Finger klopfen. Müssen wir also aus der Tatsache, daß wir als Erwachsene Gott den Abschied gegeben haben, die Konsequenzen ziehen und unsere Kinder nun dazu vergewaltigen, sich Gott zu entziehen? »Wehret ihnen nicht«, ist das Wort Jesu Christi. Und wer den Kindern den Zugang zu Jesus Christus, das heißt doch praktisch zum kirchlichen Unterricht, das heißt doch praktisch zur Konfirmation, zum Kindergottesdienst und zur Jungen Gemeinde madig macht, stellt sich quer zwischen Gott und seine Kinder.
O Gott und Herr, nimm dich der Jugend an und laß uns den Kindern nicht im Wege stehen, zu dir zu kommen. Laß uns gemeinsam zu dir gehen.

25. Oktober *Und werdet erfahren, daß ich der Herr bin, wenn ich mit euch tue um meines Namens willen und nicht nach eurem bösen Wesen und schädlichen Tun, du Haus Israel, spricht der Herr.* Hesekiel 20,44

Das klingt wie eine Drohung. »Ich werde es euch noch beibringen, wer hier etwas zu sagen hat. Ihr werdet noch dahinterkommen . . .« Nein, so ist es nicht gemeint. Wenn Gott sagt: »Ihr werdet erfahren, daß ich der Herr bin«, dann bleibt er der Herr. Es ist nicht irgendein Herr, sondern es ist der Herr, der Israel aus dem Diensthause geführt hat, der uns auch aus dem Diensthause geführt hat, aus der Knechtschaft des Teufels in die Freiheit der Kinder Gottes. Er hat seine Herrschaft so angetreten, daß alle ablesen können, was er tut. Gott ist nicht unberechenbar. Gott hat sich offenbart.

Gott hat genau gesagt, was er will und was er tun wird. Und hat getan, was er versprochen hat. Gott hat es unter Beweis gestellt, daß er solch ein Herr sein werde, der folgendes tut: »Ihr werdet erfahren, daß ich der Herr bin, wenn ich mit euch tue um meines Namens willen und nicht nach eurem bösen Wesen und schädlichen Tun.« Wer das leugnet, leugnet die Sonne am Himmel.

Herr, du hast deinen Namen sehr herrlich in der Welt gemacht; denn als die Schwachen kamen, hast du gar bald an sie gedacht. Du hast mir Gnad erzeiget; nun, wie vergelt ich's dir? Ach bleibe mir geneiget, so will ich für und für den Kelch des Heils erheben und preisen weit und breit dich hier, mein Gott, im Leben und dort in Ewigkeit. Johann Rist

26. Oktober *Er selbst, der Vater, hat euch lieb.* Johannes 16,27

Die Tatsache, daß Gott uns liebhat, wird nicht an unsere Liebens-Würdigkeit geknüpft. Der Sohn sagt nicht: »Ihr könnt euch beruhigen; ich habe euch beobachtet, wie gut ihr es meint und wie religiös ihr seid und wie groß eure Liebe ist; wer so liebt, den hat der Vater bestimmt auch lieb.«

Das Evangelische an diesem Text ist ja dies, daß der Sohn sagt: Er selbst, das heißt »Er, aus sich selbst heraus, hat euch lieb.« So steht es im Text! Wir sind also nicht die Begründung seiner Liebe, sondern er ist die Begründung; nicht wir sind der Ansatzpunkt, sondern er ist der Ansatzpunkt. Nicht wir schaffen die Voraussetzung, sondern er schafft die Voraussetzung der Liebe. Gott fängt mit sich selber an, wenn er etwas tut. Er selbst! Gott liebt von sich aus!

Ja, wenn das so ist . . .

Dann sollten wir doch nicht mehr zweifeln an seiner Liebe. Dann könnten wir doch heute noch anfangen, fröhlich zu sein.

O Gott, wenn es so ist — und es ist doch so, dein Sohn hat es doch selber gesagt —, dann will ich auf keinen mehr hören, der mir deine Liebe fraglich macht. Hilf mir, daß ich diese Liebe mir nicht nehmen lasse.

27. Oktober *Denn die Liebe Christi dringt uns also.* 2. Korinther 5,14

Hat sie uns gedrängt? Seien wir ehrlich! Wer um 6 Uhr aufsteht, kann um 7 Uhr schon die erste Bilanz ziehen: In der ersten Stunde geschah manches nicht aus Liebe, anderes hat uns gedrängt. Aber die Liebe Christi will uns drängen, wie ein Schiff vom Wind nach vorn gedrängt wird. Wir müssen also den Wind Christi ganz in unsere Segel bekommen. Wer mit falschem Wind fährt, kommt nicht ans Ziel, er kreuzt und kreuzt, und die Segel flattern.

Wir kreuzen so gern den Tag über, statt glatt durchzuziehen. Wir kommen nicht in Fahrt, und vieles ist Krampf.

Wer treibt uns? Blut, Abreaktion, Reaktion, Ärger, Enttäuschung, Berechnung, oder die Nerven, mit denen wir so gern uns entschuldigen? Alles falscher Wind! Das kann nicht gutgehen. Aber es könnte gutgehen mit uns, es könnte! Wenn wir uns fünf Minuten still klarmachen, daß wir Geliebte sind, Geliebte Christi. Sind Geliebte lieblos? Sie können es nicht lange sein. Denn seine Liebe drängt uns zur Liebe.
Andere fragen schon länger, wenn sie uns beobachten, woran sich unser Christsein eigentlich zeige.
Herr Jesus Christus, laß alles heute aus deiner Liebe geschehen. Alles, Herr.

28. Oktober *Kommet her zu mir alle, die ihr mühselig und beladen seid; ich will euch erquicken.* Matthäus 11,28

Ausgerechnet mit den Mühseligen hat er sich abgegeben. Nicht mit denen, denen das Leben so gut von der Hand geht. Hinter deren Lebensführung hat er ein warnendes Fragezeichen gesetzt, mit welchem Recht sie so sicher seien. Aber die Mühseligen, die hat er zu sich gerufen, und die Beladenen. Die, deren Schultern überbelastet sind, die sich quälen, die an ihren Lasten herumschieben und herumrücken, um sie leichter zu machen, denen es aber nicht gelingt. Die sich schleppen, die kaum noch können, die hat er gerufen. Wie kommt es aber, daß ausgerechnet die sich doch nicht um ihn versammeln? Sind sie so in ihre Lasten verliebt und in ihre Mühseligkeit? Oder trauen sie ihm nicht, daß er die Lasten nehmen kann? Vermuten sie vielleicht, er verspreche zuviel?
Er will tatsächlich erquicken. Er hat es auch getan an denen, die kamen. Von denen kann man auch die Bestätigung hören: Er tut's! Es muß was dran sein! Aber — in der Apotheke wurde noch keiner gesund, er nahm denn die Tabletten. Von Christus wurde noch keiner erquickt, es sei denn, er ging hin.
Wir kommen zu dir, unser Herr Jesus Christus, mit allem, was uns quält. Andere taten es auch. Du schickst uns nicht weg. Wir sagen dir alles, und erquickt dürfen wir gehen. Gelobet sei dein Name!

29. Oktober *Die Seele, die da reichlich segnet, wird gelabt.* Sprüche 11,25

»Ich gehe nicht zum Gottesdienst, da nehme ich nichts mit«, ist eine unter vielen Redensarten bei evangelischen Leuten. Jaja, die Predigt; die Pfarrer; die Gemeinde . . .
Was erwarten wir denn vom Gottesdienst?
Labung, wie der Text des heutigen Tages es sagt. Gelabt aber wird der, der reichlich segnet, der Gottes Namen auf die Gemeinde legt,

Der Gottes Namen in Anspruch nimmt. Es segnet der, der dem anderen Gottes Namen zuspricht. Das geschieht im Gottesdienst: Wir sprechen einander Gott zu!
Nur wer dies regelmäßig tut, wer es reichlich tut, wird gelabt. Selbst bei unausstehlichen Gemeinden? Ja! Selbst bei unausstehlicher Predigt? Ja! Denn wen Gott labt, der wird bald merken, wie unausstehlich er selber ist: daß Gott sich seiner — seiner! — annimmt, daß Gott sich der Unausstehlichen annimmt. Denn gelabt werden doch Kranke, Hilflose, die anderen im Wege stehen, die nicht mehr allein stehen können. Wen Gott labt, der segnet viel. Wer viel segnet, den labt Gott. Es ist eine herrliche Wechselbeziehung. Wir werden aneinander durch Gottes reichen Segen gesund, mit dem letzten Wort im Gottesdienst: Der Herr segne dich!
Herr, segne uns und behüte uns. Herr, laß dein Angesicht leuchten über uns und sei uns gnädig. Herr, erhebe dein Angesicht auf uns und gib uns deinen Frieden.

30. Oktober *Gott sprach: Ich, ich tilge deine Übertretungen um meinetwillen und gedenke deiner Sünden nicht.* Jesaja 43,25
Um wessentwillen? Hieran entscheidet es sich, ob wir wirklich evangelisch sind.
Gott vergibt nicht nach Beteiligung. Gott vergibt um seinetwillen. Gott hat es sich in den Kopf gesetzt, uns zu vergeben, und hat es gesagt, daß er unsere Übertretungen um seinetwillen vergebe. Aber wir sind komische Leute. Wir trauen der Vergebung nicht ganz. Uns ist es eine große Beruhigung, wenn wir Gott einige Dinge vorbringen können, die uns wirklich gelungen sind.
Das ist Unsinn! Gott vergibt um seinetwillen und nicht um unseretwillen. Wir müssen uns das darum klarmachen, weil wir in unserem Christenglauben oft so quälerisch sind. Wir tasten dauernd unser eigenes Fieberthermometer ab, den Grad unserer Heiligkeit oder der Nichtheiligkeit, der gehaltenen Gebote und der übertretenen Gebote. Wir werden verkrampft und nervös. Gott will aber, daß wir erkennen, daß er uns um seinetwillen vergibt.
Hier steht es doch: »Ich tilge deine Übertretungen um meinetwillen.« Wenn es so ist — ja, es ist so! Wir dürfen evangelisch sein.
Das muß ich dir, mein Gott, bekennen, das rühm ich, wenn ein Mensch mich fragt: Ich kann es nur Erbarmung nennen. Ph. F. Hiller

31. Oktober *So halten wir nun dafür, daß der Mensch gerecht werde ohne des Gesetzes Werke, allein durch den Glauben.* Römer 3,28
Was heißt nun also eigentlich evangelisch? Wodurch meinen wir, vor Gott gerecht zu sein? Was zählen wir auf? Wer des Gesetzes

Werke, wer also Dinge aufzählt, die er ausgeführt hat, ist nicht evangelisch. Wer also meint, noch erwähnen zu können: »Wenn Gott mich sieht, kann er ja gar nicht anders; einige Sachen habe ich doch hinbekommen, die Gott imponieren müssen; ganz aus Gnade, ist etwas übertrieben.
95 Prozent Gnade, 5 Prozent Anerkennung der eigenen Anstrengungen; wenn der Herrgott sieht, was wir hier alles leiden, soviel Hunger und soviel Krankheit und soviel Gefangenschaft und soviel Sterben, dann muß er uns doch gut sein.« — Wer so und ähnlich denkt, ist nicht evangelisch.
Das ganze Evangelium gilt, die totale Erlösung, die ganze Bezahlung. Warum? Weil es sich um Gottes Sohn handelt. Weil Gott ganz tat, was er tat. Nicht in Prozenten. Weil es Gottes Ehre zuwider ist, wenn man ihm sagt: »Teils du, teils ich.«
Und es ist gut so, daß Gott alles übernimmt. Darum sind Evangelische, die evangelisch leben, getröstete Menschen. Die sehen nicht auf ihre Prozente, auch nicht auf die Prozente, die andere gesammelt haben und uns zuwenden könnten. Nein, sie sehen auf die ganze Summe Gottes. Die ist stabil. Gott sei Dank, nicht wir, nicht andere zahlen: Er zahlt. Wie fröhlich Evangelische sein können!
Nun freut euch, lieben Christen g'mein!

1. November *Gott ist Liebe; und wer in der Liebe bleibt, der bleibt in Gott und Gott in ihm.* 1. Johannes 4,16
Achten wir genau auf den Text! Auch wenn unsere Logik so formulieren würde: Es bleibt nur der in Gott, der liebt. Die Bibel formuliert anders: Es bleibt nur der in Gott, der in der Liebe bleibt. »In der Liebe bleiben« heißt nicht »lieben«! Dann wäre jeder Idealist in Gott, denn er hat geliebt; Sokrates wäre in Gott, denn er hat geliebt; und viele Heiden wären in Gott, denn sie haben geliebt.
»In der Liebe bleiben« heißt: sich als Geliebte aufführen. Sind wir Geliebte und wollen wir Geliebte bleiben? Daran liegt es! Lassen wir uns von ihm lieben? Lieben wir also als Geliebte? Liebe im Neuen Testament ist immer nur Reaktion auf seine Liebe.
Was tun wir also? Lieben wir mit Temperament, lieben wir mit Charme, lieben wir mit Sorgen und mit Grämen und mit selbsteigner Pein, lieben wir als Martyrium? Mag uns die Welt noch Denkmäler setzen und mögen uns Päpste heiligsprechen: Es sei denn, daß wir als Geliebte lieben, so lieben wir nicht nach dem Neuen Testament. Bleiben wir in seiner Liebe? Davon hängt alles ab. Bleiben wir? Doch, wir bleiben. Weil er es schafft, weil er uns liebt. Uns, selbst uns, die wir von seiner Liebe so selten leben wollen.
Ich will nun dir zuliebe alles wagen, da ich doch von dir geliebt bin.

2. November *Simon sprach zu Jesus: Meister, wir haben die ganze Nacht gearbeitet und nichts gefangen; aber auf dein Wort will ich das Netz auswerfen.* Lukas 5,5

Trau, schau wem! Wem also vertrauen wir? Auf wessen Worte hin wagen wir es? Das nämlich ist Reformation, wenn einer angefangen hat, allein auf das Wort aus dem ganz bestimmten Munde das große Wagnis zu unternehmen.

Auf das Wort Jesu hin! Petrus hatte sich aufgemacht und unter dem Staunen und Gelächter der anderen einen Fischzug in der Mittagssonne unternommen. Unter welcherlei Gelächter und unter wessen Staunen auch immer das Wagnis geschah, allein auf das Wort Jesu Christi hin zu glauben, daß Gott es mit uns um Jesu willen gut meint, daß wir ihm gehören und keinem anderen: ob bei Luther oder bei uns heute, da ist evangelisch gedacht und getan.

Wer hat uns noch etwas zu sagen im Leben? Wen nehmen wir noch ernst? Wer diesen Fragen stillhält, ob Meister oder Lehrling, ob erwerbslos oder in Arbeit, ob krank oder gesund, ob Pastor oder Laie, der feiert das Reformationsfest richtig. Der lese noch einmal die Geschichte von Petrus und seinem Fischzug. Der wird sich so sehr wundern, daß er selber von diesem Jesus nicht mehr loskommt: Ganz auf sein Wort!

Dein Wort hat uns getroffen, o Herr. Wir können und wollen nun auch nicht anders.

3. November *Zuletzt, meine Brüder, seid stark in dem Herrn und in der Macht seiner Stärke.* Epheser 6,10

»Nun rapple dich mal hoch! Nimm dich doch zusammen! Jetzt mal tief geatmet, du kommst schon wieder hoch!« Das sind so unsere Ratschläge, wenn wir dem andern Mut beibringen wollen. Ganz anders macht es die Schrift. Es kommt nicht darauf an, daß wir uns auf uns besinnen, sondern daß wir uns endlich auf ihn besinnen. »Seid stark in dem Herrn«, das heißt: Kramt jetzt nicht eure eigenen Reste zusammen, sondern beruft euch auf die Macht, die euch gegeben wird. Ein Prokurist zählt doch auch nicht den Geldbetrag seiner eigenen Brieftasche nach und unterschreibt den Wechsel im Blick auf seine eigenen Finanzen. Die Kredithöhe wird vom Besitzer des Betriebes diktiert. Warum arbeiten wir immer mit unserem Taschengeld? Warum setzen wir nicht den ganzen Preis ein, den wir einsetzen dürfen im Blick auf den höchsten Kredit, den unser Besitzer zuläßt? Grenzenlos! Berge versetzen kann man mit solchem Kredit! Darum: Seid stark in ihm. Benutzt seinen Kredit.

Wir haben niemand, dem wir uns vertrauen, vergebens ist's, auf Menschenhilfe bauen; mit dir wir wollen Taten tun und kämpfen, die Feinde dämpfen. Johann Heermann

4. November *Sie waren verschmachtet und zerstreut wie die Schafe, die keinen Hirten haben.* Matthäus 9,36

Ein bitterer Vorwurf! Und es gibt viele, die heute noch uns anblikken und sagen: »Wir hatten auf dich gerechnet, daß du uns versammeltest. Aber weil du nicht sammeltest, blieben wir zerstreut. Wir hatten gehofft, daß wir in dir einen Hirten hätten. Aber weil du deine Rolle nicht ausüben wolltest, blieben wir verschmachtet.« Es gibt keinen, den er nicht zum Hirten machen will. Christen sind Leute mit sammelnder Kraft, auf die hin man sich sammelt. Feste Punkte im Gelände, an denen andere sich orientieren können. Christen können diesen Dienst des Sammelns aber nur ausüben, wenn sie sich selber auf Christus hin sammeln lassen. Nur als von ihm Gesammelte sammeln wir. Machen wir einen gesammelten Eindruck? Es gibt Leute, die von uns sagen: »Er kommt mir so ungesammelt vor!« Dabei wollte Christus durch uns andere sammeln.

O Gott und Herr, frühe wache ich auf und bete dich an. Sammle mich. Sammle meine zerstreuten Sinne auf das, was not ist. Laß mich heute sammeln und nicht zerstreuen. Hilf mir.

5. November *Gott hat euch berufen durch unser Evangelium zum herrlichen Eigentum unseres Herrn Jesu Christi.* 2. Thessalonicher 2,14

Das muß man genau lesen. Das Evangelium beruft, hat also eine wichtige Funktion. Es sind nicht nur aneinandergefügte Satzreihen, die das Evangelium bilden. Es ist nicht irgendein Buch, das man die Bibel nennt. Es ist nicht eine religiöse Schrift, die man unter anderen Schriften treulich hegen kann. Sondern wer mit dem Evangelium zu tun hat, hat sich in eine Reichweite dieses Evangeliums hineinbegeben, in der etwas an ihm geschieht. Eine Deklaration geschieht. Wer bei Hitze in der Nähe des Springbrunnens herumläuft, wird erquickt. Wer im Bereich des Evangeliums existiert, an dem geschehen Dinge, die die Bibel herrlich nennt. Darum bleiben wir ja in seiner Nähe. Darum haben wir das Evangelium lieb. Darum sind wir evangelisch. Gott beruft uns heute durch sein Evangelium, daß wir nicht uns selbst zu gehören brauchen, sondern ihm. Das ist dringend nötig.

Du hast uns herrlich gemacht. Dein Evangelium hat uns erreicht. Dank sei dir, o Christe. Denn das eigentliche Problem unseres Lebens hast du damit gelöst.

6. November *Suchet in der Schrift; denn ihr meinet, ihr habet das ewige Leben darin; und sie ist's, die von mir zeuget.* Johannes 5,39

Wie sieht eigentlich unsere Bibel aus?

Eigentlich kann man die Bibel nicht ohne Bleistift lesen. Eigentlich ist eine Bibel nach einem Gebrauch von etwa zwei bis drei Jahren das persönlichste Buch, ja das intimste Buch. Früher schrieb man Tagebücher und verschloß sie. Die Bibel ist auch ein Tagebuch.
Durch unsere Unterstreichungen und Daten, durch unsere Fragezeichen und Ausrufezeichen wird deutlich, daß wir mit der Bibel leben und uns selber in ihr finden. Sie ist's, die von ihm zeuget. Jawohl, von Christus ist die Rede. Sobald wir aber ihn entdecken, werden wir merken, daß sich alles um uns dreht, daß wir selber in der Bibel vorkommen. Christus kam für uns. Ist unsere Bibel ein Zeichen dafür, daß wir das verstanden haben? Welche Zeilen werden wir unterstreichen? Welche Termine setzen wir ein, Daten unseres Lebens, an denen unser Weg sich mit seinem Wort so unübersehbar kreuzte, daß wir selber eine Geschichte mit der Bibel lebten? Denn Gott will mit seinem Wort Geschichte mit uns machen.
O Gott, mit deiner Bibel kann man leben. Hilf, daß sie eine Macht gewinnt bei allem, was wir tun.

7. November *Fallet nur nicht ab vom Herrn und fürchtet euch nicht vor dem Volk dieses Landes. Es ist ihr Schutz von ihnen gewichen. Der Herr aber ist mit uns.* 4. Mose 14,9
Kein Wunder, daß sie weiche Knie bekamen angesichts der Machtgruppierung, der sie gegenüberstanden. Kanaan! Wie sollte Israel dagegen ankommen?
Die Mächte gruppieren sich immer, wenn es gegen Christus geht. Da werden selbst Pilatus und Herodes Freunde miteinander, um Christi Sache über Nacht im Keim zu ersticken. Es ist des Teufels Strategie, Mächte zu gruppieren, wenn es gilt, die christliche Gemeinde zu erledigen. Was sollen wir denn tun?
»Schlagt auf die Speere, denn sie sind hohl!« — Diese Parole hat schon manche Schlacht entschieden. Draufgeschlagen, bevor sie in der Herzgegend landen. Sie sind doch hohl!
»Es ist ihr Schutz von ihnen gewichen«, ist die Parole an Israel angesichts der Macht Kanaans. »Gott ist mit uns!« ist ihre Gewißheit. Also entscheidet sich alles daran, bei wem der Schutz liegt? Also entscheidet sich alles daran, ob Gott mit uns ist?
Wer hier ja sagen kann, hat schon gewonnen.
Denn die Losung: »Der Herr aber ist mit uns!« ist garantiert. Weihnachten nimmt Jesus Christus den Titel Immanuel an; zu deutsch: Gott ist mit uns! Seitdem ist Gott mit der Gemeinde.
Ist das alles klar? Ja: Es ist klar.
O Herr und Gott, darum fürchten wir uns nicht und fallen nicht ab von dir. Denn es ist ihr Schutz von ihnen gewichen. Du aber bist mit uns. — Herr, hilf! o Herr, laß wohl gelingen.

8. November *Wir bringen unsere Jahre zu wie ein Geschwätz.*

Psalm 90,9

Was hast du denn geredet den ganzen Tag? Wohin werden die getrieben, die deine Worte hören vom frühen Morgen an bis in den späten Abend? Treibst du sie in die Angst, in die Leidenschaft, in die Freude, in die Lust, in die Knechtschaft, in die Freiheit?
Für wen redest du?
Es gibt ganze Völker, die in den Abgrund trieben, weil sie sich weigerten, die Frage zu beantworten. Familien gibt es, die auseinanderfallen, und Söhne, die sich verirren, Töchter, die sich verlieren, weil ein falsches Wort sie trieb, weil Vater und Mutter Worte sprachen, die ein Fremder sie lehrte. Weil die Kinder Worte hörten aus dem Mund eines Menschen, der sich weigerte, Wort und Sprache, Gedanken und Weisung anzunehmen von dem, der als einziger ihr Herr sein will. Gott will unseren Mund.
In wessen Namen reden wir — ob Pfarrer oder Lehrer, ob Reporter oder Arbeiterführer, ob Theaterleute oder Politiker, ob Väter oder Mütter? Reden wir in Gottes oder in des Teufels Namen? Denn Gott wird uns fragen: »Wer hat dir befohlen, so zu reden?« In wessen Namen also? Wer mag die Frage beantworten, ohne zunächst zu schweigen?
Hilf, daß ich rede stets, womit ich kann bestehen; laß kein unnützlich Wort aus meinem Munde gehen; und wenn in meinem Amt ich reden soll und muß, so gib den Worten Kraft und Nachdruck ohn Verdruß.

Johann Heermann

9. November *Ich weiß, an wen ich glaube, und ich bin gewiß, er kann mir bewahren, was mir beigelegt ist, bis an jenen Tag.*

2. Timotheus 1,12

Als Student saß ich bei Karl Barth in der Societät, dem kleinen Studienkreis in Bonn, und fragte ihn beim Studium des Genfer Katechismus: »Herr Professor, gibt es Heilsgewißheit?« Darauf kam die Antwort: »Nein, *es* gibt keine Heilsgewißheit, sondern *er* gibt Heilsgewißheit!« Hat Karl Barth recht? Ja! Denn es gibt keine Gewißheit des Heils, die nicht immer an ihn gebunden wäre, der das Heil schaffte. Er gibt sie. Er spricht sie zu. Sie steht nicht irgendeinem zur Verfügung, keinem Evangelisten und keiner Kirche, die ihrerseits die Gewißheit des Heils verleihen könnten je nach Geld und guten Worten oder Gemütsbewegungen. An ihn müssen wir unsere Seligkeit hängen und nicht an unser Bewußtsein. Die Tatsache, daß er für unseren Glauben gebetet hat und uns diesen Glauben bewahren kann, bringt uns über die Glaubenslosigkeit hinweg, nichts anderes. Er wird uns bewahren, nicht wir uns.
Gott garantiert die Stabilität. Hat er einmal beschlossen über uns,

daß wir in seiner Hand liegen, dann wird ihm keiner aus seiner Hand gerissen: Dies erfahren wir in seiner Kirche.
Das sei uns heute zum großen Trost gesagt. Er kann es mir bewahren! Heute auch, auch morgen — bis an jenen Tag.
O Gott, du machst mich durch deinen Heiligen Geist des Heils gewiß. Du wirst mir das Heil bewahren bis zum Jüngsten Tag deines Sohnes Jesus Christus.

10. November *Gib deinen Knechten, mit aller Freudigkeit zu reden dein Wort.* Apostelgeschichte 4,29

»Heute war er mal wieder ganz in Fahrt«, sagte mir mein Freund, als wir zusammen aus der Kirche kamen. Er meinte damit den Pfarrer und seine Predigt und wollte damit seine volle Bewunderung ausgesprochen haben. Aber ich wußte, wie ausgerechnet nach solcher Predigt dieser ernst zu nehmende Pfarrer zerknirscht von der Kanzel herabstieg. Er war nicht bei der Sache gewesen. Bei der Sache. Von dieser Sache redet das obige Bibelwort. Denn es gilt, sein Wort zu reden, Gottes Wort zu reden. Es muß uns klar sein, daß uns mit nichts anderem geholfen ist als nur mit diesem Wort. Uns ist selten oder nie geholfen, wenn ein Pastor »voll in Fahrt« ist. Denn meist sind es ausgerechnet dann seine eigenen Sachen oder die Sachen des Volkes, der Politik oder der Natur, jedenfalls fremde Sachen, die da vorgetragen werden, und nicht die Sache des Evangeliums.
Nur mit ihr ist eine Predigt wirklich Predigt. Alles andere sind Reden, die auch religiöse Amtswalter halten können. Nur diese Sache gilt es mit aller Freudigkeit vorzutragen. Also mit einem Freimut, der bereit ist, alles zu sagen, die ganze Wahrheit, und nichts zu verheimlichen. Das aber kann man nicht »in voller Fahrt«, sondern nur in großer Hilflosigkeit, die Gott in Freudigkeit verwandelt.
O Gott, gib uns in deiner Kirche mit aller Freudigkeit zu reden dein Wort, uns und unseren Pfarrern.

11. November *Seid fröhlich in Hoffnung!* Römer 12,12

Uns Christen wird oft der Vorwurf gemacht, wir verharmlosten die augenblickliche Weltsituation. Wir sängen mitten im Elend und hätten Jubellieder in der Trauer auf den Lippen.
Christen muß man schon ernster nehmen als Conférenciers mit ihrem munteren Rat: Laßt doch die Sorgen zu Haus.
Gott will die Christen nicht als Humoristen haben, wünscht aus ihrem Mund auch keine billige Phrase der Ermunterung. Sie sind der Welt treu, treuer als Humoristen.
Sie sind fröhlich in Hoffnung, weil es eine stabile Begründung die-

ses Fröhlichseins gibt. Darin liegt der Grund unserer Freude! Er liegt darin, daß Jesus Christus, der einmal in sein Eigentum gekommen ist, wiederkommen wird. Er kommt wieder in sein Eigentum! Er kommt zu uns, die wir sein eigen sind. Wann? Das wissen wir nicht. Aber daß er kommt, das wissen wir.

Wir sind dann dabei, ob wir schon tot sind oder noch leben. In seinem Gericht wird es sich entscheiden, ob wir ihm bekannt sind oder ihm unbekannt geblieben sind. Und wer dies heute liest, ist von ihm gebeten, endlich sich ihm bekannt zu machen. Damit wird er auch zu den Fröhlichen gehören.

Wir stehn noch in der Hütten, wir sind noch nicht daheim, wo, was sich hart gestritten, sich fügt in einen Reim. Doch grüßen wir mit Schalle auch hier im finstern Tal des Bräutgams lichte Halle, des Herren Hochzeitsmahl. R. A. Schröder

12. November *Ich vermag alles durch den, der mich mächtig macht: Christus.* Philipper 4,13

Am liebsten überschlagen wir dieses Bibelwort; oder wir beschränken es auf eine Glaubenserfahrung des Paulus, die uns als »Ferner liefen« der Christenheit nicht betrifft.

Denn: alles? Ich vermag alles — wer will das unterschreiben ohne Verdacht, falsche Aussagen zu machen?

Wir machen es falsch!

Laßt uns doch den Text genau lesen! »Ich vermag alles durch den, der mich mächtig macht: Christus.« Also: Paulus vermag nichts. Christus vermag alles durch Paulus, Paulus alles durch ihn. — Der Hebel hebt keine Last. Sondern der Meister hebt jede Last durch den Hebel. Das Werkzeug vermag nichts, es sei denn die Hand des Meisters mit dem Werkzeug. In der Hand des Meisters vermag der Hebel alle Lasten zu heben. In der Hand Christi vermag Paulus alle Dinge zu tun.

In Christus dürfen wir alle Dinge tun und getan sein lassen. In ihm geht die Rechnung auf. Mag unser Hebelarm noch so kurz sein; er wird durch Christi langen Arm total ersetzt. Ihm fällt keine Last vom Hebel.

Nun kann es geschehen, daß sich manche Last vor unseren Augen hebt. Denn seine Last ist leicht. Aber es kann auch geschehen, daß manche Last uns ausrutscht: wieder einmal versagt! Das tut Gott an uns absichtlich, damit wir nicht übermütig werden. Denn wie leicht will das Werkzeug dem Meister entgleiten. Wie leicht machen wir uns selbständig.

Darum legen wir die Dinge, die uns heute vor der Hand liegen, in deine Hand. Mit dir wollen wir Taten tun.

13. November *Um die Mitternacht aber beteten Paulus und Silas und lobten Gott. Und es hörten sie die Gefangenen.* Apg. 16,25

Gott macht Umwege. Man landet im Gefängnis und meint, nun sei alles zerstört. Ausgerechnet damit macht Gott seine Geschichte. Paulus und Silas — eben erst haben sie ihr Werk in der Stadt begonnen zur Missionierung der Heiden — landen nach kurzem Beginnen im Gefängnis. Das ist Gottes Umweg und ist doch der geradeste Weg. Denn das lobende Zeugnis der beiden Weggesellen im Gefängnis dringt in das Ohr der Gefangenen. Die sprechen darüber. Es entsteht Bewegung unter ihnen. Und der Chef des Polizeigefängnisses wird Christ mit seiner ganzen Familie. — Unsere glatten Wege sind gar nicht die geraden. So sehr wir sie auch lieben. Gott zerreißt unsere Programmzettel und fängt oft völlig anders mit uns an. Das sind seine Spielregeln, und wir müssen dahinterkommen. Denn es gilt, fröhlich zu bleiben selbst bei verstümmeltem Programm. Er führt es auf seine Weise hinaus. Nicht nur das Programm seiner Gemeinde, sondern auch das Programm, das er mit uns in unserem persönlichen Leben hat. Oder meinen wir, Gott hätte kein Programm mit uns? Doch! Ein Leben des Lobens, selbst um Mitternacht.

Führst du uns auch rauhe Wege, laß uns sie lobend gehen können.

14. November *Rufe mich an in der Not, so will ich dich erretten, so sollst du mich preisen.* Psalm 50,15

Nicht erst dann. Das sagt Gott uns nur darum, weil wir in der Not oft so irrsinnig sind, Gott für nicht zuständig zu halten. Wir Menschen sind wie die Vögel, die, statt wegzufliegen, ängstlich in die Augen der Schlange blicken. Wegfliegen! Hinwenden zu dem, der Rettung bringt! Wir sollten es jetzt schon tun. Kinder reden ja mit den Eltern nicht nur, wenn sie Hunger haben oder wenn sie von anderen verprügelt werden. Kinder reden mit den Eltern vom Morgen bis zum Abend. Was könnte Gott aus unserem Leben machen, wenn wir ihn immer anriefen! Wenn er in allen Stunden die Rolle des heimlichen Gesprächspartners einnähme! Denn sein Sohn hat selbst gesagt, daß wir ohne ihn nichts tun können. Nichts. Darum können wir auch keine Stunde ohne ihn zubringen.

Und wer ruft, hat noch immer Antwort bekommen. Wir rufen nicht ins Leere. Gott hört zu. Gott wartet darauf, daß wir endlich reden und aus dem tödlichen Schweigen herauskommen.

O Herr und Gott, wir danken dir, daß wir zu dir beten dürfen. Wenn wir dich haben, kann uns nichts schaden. Wir möchten heute dauernd mit dir Verbindung behalten. Hilf uns dazu.

15. November *Ihr habt gesehen, was ich den Ägyptern getan habe und wie ich euch getragen habe auf Adlerflügeln und habe euch zu mir gebracht.* 2. Mose 19,4

Wie viele Leute unterschreiben diesen Text? Wer schreibt dahinter: »Stimmt!«? Auf Adlerflügeln!

Also herausgeholt hat uns Gott. Er hat mit uns ein Gelände übersprungen und uns geborgen. Das Wort stammt aus der Geschichte der Übergabe der Zehn Gebote. Er hatte sein Volk aus der Knechtschaft von Sünde, Tod und Teufel geholt mit dem Ziel der Freiheit, wie er uns aus der Knechtschaft von Sünde, Tod und Teufel geholt hat in die Freiheit der Kinder Gottes. Wie Menschen aus einem mit einem eisernen Ring umklammerten und eingekesselten Heerhaufen im letzten Augenblick durch Hubschrauber ins Heimatland geflogen werden. Wir sind ausgeflogene Leute. Er hat uns wieder zu sich gebracht, nach Hause geholt, wo wir ursprünglich hingehörten. Wer unterschreibt den Text? Wer sagt jetzt: »Stimmt!«?

Gott wird dich aus der Höhle, da dich der Kummer plagt, mit großen Gnaden rücken. Paul Gerhardt

16. November *Da sprach der Herr zu Kain: Wo ist dein Bruder Abel? Er sprach: Ich weiß nicht; soll ich meines Bruders Hüter sein?* 1. Mose 4,9

Ja, wir sollen unseres Bruders Hüter sein. Gott denkt Kain und Abel zusammen. Wer allein bleibt, den will Gott nicht.

Wer ohne den andern vor ihn treten will, den erkennt er nicht an. Wer nicht Bruder bleiben will, der verzichtet auf seinen Vater. Wer nicht des Bruders Bruder sein will, lebt außerhalb der Familie, in der Gott Wunder tut. Nach wem wird Gott uns wohl fragen? Den Kain fragte er nach Abel. Welche Namen werden auftauchen: Welche Namen tauchen heute auf, nach denen uns Gott bestimmt fragt? Soll ich ausgerechnet dieses Bruders Hüter sein? Ja!

O Gott, du weißt, von wem wir uns getrennt haben. Binde uns zusammen. Der Graben ist tief. Wir versprechen dir, unsere Hand hinüberzustrecken.

17. November *Gott, dein Weg ist heilig.* Psalm 77,14a

Gott weiß, daß wir uns aufbäumen. Gott weiß, daß wir weglaufen wollen von seinem Weg, ihn nicht wahrhaben wollen, ihn verändern und korrigieren möchten, daß wir ihm Vorschriften machen möchten, wie es besser wäre, wie dieser Weg gradliniger sich ausnähme im Blick auf die Führung seiner Gemeinde und den Gang der einzelnen. Gott weiß das.

Aber seine Kraft, heilig zu machen, ist groß. Er will es tun, daß

wir nicht nur achselzuckend dabeistehen. Er will es schaffen, daß wir unseren Verstand nicht mürrisch preisgeben, sondern will uns so führen und gestalten, daß wir ja sagen lernen. Jetzt schon in dieser Welt. Später werden wir, wenn wir in der oberen Schar versammelt sind, staunend zurückblicken: Wie wunderbar sind seine Wege! Noch sind sie verdunkelt, noch wissen wir nicht, wie Gott die Fäden entwirrt, die uns verknäuelt erscheinen. Aber er tut es schon jetzt. Wer seinen Blick auf den hoffnungslosesten Fall richtet, wer am Kreuz studiert, wie Gott den verwirrtesten Augenblick der Weltgeschichte entwirrt zu unser aller Heil, der wird darin entdecken, wie unser eigenes Durcheinander sich klärt, und der kann hier schon Gottes Taten preisen als Geheiligter, von ihm heilig Gemachter, mit dem Gebet, das unsere Väter seit Tausenden von Jahren beteten:
Gott, dein Weg ist heilig.
Du führst mich doch zum Ziele auch durch die Nacht.

18. November *Josua sprach zum Volk: Ihr könnt dem Herrn nicht dienen.*
Josua 24,19

Was war denn los? Wie kommt der große, begabte Volksführer und Gottesmann dazu, seinem Volke rundweg zu sagen: »Ihr könnt dem Herrn nicht dienen.«? Dabei hatte die Menge gerade laut und begeistert bekundet: »Das sei ferne von uns, daß wir den Herrn verlassen und andern Göttern dienen!« Josua legte auf Begeisterung keinen Wert. Gott ist auch gegen Begeisterung. Begeisterung schlägt um. In nüchterner Stunde merken wir, daß wir ohne Fundament glaubten: Glaube ist Zusage, dem Herrn zu dienen, und Absage, Göttern zu dienen. Also hat Glaube seine Konsequenzen. Entscheidungen müssen tief genug ausgelotet werden. Eigentlich ist dieser Ruf: »Ihr könnt dem Herrn nicht dienen« erschütternd. Was macht uns den Dienst unmöglich? Das muß uns ganz klarwerden. Auch Jesus Christus hat vielen, die ihm dienen wollten, immer wieder die Hand auf die Wunde gelegt: »So nicht, nein, so nicht; so kannst du mir nicht dienen.« Also kommt es darauf an, daß wir mit beiden Händen loslassen, wem wir bisher gedient haben, und mit beiden Händen festhalten lernen den, dem wir dienen wollen. Wir können nicht zweien zugleich dienen. Wenn wir noch jemandem außer ihm dienen, dann können wir dem Herrn nicht dienen, so begeisternd es auch wäre.
Kehr um, daß der dich nicht vergißt, von dem du schon gefallen bist.
Siegbert Stehmann

19. November *Sehet darauf, daß nicht jemand Gottes Gnade versäume.*
Hebräer 12,15

Kann man das denn? Einen Zug verpassen, ja. Sich zu spät für eine

Partei entschließen, ja. Alles kann einem passieren. Aber Gottes Gnade verpassen? Das klingt doch wie eine bekannte Evangelisationsmethode, die ihren Erfolg registrieren will, indem man unter Druck gesetzt wird mit Geschichten, in denen einer unter die Straßenbahn kam und keine Zeit mehr fand, die Rechnung mit dem Himmel zu begleichen. Das ist doch glatte Erpressung!

Halt! Wenn die Bibel sagt, man könnte Gottes Gnade versäumen, dann stimmt das. Aber es ist keine Drohung, sondern Angebot.

Angebot Gottes aber ist keine mechanisch ablaufende Grammophonplatte, wie bei der Zeitansage im Großstadttelefon. Gott steht nicht dauernd parat für unsere jeweiligen Zu- und Absagen. Wie heißt denn unser erster Programmpunkt? »Zehn Jahre hat man uns aus dem Arbeitsprozeß herausgeholt, jetzt muß ich erst aufholen. Jetzt will ich erst das Geschäft ankurbeln. Jetzt will ich erst den Inspektor machen. Jetzt erst das Haus bauen, jetzt erst mal . . .«

Wer so spricht, meint, mit Gott könne man verhandeln. Aber Gott will an uns handeln — zu dieser unserer Zeit.

Noch ist das Urteil nicht ergangen, das ohne Widerruf besteht, noch darf ich, Herr, vor dir verlangen, noch bitt ich, noch ist's nicht zu spät. **R. A. Schröder**

20. November *Diese Nacht wird man deine Seele von dir fordern.*

Lukas 12,20

»Mach deine Rechnung mit dem Himmel, Vogt, deine Uhr ist abgelaufen«, sagt Wilhelm Tell in der hohlen Gasse, auf Geßler wartend. Solch ein Wort steht zwar bei Schiller, ist aber insofern biblisch, als Jesus Christus selber von einem Termin spricht, an dem alles geordnet sein muß.

Die Rechnung mit dem Himmel!

Gott fordert uns.

Wir werden vor ihm stehen, und es wird sich entscheiden, ob wir die Rechnung gemacht haben oder nicht, ob wir etwas bereitet haben oder nicht. »Was ist es, das du bereitet hast?« wird Gott fragen. Sind wir bereit, vor sein Angesicht zu treten, oder haben wir noch was zu regeln?

Es gibt ungeordnete Stellen unseres Lebens. Gott kann uns heute abberufen. Gott hat Termin mit uns. Es wird höchste Zeit, daß wir uns darauf rüsten. Denn wir werden gefragt.

Wie rüsten wir uns denn? Wir machen uns mit der Wahrheit vertraut. Mit dem, der die Wahrheit selbst ist: Christus, der Herr. Der hat uns allerhand zu sagen und vieles an uns zu tun.

Der Schuldschein ist zerreißbar. Durch ihn.

O Gott, gib, daß wir dich ernst nehmen.

21. November *Ein jeglicher, der solche Hoffnung hat zu ihm, der reinigt sich, gleichwie er auch rein ist.* 1. Johannes 3,3

Schauerlich sind Frauen mit einem sogenannten Putzteufel. Sie machen sich und andere damit krank. Sie putzen ohne Freude auf den Gast. Und wenn sie einer fragt: »Freust du dich auf den, der da kommt?«, antworten sie: »Freuen? Anschließend! Erst saubermachen.«

Es gibt Christen mit Putzteufel. Sie reinigen sich und andere ohne Hoffnung, stellen Maßstäbe der Heiligung auf für sich und andere und quälen die Gemeinde. Grausames Mißverständnis! Ein jeder, der solche Hoffnung hat, reinigt sich. Welche Hoffnung?

Daß wir Jesus Christus sehen werden, wie er ist. Dies steht eine Zeile über unserem Text. Solche Hoffnung reinigt.

Solche Hoffnung macht alle Heiligen zu fröhlichen Christen; wie die Hoffnung auf den Gast den Hausputz zum Fest macht. (Oder weiß jemand von einer Frau, die Nachricht von der Heimfahrt ihres gefangenen Mannes bekam, daß sie sorgend und quälend das Haus herrichtete?)

Wir werden ihn sehen, wie er ist. Wer sich darauf freut, reinigt sich.

Unser Herr Jesus Christus, wir dürfen hoffen, dich zu sehen. Laß diese Freude in uns alles bestimmen. Mach du uns rein zum Empfang bei dir.

22. November *Tue Buße; wo aber nicht, so werde ich dir bald kommen und mit ihnen kriegen durch das Schwert meines Mundes.*

Offenbarung 2,16

Gott kann es satt haben. Hüten wir uns davor, sein Wort, er sei langmütig und sehr freundlich, zu verwechseln mit der Eigenschaft, die wir Menschen mit alten Leuten in Verbindung bringen. Gott ist kein alter Mann. Wenn Gott sagt, tut Buße, dann will Gott, daß Buße getan wird. Man kann Buße nicht verschieben. Auch nicht auf einen Buß- und Bettag, an dem man Buße tun könnte für ein ganzes Jahr im voraus oder für ein Jahr, das hinter einem liegt. Gott kennt uns Menschen. Gott weiß, daß wir alle Buße verschieben wollen zur gelegenen Zeit. Gott weiß sogar, daß wir oft meinen, Buße sei eine Anwandlung der Stimmung, die auf sich warten ließe, je nach unseren Erfahrungen. Nein, Buße ist eine sehr ernste Angelegenheit!

Konsequenzen werden gezogen! Und wenn die nicht gezogen werden, so will Gott seine eigenen Konsequenzen ziehen.

Die Konsequenz Gottes lautet: nicht mehr Buße tun können. Keinen Raum mehr zur Buße haben. Wir haben ihn noch.

O Gott und Herr, du kannst uns umkehren und für rechte Buße unter uns sorgen. Laß uns neu anfangen dürfen und die Freude der Buße selber erleben.

23. November *Ich sprach: Ich will dem Herrn meine Übertretungen bekennen. Da vergabst du mir die Missetat meiner Sünden.* Psalm 32,5

Die Psychiater, Nerven- und Seelenärzte, nehmen sich viel Zeit mit ihren Patienten. Sie wissen etwas davon, daß der Patient sprechen soll, sie haben Zeit für ihn, und die Heilung beginnt nach ihrer Meinung schon, wenn sie anfangen zu reden.

Das ist an der Erkenntnis der Psychiater und Nervenärzte richtig: Die Patienten sollen sprechen. »Er soll es sich mal vom Herzen wegreden«, sagen wir im Volk. Wem sagen wir's?

»Ich will dem Herrn meine Übertretungen bekennen.« Warum sagen wir es Gott nicht? Warum sagen wir es Dritten?

In Gottes Ohr gehören unsere Sünden. Er vergibt. Er vergibt so, als hätte ich keine Übertretungen getan. Jawohl, so befreit Gott, als wäre nichts geschehen. Weil etwas geschah! Sein Sohn Jesus Christus hat meine Sünden einkalkuliert, als er bezahlte.

Ich sprach: »Ich will bekennen.« Wem bekennen wir? Wenn wir es Menschen sagen, müssen es solche sein, die mit Gottes Ohren zuhören. Es gibt Beichten unter uns.

Gott hat Sprechstunde. Gott wartet, daß wir reden.

Ich will dir meine Übertretungen bekennen, Herr.

24. November *Er begehret mein, so will ich ihm aushelfen; er kennt meinen Namen, darum will ich ihn schützen.* Psalm 91,14

Gott drängt sich nicht auf. Nur wenn wir sein begehren, will Gott uns aushelfen und mit seinen Händen uns links und rechts gegen alle Feinde einklammern. Der begehrt sein, der sich darauf bezieht, daß er im Kindesverhältnis mit ihm lebt. Daß wir seinen Namen kennen. Daß wir uns also nach ihm nennen, ist die Voraussetzung seiner Hilfe. Kennen wir Gottes Namen?

Gott hat sich vorgestellt. Gott hat sich bekannt gemacht.

Gott ist nicht etwa die Vorsehung, auch nicht überirdisches Licht, auch nicht der Unnennbare und der große Unbekannte, von dem Menschen in scheinbarer Frömmigkeit raunen: »Wer darf ihn nennen?« Gott hat gesprochen.

Zuletzt hat Gott alles zusammengefaßt in seinem Sohn: »Dies ist mein lieber Sohn, den sollt ihr hören!« So sucht Gott auszuhelfen, so sucht Gott zu schützen: Gott tastet die ganze Welt ab und sucht nach denen, die ihn begehren, und nach denen, die ihn kennen. Kennenlernen kann ihn jeder. Sein Wort ist nahe bei uns. Der Psalm endet mit dem Wort: »Und will ihm zeigen mein Heil!« Was uns noch alles gezeigt wird!

O Gott, wir begehren dein. Du bist unser Vater. Wir sind dir bekannt. Zeige uns dein Heil in deiner Hilfe. Heute auch.

25. November *Seid gleich den Menschen, die auf ihren Herrn warten!*
Lukas 12,36

Man kann immer die Wartenden unterscheiden von denen, die nicht warten. Beim Heimkehrertransport wie bei der Wiederkunft Christi. Die einen verzichten auf den Schlaf und reisen entgegen; die anderen lassen sich in ihrem Rhythmus nicht unterbrechen und bleiben, wo sie sind. Die einen planen im Blick auf den, der kommt; die andern lassen sich durch nichts stören. Die einen sind bereit, alles nur sehr vorläufig zu tun; die andern schaffen sich endgültige Tatsachen. Die einen sind Pilger; die andern bleiben auf der Stelle. Die einen haben einen Bürgerbrief im Himmel; den andern genügt der Paß von der Polizei. Wozu gehören wir? Die einen wissen, daß am letzten Sonntag des Kirchenjahres, am Totensonntag, von dem die Rede ist, der wiederkommen wird, zu richten die Lebendigen und die Toten; die andern gehen zum Friedhof und besuchen die Gräber ohne Hoffnung. Die einen warten; die andern haben nichts zu erwarten.

Wir warten dein, du kommst gewiß, die Zeit ist bald vergangen; wir freuen uns schon überdies mit kindlichem Verlangen. Was wird geschehn, wenn wir dich sehn, wenn du uns heim wirst bringen, wenn wir dir ewig singen? Ph. Fr. Hiller

26. November *In die Hände habe ich dich gezeichnet.* Jesaja 49,16

Nicht darauf kommt es endgültig an, daß ein Kreuz auf unserem Grab steht. Bei vielen war es nicht möglich. Der Krieg hat viele Gräber unbekannter Soldaten, und die Trümmer bergen sie noch ungezählt. Und dennoch ist ein Kreuz mit unserem Namen auf dem Grab ein gutes Bekenntnis. Oder ein Bibelspruch. (Ausgeschrieben, wörtlich, nicht nur Textangabe. Dafür sollten wir Geld gespart haben!) Dann werden wir bekennen, obwohl wir schon gestorben sind, daß wir nur in Verbindung mit Christus in anderer Erinnerung bleiben wollen. Wer am Totensonntag vor den Gräbern steht, wer so am Totensonntag an Söhne, Brüder, Männer und Väter in fernen Ländern denkt, wer also den Namen Jesu Christi mit dem Namen unserer Verstorbenen und Gefallenen verbindet, wer es so tut, der ist ganz nah dem Reich Gottes. Denn die Bibel sagt, daß unser Name in seine Hand gezeichnet ist, daß Gott unseren Namen mit dem Namen seines Sohnes verbindet. Wenn wir so mit Gottes Wort an Gräbern stehen, stehen wir nicht mehr hilflos da, sondern sehr getröstet; denn wer bei Gott vorkommt, der bleibt nicht im Tode, sondern kommt zum Leben. Gott hat ein gutes Gedächtnis. Er vergißt uns nicht. Eingetragen ist eingetragen.

O Herr, wir danken dir, daß du ein Herr der Lebendigen und der Toten bist.

27. November *Darum wachet, denn ihr wisset nicht, welche Stunde euer Herr kommen wird.* Matthäus 24,42

Sehr dumm ist es, wenn man den Christen den Vorwurf macht, sie seien für diese Welt nicht mehr tauglich, denn sie warteten nur noch auf das Jenseits. Ganz abgesehen davon, daß wir nicht auf das Jenseits, sondern auf den Herrn warten, ist auch die Aussage, wir seien nicht tauglich, ausgesprochen lahm. Wir sind Leute, die auf ihren Herrn warten, wir sind Prokuristen, deren Chef verreist ist. Es ist doch selbstverständlich, daß ein Prokurist schwierige Geschäftsabschlüsse selbst mit seinem verreisten Chef bespricht. Und wenn es auch ein Blitzgespräch nach Italien kostet. Christen sind solche, die ihre Unternehmungen in dieser Welt mit ihrem Herrn absprechen, die also arbeiten, kräftig arbeiten, handeln und verhandeln, die sich mühen und placken und schuften und auch einiges zuwege bringen: aber immer im Blick auf den wiederkommenden Herrn. Das soll uns keiner nehmen. Der Welt ist auch am besten mit solchen gedient, die auf ihren Herrn warten. Der Kredit des Herrn ist größer als der Kredit der Prokuristen. Wir können mit Gott viel mehr zusagen als ohne Gott. Viel mehr dienen als ohne ihn. Viel größere Aufgaben bewältigen als ohne ihn.

Hoffentlich kommt man bald dahinter, daß das das einzig Wahre ist.

Wir warten dein, du hast uns ja das Herz schon hingenommen.

Ph. Fr. Hiller

28. November *Es spricht, der solches bezeugt: Ja, ich komme bald. Amen, ja komm, Herr Jesu!* Offenbarung 22,20

Die Bibel endet mit einem Gespräch. Christus spricht mit der Gemeinde und sagt zu ihr, daß er bald kommen werde. Und wir antworten: Ja, komm, Herr Jesu. Das war vor 1900 Jahren etwa. Können wir das heute auch sagen? Nicht »in heutiger Zeit«, sondern heute: »Komm heute. Komm jetzt. Komm in zwei Stunden!« Können wir so antworten auf die Zusage, daß er bald komme?

Bei uns kommt das Gebet um die Wiederkunft Christi selten vor. Wir erwähnen sie kaum noch, wohl im Glaubensbekenntnis am Sonntag, wenn wir sprechen: ». . . von dannen er wiederkommen wird.« Woran liegt das?

Christus ist seit 65 Generationen gerufen worden und kam nicht. Da sind wir also als 66. Generation müde geworden, noch mit ihm zu rechnen. Es gibt noch einen anderen Grund, warum wir nicht bitten, daß er komme. Und zwar, weil wir Angst haben vor seinem Kommen. Solch ein Grund ist schlimm. Wenn der erste Grund Enttäuschung sein kann, dieser Grund zeigt unseren katastrophalen Abstand von der Urgemeinde. Wir haben also ein schlechtes Gewissen, wir fühlen uns ertappt, wenn er kommt. Wir haben Sorge, er treffe uns unvorbereitet an. Und so, wie wir sind, empfinden wir

uns mit Recht — unvorbereitet. Dabei kommt er bestimmt. Er kommt bald. Was müßten wir tun, wenn er morgen käme?
Herr Jesus Christus, hilf, daß wir uns freuen dürfen auf deine Zukunft. Laß in den letzten Tagen des Kirchenjahres deine Wiederkunft uns sehr wichtig werden.

29. November *Es spricht, der solches bezeugt: Ja, ich komme bald. Amen, ja komm, Herr Jesu!* Offenbarung 22,20

So kann man beten. So kann man morgens und abends beten und mittags und nachts. Man kann ohne Angst sein im Blick auf sein Kommen. Man kann sich darauf freuen.
Man? Nein, nur die können sich darauf freuen, die wissen, daß Christus sie kennt, wenn er kommt. Die davon wissen, daß Christus sich ihrer entsinnt. Er entsinnt sich derer, die mit ihm zusammen waren, die mit ihm geredet haben und zu denen er geredet hat. Ja, er kommt bald und kennt genau die, die zu ihm gekommen sind, wie er genau die weiß, die nicht zu ihm gekommen sind. Und er wird, wenn er kommt, zu den einen sagen: »Kommt!«, und zu den anderen: »Ich habe euch noch nie gekannt.«
Kennt er uns? Kennt er uns so, wie er uns haben will? Wie will er uns denn haben? So, wie wir sind: als Gebundene und dem Tod Verfallene. Denn er ist gekommen zu erlösen.
Als Erlöster kann man sich auf sein Wiederkommen freuen. Und in der Schar der Erlösten kann man so beten: »Komme bald!«
O Jesu Christ, wir warten dein, dein heiligs Wort leucht' uns so fein. Am End der Welt bleib nicht lang aus und führ uns in deins Vaters Haus.

Erasmus Alber

30. November *Gott wird abwischen alle Tränen von ihren Augen.* Offenbarung 21,4

Noch entsinne ich mich eines Vortrags, den Bischof Lilje hielt, als er noch als Generalsekretär der Christlichen Studentenbewegung an allen Universitäten wichtigen Dienst tat. Er sprach von der Wiederkunft Christi und nannte diesen Text. Paul Humburg, der unvergeßliche Präses im Rheinland, der oft spontan reagierte und so gütig war, daß keiner ihm zu widersprechen vermochte, nahm das Wort außer der Reihe und sagte den Versammelten: »Wenn das stimmt, daß Gott alle Tränen abwischen wird, dann werden wir weinend oben ankommen.«
Es ist also nichts Besonderes, daß wir weinen. Unsere Tränen sind gezählt, sie sind gefaßt wie in einen Krug. Gott weiß warum. Entscheidend aber ist, daß wir hier schon wissen dürfen, daß er die Tränen abwischen wird, das heißt doch: Er wird die Spuren verwischen.

Von unseren Tränen keine Spur. Auch nicht von den Tränen, die uns die Sünde macht, auch nicht von fremden Tränen, die andere um uns weinten; nicht von Sorgen und von Grämen, nicht von eigener Pein, von allem wird nicht mehr die Rede sein. Alles ist weg. Keine Spur mehr zu sehen. Gott wird dafür sorgen. Darauf dürfen wir uns freuen. Und es ist gut, wenn Eltern und Kinder als letztes Gebet am Abend miteinander so beten:

Das Haupt, die Füß und Hände sind froh, daß nun zu Ende die Arbeit kommen sei. Herz freu dich, du sollst werden vom Elend dieser Erden und von der Sünden Arbeit frei. Paul Gerhardt

1. Dezember *Es ist eine Stimme eines Predigers in der Wüste: Bereitet dem Herrn den Weg, macht auf dem Gefilde eine ebene Bahn unserem Gott!* Jesaja 40,3

Du feierst Advent, und es ist alles andere als Advent. Du rüstest dich auf Weihnachten, und es ist alles andere als Weihnachten. Man kann Adventskränze und Christbäume im Zimmer haben, und es kann sehr stimmungsvoll sein und so traulich, daß man das Heulen kriegen kann — und ist doch kein Adventfeiern.

Man muß wissen, was man tut. Man kann nicht Soldat spielen, sondern man ist Soldat. So kann man nicht Advent spielen, sondern man feiert Advent, den Advent Jesu Christi, die Tatsache, daß er auf uns zukommt und wir nun hellwach ihm entgegengehen. Advent ist ein »Fertigmachen« der Soldaten, ein Abbrechen der Pause, ein Sicheinstellen auf einen langen Weg und auf eine harte Entscheidung. Wir feiern meist Advent so, daß wir uns dabei einlullen in eine Stimmung, die lebensgefährlich ist. Wer im Krieg sagt, er lebe im Frieden, hat alles verspielt. Denn der Herr kommt gewaltig. So ernst ist Advent, und es bleibt uns nichts anderes übrig, als die Art und Weise, wie wir feiern, zu überprüfen.

Macht hoch die Tür, die Tor macht weit: Es kommt der Herr der Herrlichkeit. Georg Weißel

2. Dezember *Seid gleich den Menschen, die auf ihren Herrn warten.* Lukas 12,36

Um 19.45 Uhr endete der Berichterstatter im Rundfunk seine Abendmeldungen mit dem Satz: »Die Namen des neuen Heimkehrertransportes werden heute abend um 24 Uhr verlesen.«

Von 70 Millionen Deutschen sind 65 Millionen ins Bett gegangen, denn sie hatten keinen, auf den sie warteten. Aber die andern blieben auf, bang, erwartungsfroh.

Wozu gehören wir? »Seid gleich den Menschen, die auf ihren Herrn warten«, sagt der Herr selber, und sein gesegneter Bibelausleger Johann Albrecht Bengel fügt hinzu: »Cum desiderio et gaudio«, also mit Verlangen und mit Freude.

Er wird nun bald erscheinen in seiner Herrlichkeit! Er kommt! Ob welche ihn erwarten? Oder ist der Bahnsteig leer? »O Herr, laß mich dasein, wenn du kommst. Ich warte. Komm bald, Herr Jesu!« — Wenn wir so beten könnten, alle Tage!

Wir warten dein, o Gottes Sohn, und lieben dein Erscheinen. Wir wissen dich auf deinem Thron und nennen uns die Deinen. Wer an dich glaubt, erhebt sein Haupt und siehet dir entgegen: Du kommst uns ja zum Segen. Ph. Fr. Hiller

3. Dezember *Der Herr weiß die Gedanken der Menschen, daß sie eitel sind.* Psalm 94,11

Selbst Mathematiker und Philosophen sind hier gemeint, die doch mit ihren Gedanken sorgfältig umgehen können.

Unsere Gedanken reichen nicht weit. Ob wir Abitur haben oder kein Abitur haben, das gilt von allen Menschen: Unsere Gedanken reichen nicht weit, sie sind nur Tastversuche, sie sind nur Stege, die wir von unserem Ufer in den Nebel bauen. Wir wissen nicht, wo sie landen. Irgendwann und irgendwo bleiben sie im ungewissen. Das weiß Gott. Darum hat Gott einen anderen Gedanken gehabt, der nicht eitel ist, der nicht irgendwo ankommt. Es jammert Gott in Ewigkeit mein Elend übermaßen, er »dacht« an sein Barmherzigkeit, er wollt mir helfen lassen!

Gottes Gedanke war unsere Heilung.

Es waren nicht unsere Gedanken.

Gott dachte. Aber was Gott denkt, das ist nicht nur ein guter Gedanke, sondern Gott schafft Tatsachen mit seinen Gedanken. Gott sandte den Sohn. Das Vernünftige sollten wir tun. Gottes Gedanken sollten wir nachdenken. Wir haben ein Leben lang damit zu tun.

Wir spinnen Luftgespinste und suchen viele Künste und kommen weiter von dem Ziel. Gott, laß dein Heil uns schauen!

Matthias Claudius

4. Dezember *Wie sollte er uns mit ihm nicht alles schenken?*

Römer 8,32

Es geht langsam auf Weihnachten zu.

Die Mutter hat ihren Schrank verschlossen; der Vater überschlägt die Kosten, ob es zum Fahrrad reicht für den Ältesten; die Kinder haben ihr Geheimfach, und die Schaufenster tun das ihre, um uns das Schenken zu erleichtern. Schön so. Einer schenkt dem andern. Aber wissen wir eigentlich — warum?

In unserem Elternhaus schickten uns die Eltern mit Körben in die Nachbarschaft: »Schenkt es ihnen und macht sie froh mit der Weih-

nachtsgeschichte!« So haben wir es gehalten. Ich gehe mit den Kindern in andere Häuser mit eingepackten Geschenken — und die Kinder machen sie dort froh mit der Weihnachtsgeschichte. Auch gehen wir in den Wartesaal und singen und sagen die Botschaft vom Heiligen Abend.
Macht sie froh mit der Weihnachtsgeschichte.
Womit machen wir froh?
Warum schenken wir? Ach, daß dies doch bei allem Schenken klar bleibt! Wir dürfen schenken als von Gott Beschenkte: Jesus Christus, Gottes Sohn, wurde Weihnachten geboren — wie sollte Gott uns mit ihm nicht alles schenken. Ja: Alles geschenkt! Unsere Schulden sind geschenkt! Wer hingeht, dem wird nichts angerechnet. Durch ihn! Schenken wir als Beschenkte?
Zeigt es doch! Mit einer Zeile wenigstens: Macht sie froh mit der Botschaft.
Laß uns Botschafter deiner Tat an uns sein, o Herr. Wir sind Beschenkte durch dich.

5. Dezember *Gott sprach zu Abraham: Ich will sie nicht verderben um der zehn willen.* 1. Mose 18,32

Das sollte man kaum für möglich halten: Zehn Leute genügen für eine Großstadt. 0,1 Promille! Gott hat Sodom und Gomorra nichts getan, solange Christen darin wohnten. So lebt mancher heute, nur weil es Christen gibt auf dieser Welt. So ist Gott gnädig einem ganzen Volk, nur weil es Christen gibt in diesem Volk. Christen bremsen den Untergang. Haben wir jemanden in der Familie, kennen wir jemanden in der Stadt von bewahrender Macht? In deren Gegenwart stockt man, weiterzumachen im bisherigen Kurs! In der Familie kennt man sich. Im Dorf auch noch. Aber in der Großstadt? Ja, auch in einer großen Stadt will Gott die zehn versammeln. Halten wir uns da auf, wo sie sich versammeln? Es gilt zusammenzuhalten, daß die Christen nicht versickern wie das Wasser in der Wüste.
Wir sind nicht die einzigen Christen in der Stadt. Kennen wir die andern? Denn andere leben davon, daß es »zehn« Christen gibt.
Sodom lebte davon.
Unsere Stadt auch. Gemeinde tut not.
O wohl dem Land, o wohl der Stadt, so diesen König bei sich hat! Wohl allen Herzen insgemein, da dieser König ziehet ein! Er ist die rechte Freudensonn, bringt mit sich lauter Freud und Wonn. Gelobet sei mein Gott, mein Tröster früh und spat. Georg Weißel

6. Dezember *Siehe, um Trost war mir sehr bange. Du aber hast dich meiner Seele herzlich angenommen, daß sie nicht verdürbe; denn du wirfst alle meine Sünden hinter dich zurück.* Jesaja 38,17

Du bist nicht recht bei Trost, sagen wir einem, der sich völlig verloren hat, der alle Maßstäbe verlor und keine Mitte des Lebens mehr kennt, hin und her geworfen wird, der völlig außer Rand und Band geraten ist. Wenn wir keinen Trost haben, dann sind wir einer Nußschale gleich auf den Wellen der See, einem Blatt im Herbstwind, gejagt und gehetzt, ohne Bleibe. Sind wir noch recht bei Trost? »Siehe, um Trost war mir sehr bange«, sagt Hiskia im Alten Testament und wendet sich an den, der Trost verschaffen kann. Trost, nicht Vertröstung! Vertröstung ist doch Betrug, Vertröstung ist Morphium, Vertröstung ist ein Mittel, um die Sache hinauszuziehen, aber nicht zu heilen. Trost aber heilt.
Sind wir angebundene Leute, oder sind wir flatterhaft und leichtsinnig? Sind wir unverläßlich oder ist auf uns Verlaß? Wem Gott die Sünde genommen hat, der ist eng an ihn gebunden. Getröstete Leute sind gebundene Leute, an ihn gebunden. Sie sind wieder verläßlich. Sind wir wieder recht bei Trost?
Was hast du unterlassen zu meinem Trost und Freud, da Leib und Seele saßen in ihrem größten Leid? Als mir das Reich genommen, da Fried und Freude lacht, da bist du, mein Heil, kommen und hast mich froh gemacht. Paul Gerhardt

7. Dezember *Aber du, Tochter Zion, freue dich sehr, und du, Tochter Jerusalem, jauchze! Siehe, dein König kommt zu dir, ein Gerechter und ein Helfer, arm.* Sacharja 9,9
Dieses Komma zwischen dem Wort »Helfer« und dem Wort »arm« kann keiner entbehren. So stark betont die Bibel, daß wir einen König haben, der arm ist. Nicht, der arm sein kann; nein, der arm ist. Seine Armut ist nicht eine angenommene Armut auf Zeit. Er war arm von Geburt an. Die Tatsache, im Stall beim Vieh geboren zu sein, sagt genug. Und im Laufe des Lebens hat es sich herausgestellt, daß er nicht wußte, wo er sein Haupt hinlegen sollte. Also Flüchtling war unser König. Das darf unser Trost sein. Wir werden morgen davon reden, daß es auch etwas anderes sein kann, aber heute sollen wir die Botschaft hören: Seine Armut bedeutet Trost. Freue dich!
Denn nun gibt es keinen Platz mehr auf der Erde, den er nicht füllt. Ausgerechnet in den Augenblicken, in denen wir meinen, vor lauter Armut, Krankheit und Vertriebenenschicksal nicht mehr an Gott glauben zu können, dürfen wir wissen: Das kennt unser König genau. Es gibt keinen Zustand unseres Lebens, den er in seiner Verlorenheit nicht ausgekostet hätte. Alles aber, was er ausgekostet hat, ist damit geheiligt und in den Bereich seiner Barmherzigkeit gezogen.
Sei mir willkommen, edler Gast! Du kommst ins Elend her zu mir: Wie soll ich immer danken dir? Martin Luther

8. Dezember *Aber du, Tochter Zion, freue dich sehr, und du, Tochter Jerusalem, jauchze! Siehe, dein König kommt zu dir, ein Gerechter und ein Helfer, arm.* Sacharja 9,9

Nicht nur Freude kann dieses Wort bringen, sondern auch eine schwere Anfechtung: Warum kam er denn arm? Warum hat Gott es nicht anders gemacht mit seinem Sohn und damit auch mit uns? Es wäre Gott doch ein leichtes gewesen, folgendes zu bestimmen: Mein Sohn wird nicht als Armer geboren, sondern im Königspalast von Jerusalem, und alle die, die meinem Namen trauen und sich als Christen bekennen, sollen vom Augenblick dieses Bekenntnisses an reich werden, kerngesund bleiben, von Erfolg zu Erfolg schreiten usw. Warum tat es Gott nicht so? Darum, weil wir uns um Gottes willen für Gott entscheiden sollen, nicht um unseretwillen. Denn wenn Gott unser Programm erfüllen wollte, würden wir doch praktisch uns suchen und nicht Gott.

Wir haben einen König, der arm ist. Wie hat Gott es doch richtig gemacht! Nun dürfen wir zu ihm kommen, damit Gott sein Programm an uns erfüllt. Welch ein Programm!

O Gott, du hast es doch richtig gemacht. Hilf uns, die Armut deines Sohnes zu lieben. Sie war der Weg zu uns, damit wir glauben.

9. Dezember *Aber du, Tochter Zion, freue dich sehr, und du, Tochter Jerusalem, jauchze! Siehe, dein König kommt zu dir, ein Gerechter und ein Helfer, arm, und reitet auf einem Esel und auf einem jungen Füllen der Eselin.* Sacharja 9,9

Daß Jesus Christus, unser König, als ein Gerechter kam, war nicht das Ergebnis einer Volksabstimmung. Die Gerechtigkeit dieses Königs besteht im Urteil Gottes über ihn, nicht im Urteil der Menschen. Die Menschen haben ihn nämlich als Ungerechten bezeichnet, weil er zum Beispiel die Zöllner und Sünder einlud. Die Gerechtigkeit des Jesus von Nazareth besteht darin, daß er das tat, was Gott will. Er ist der, der das Gesetz Gottes erfüllte. Bei ihm verging keine Minute des Lebens, in der er nicht mit dem Willen Gottes übereinstimmte. Ganz anders als bei uns.

Wir kümmern uns ja nur etliche Minuten am Tag oder in der Woche oder im Monat um Gott. Dieser Jesus von Nazareth lebte aber im dauernden Gehorsam des Sohnes zu seinem Vater. Alles, alles! — wirklich alles war ein dauerndes Handeln nach den Antworten des Vaters. Er ist gerecht für uns.

Woher man das weiß? Das nächste Wort in demselben Text sagt es schon: Er ist nicht nur ein Gerechter, sondern auch ein Helfer! Seine Gerechtigkeit meint uns. Er verschenkt sie, daß wir uns auf sie beziehen können. Das ist kaum auszudenken. Aber es ist wahr.

Nun sind wir gerecht geworden durch deine Gerechtigkeit. Wir freuen uns über deine Hilfe an uns.

10. Dezember *Aber du, Tochter Zion, freue dich sehr, und du, Tochter Jerusalem, jauchze! Siehe, dein König kommt zu dir, ein Gerechter und ein Helfer, arm, und reitet auf einem Esel und auf einem jungen Füllen der Eselin.* Sacharja 9,9

Ja, es stimmt! Er ist ein Gerechter und Helfer zugleich.

Jede Aussage über Gott ist immer zugleich eine Aussage über diese Tat, daß Gott seinen Sohn zu unserem Christus gemacht hat. Nur so war uns zu helfen, daß der Gerechte uns seine Gerechtigkeit schenkte und unsere Sünde dafür eintauschte. Darum ist der Gerechte zugleich unser Helfer.

Wer davon schweigt, redet von Gott nie. Höchstens wie etwa beim Jubiläum unseres Vaters der Bürgermeister reden würde: daß er in der Stadt Straßen gebaut und Siedlungen angelegt oder sich auch besondere Verdienste um den Botanischen Garten erworben habe. Die Kinder wissen von ihrem Vater mehr: daß der Vater sie geliebt hat! Aber davon schreiben die Zeitungen nicht. Das sei Privatsache, sagen sie. Die Stellung zu Jesus sei auch Privatsache — dabei ist diese Privatsache ein Weltereignis! Er ist ein Gerechter und ein Helfer. Und reden kann nur der davon, der sich helfen ließ. Der sagen kann: »Er ist mein Helfer!«

Das kann man! Kinder können mehr vom Vater sagen als andere ...

Ich rief zum Herrn in meiner Not: »Ach Gott, vernimm mein Schreien!« Da half mein Helfer mir vom Tod und ließ mir Trost gedeihen. Drum dank, ach Gott, drum dank ich dir! J. J. Schütz

11. Dezember *Aber du, Tochter Zion, freue dich sehr, und du, Tochter Jerusalem, jauchze! Siehe, dein König kommt zu dir, ein Gerechter und ein Helfer, arm, und reitet auf einem Esel und auf einem jungen Füllen der Eselin.* Sacharja 9,9

Wenn man einen Jungen fragt: »Hör mal, warum hältst du zu deinem Vater?«, so wird er uns verständnislos ansehen. Er wird nicht antworten: »Weil er mich ernährt, weil er mich kleidet, weil er dafür sorgt, daß ich nachts ein Bett habe.« Er wird höchstens sagen: »Er ist doch mein Vater. Er hat mich doch am liebsten.«

Wenn man uns also fragt, warum wir Christen sind, dann laßt uns keine Rechnung aufschreiben, inwiefern es sich lohne, Christ zu sein; denn die Gegenrechnung der anderen ist genausoviel wert: Es lohnt sich nämlich auch, in der Welt nicht als Christ herumzulaufen. Es ist mancher von zu Hause getürmt und hat in der Welt allerhand zuwege gebracht. Zu Hause normaler zu essen, sich anzuzie-

hen und erzogen zu werden, ist keine Begründung dafür, zu Hause zu bleiben. Warum bleiben wir beim Vater?
Darum, weil Gott uns liebt. Er hat uns tatsächlich lieb. Er stellt es unter Beweis: Er kommt als König, arm! Denn daß Jesus Christus auf die Erde kommt, arm und kümmerlich sich hier durch das Leben schlägt und schließlich am Galgen stirbt, ist der Beweis, daß Gott mit Kosten nicht gespart hat. Gott hat es sich sehr schwer mit uns gemacht.
Herr, hab Dank, daß deine Liebe bis in unsere tiefste Tiefe reicht!

12. Dezember *Siehe, ich komme und will bei dir wohnen, spricht der Herr.* Sacharja 2,14

Das ist ein Telegramm. Nach langem Warten eine plötzliche, unvermittelte Zusage. Etwas, auf das man gewartet, das man aber heimlich doch nicht für möglich gehalten hat: Siehe, ich komme! Jahrtausendelang hatte man zur Zeit des Alten Testaments gewartet und, wie es so ist, im letzten doch nicht damit gerechnet: Die Hirten gingen in volle Deckung und fürchteten sich sehr. Und in Bethlehem war alles besetzt. Es war also doch nicht vorgesehen, daß er komme, trotz der Ansage.
Uns erreicht dies Telegramm: »Siehe, ich komme!« Von Bethlehem aus ging der Weg durch alle Städte und Dörfer. Gott ist gekommen. Jesus ist geboren. Jesus will Wohnung bei uns machen. Haben wir seine Ankunft vorgesehen?
Wohnte er noch bei der Großmutter, aber nicht mehr bei uns?
Wohnte er noch bei unserem Vater, aber nicht mehr bei uns?
Was tun wir, daß er bei uns wohnen kann? Es ist ja so leicht. Es bedarf nur, daß wir ihm sagen: »Hier hast du jetzt etwas zu sagen. Wir hören!« Denn er will wohnen unter uns mit seinem Wort.
O Herr Jesus Christus, du sollst bei uns alles zu sagen haben. Wohne du unter uns. Du hast das Wort.

13. Dezember *So kehret euch nun zur Festung, ihr, die ihr auf Hoffnung gefangen liegt.* Sacharja 9,12

Wir sind also nicht hoffnungslos gefangen.
Wenn auch über uns Krankheit und Sünde und Not und Tod immer noch ihre Macht ausüben, so sind es doch Dinge, die an Termine gebunden sind.
Es handelt sich um Umstände, die tatsächlich nur noch passieren wie Donner nach einem Gewitter. Das Gewitter ist bereits vorüber. Wir sind auf Hoffnung gefangen.
Gott hat bereits beschlossen. Gott hat bereits gehandelt, wir sind kurz vor der Entlassung.

Wer meint, jetzt verzagt sein zu können, der traut Gott nicht zu, daß er das, was er gesagt hat, nun wirklich tut.
Auf Hoffnung gefangen!
Wir haben den Entlassungsschein in der Tasche! An der Barriere wird uns keiner festhalten. Wir gehen frei aus.
Noch manche Nacht wird fallen auf Menschenleid und -schuld. Doch wandert nun mit allen der Stern der Gotteshuld. Beglänzt von seinem Lichte hält euch kein Dunkel mehr. Von Gottes Angesichte kam euch die Rettung her. Jochen Klepper

14. Dezember *Wie das Feuer Silber und der Ofen Gold, also prüft der Herr die Herzen.* Sprüche 17,3
Es steht uns manches bevor! Die Adventszeit ist kein Glanzweg unter Kerzenschimmer. Obwohl das alles schön ist. Wir sollten dabei bleiben. Advent ist Examen! Eine Prüfung findet statt.
Alle Worte in der Bibel, die mit der Ankunft Jesu Christi und der Wiederkunft Jesu Christi zusammenhängen, zeigen dies deutlich an: die einen sehen, die andern bleiben blind; die einen werden angenommen, die andern fallen durch; die einen gehen in den Saal, die anderen bleiben draußen: Examen der Herzen!
Wie ist das nun? Werden wir bestehen? Haben wir genug »gelernt«? »Bereitet doch fein tüchtig«, singen wir heute. Es gibt also eine Examensvorbereitung. Die Vorbereitung besteht darin, daß wir genau herausbekommen, wonach Gott im Examen fragt. Gott fragt im Examen: Was hältst du von meinem Sohn? Und die Antwort kann nur lauten: Er ist mein Herr und Heiland und hat mich versöhnt.
Dann muß Christus also schon an uns gehandelt haben. Merken wir, wie aus der Vorbereitung zum Examen ein Vorbereitet-Werden wird? Er prüft, indem er an uns handelt: Er zieht das Silber aus den Schlacken mit köstlichem Ergebnis! Es ist der Silberring, das Zeichen der Kindschaft beim Vater.
Advent. Prüfung der Herzen. Er macht, daß wir bestehen. Wir sind hindurch.
O Gott und Herr, mach uns in dieser Adventszeit ernst und still. Hilf, daß wir uns auf das konzentrieren, was du von uns erwartest. Mein Herz ist bereit, Gott, mein Herz ist bereit.

15. Dezember *Selig ist, der sich nicht an mir ärgert.* Matthäus 11,6
Es ist doch wunderbar, daß Jesus so reagiert auf die, die sich an ihm ärgern. Wer an ihm Anstoß nimmt, wer ihm vorschreiben möchte, daß er anders handle, schneller handle, wer das Tempo jenes Satzes bestimmen möchte: »Herrscher, herrsche, Sieger, siege, König, brauch dein Regiment«, bekommt als Antwort eine lockende Seligpreisung.

Jesus Christus läßt sich nicht stören. Er läßt sich sogar durch Johannes nicht durcheinanderbringen. Auch nicht durch uns. Als Antwort auf diejenigen, die ihn drängen, hat er nicht das nervöse »Laß mich doch!« oder »Du kannst ja irgendwo anders hingehen«, sondern das umfangende »Selig bist du«. Das ist die positive Seelsorge Jesu. Hätte er nicht so seelsorgerlich an uns selber gehandelt, wären wir schon lange fortgegangen. Das ist die überwindende Seelsorge Jesu. Hätte Jesus anderes geantwortet, wären wir ihm schon lange treulos geworden. Aber diese Seligpreisung mitten im Ärger, dieses Zurücklocken im Augenblick, da wir weggehen wollen, dieses Angebot der ganzen Liebe im Augenblick, da wir uns gegen ihn wenden, überwindet uns und läßt uns bei ihm bleiben alle Tage. Denn er tut es.
... daß wir an ihm bleiben, dem treuen Heiland!

16. Dezember *Selig ist, der sich nicht an mir ärgert.* Matthäus 11,6

Es war doch auch ein Skandal! Wir alle hätten Partei gegen Jesus genommen. Johannes mußte doch in Zweifel geraten, ob Jesus wirklich der Erwartete war. Denn eigentlich hätte Jesus dafür sorgen müssen, daß Herodes erstickte und sein Weib, das an allem schuld war, an Gift einging. Statt dessen läßt Jesus seine Widersacher Feste feiern und tut nichts zur Befreiung seines Freundes und Jüngers Johannes. Ja, es war ein Skandal. Die eigentliche Bedeutung des Wortes »sich ärgern« in unserem Text heißt: Es ist ein Skandal. Bald werden wir singen: »Sehet doch da, wie so freundlich und nah Gott zu den Verlorenen sich kehret.« Werden wir begreifen, wie nah uns Gott ist, mitten in seiner ärgerlichen Art und Weise, uns zu begegnen? Denn die Krippe beim Vieh als Geburtsstätte ist doch ärgerlich. Ein Palast wäre kein Ärgernis gewesen. Aber wie durch die Vergiftung des Herodes keiner selig wird, so wird auch keiner durch die Geburt des Gottessohnes im Palast errettet. Gott erreicht uns nur durch seinen eigenen totalen Schaden. Darum die Krippe. Darum das Kreuz.

Wir sind total geschädigt und müssen total erlöst werden. Und nichts hat Gott sich gespart, um dieses zu tun.

Wenn ich dies Wunder fassen will, so steht mein Geist vor Ehrfurcht still; er betet an und er ermißt, daß Gottes Lieb unendlich ist.

Chr. F. Gellert

17. Dezember *Siehe, ich komme und will bei dir wohnen, spricht der Herr.* Sacharja 2,14b

In einer Woche ist Weihnachten! Gott will bei uns wohnen! Wohnt Gott in der Müllerstraße 7? Oder wohnt er nicht da? Wohnt Gott bei uns, oder wohnt er nicht bei uns? Man kann Weihnachten erkennen, ob Gott bei uns wohnt. Der gedeckte Tisch macht's nicht,

der Christbaum macht's nicht, die Kerzen auch nicht. Dies aber macht es: daß wir ihm, der an der Tür steht, sagen: »Herr, ich bin's nicht wert, daß du in mein Haus kommst, sprich nur ein Wort!« Und er spricht. Mit der aufgeschlagenen Bibel spricht er selbst. Wenn der Vater Lukas 2 vorliest, spricht er selbst. Wenn die Kinder ein Weihnachtslied vorsingen (. . . ich steh an deiner Krippe hier . . .), spricht er selbst. Wenn wir in der Christmette sind, spricht er selbst. Er spricht — und wohnt bei uns.
Gott will bestimmt! Unerklärlich, ausgerechnet bei uns? Ich kann es mir auch nicht erklären, wirklich, ich kann's mit meinen Sinnen nicht begreifen, daß er bei uns, bei uns wohnen will.
Komm, o mein Heiland, Jesu Christ, meins Herzens Tür dir offen ist. Ach zeuch mit deiner Gnade ein; dein Freundlichkeit auch uns erschein. Dein Heilger Geist uns führ und leit den Weg zur ewgen Seligkeit. Dem Namen dein, o Herr, sei ewig Preis und Ehr.

Georg Weißel

18. Dezember *Und es waren Hirten in derselben Gegend auf dem Felde bei den Hürden, die hüteten des Nachts ihre Herde.* Lukas 2,8
Das wissen wir, sie waren die ersten. Und die Kinder wissen es, darum stellen sie ja auch die Hirten an die Krippe, und Ochse und Esel sägen sie in diesen Tagen aus der Sperrholzplatte für Weihnachten. Wir stehen dann dabei. Es ist so traulich, wenn die Kerze rot hinter dem Seidenpapier flackert. Im Grunde aber stellen uns die Hirten eine ernste Frage: Ob wir wohl dabei gewesen wären? Pastoren gab es damals auch. Die waren nicht da. Fromme gab es damals in Mengen. Die waren auch nicht da. Man stelle sich vor, die hätten gerade Bibelstunde gehabt, die Pfarrer ihren Pfarrkonvent und die Männer ihre Männerstunde damals in der Nacht von Bethlehem. Wären sie an der Krippe gewesen? Sie waren nicht da! Schriftgelehrte, Pharisäer, Leviten und regelmäßige Synagogenbesucher: Sie waren nicht da. Nur Ochsen und Esel und Hirten mit Schafen. Das bleibt ein Skandal bis heute.
O Gott, laß uns diesmal richtig Weihnachten feiern. Laß uns an deiner Krippe stehen und dort anbeten die Macht deiner Liebe.

19. Dezember *Kommt her und kauft ohne Geld!* Jesaja 55,1
Die sogenannte »arme Weihnacht« (mit Erinnerungen aus schlimmer Zeit und mit Schilderungen aus neuer Zeit) ist ja doch ein Widerspruch in sich selbst.
Was haben wir aus Weihnachten gemacht? Weihnachten ist das Fest, bei dem Gott allein dran ist. Wir sind Weihnachten nicht dran. Gott allein handelt, nicht wir. Gott will was tun, nicht wir sollen

was tun. Gott will schenken, nicht wir sollen schenken. Gott schenkt reiche Weihnacht.
Langsam ist aber bei uns der Tisch so voll, daß Gott nichts mehr drauflegen kann.
Und wenn Gott nichts auf den Tisch legen kann, trifft uns das Wort: Kauft ohne Geld und umsonst! Macht eure Hände endlich leer, damit ich euch etwas hineinlegen kann: Freude und Friede.
Ja, man kann Angst kriegen darüber, daß wir ausgerechnet bei solchem Fest unter uns sein wollen, wo doch Gott kommen will. Daß wir einander beschenken, wo Gott schenken will. Daß wir die Tür zumachen, wo Gott gerade offene Türen haben will. Daß wir ein festes Programm unserer Familienfeiern haben und Gott nicht vorkommt. Kommt Gott bei uns vor? Er will was tun. Er!
Wir grüßen dich, Herr Jesu Christ, im Hause, da kein' Herberg ist. Wünscht jeder sich bei dir zu Gast im Stall, der deine Krippe faßt.

R. A. Schröder

20. Dezember *Und es waren Hirten in derselben Gegend auf dem Felde bei den Hürden, die hüteten des Nachts ihre Herde. Und siehe, des Herrn Engel trat zu ihnen, und die Klarheit des Herrn leuchtete um sie; und sie fürchteten sich sehr.* Lukas 2,8.9
Es wäre Gott ein leichtes gewesen, den Engel nicht aufs Feld zu den Hirten zu schicken, sondern alle Kirchenchristen von Jerusalem zu alarmieren. Aber Gott benachrichtigt nicht die zu Jerusalem, sondern nur Hirten auf dem Feld, die Schafe mitbringen, und Ochsen und Esel sehen dabei zu. Welch ein Gericht!
Schon im Alten Testament ist es erwähnt, daß ein Ochse wohl seinen Herrn kenne und ein Esel wohl die Krippe seines Herrn, aber Gottes Volk vernehme es nicht.
Nochmals: Werden wir an der Krippe sein, wenigstens diesmal? Sind wir endlich an der Krippe? Sind wir da, wo Gott Nachricht gibt? Wird sein Ruf: »Euch ist heute der Heiland geboren« uns treffen? Er geht über alle Sender, sicherlich. Millionen hören den Ruf. Geht er doch an unserem Ohr vorbei? Diesmal nicht! O Gott, diesmal bitte nicht!
Ich und mein Haus, wir wollen an deiner Krippe Weihnachten feiern. Mach du uns dazu bereit.

21. Dezember *Ein Ochse kennt seinen Herrn und ein Esel die Krippe seines Herrn; aber Israel kennt's nicht, und mein Volk vernimmt's nicht.* Jesaja 1,3
Ochsen und Esel schauen auf die Krippe, und die Kinder freuen sich daran. Wir meinen, das gehöre so zum Milieu des Stalles? Nein!

Sondern sie predigen! Sie sagen: »Wir laufen nicht in fremde Ställe. Wir kennen unseren Stall. Wir bleiben bei unserem Stall und unserem Herrn. Aber ihr Menschen? Ihr Menschen?«
Ja, wir laufen in fremde Ställe. Wir laufen zu fremden Herren. Jeder kann die Herren nennen und die Ställe aufzählen . . .
Wo ist unser Stall? Wo ist unser Herr? Wissen wir es genau? Oder ist unser Gedächtnis getrübt? Dann darf ich den Namen des Herrn noch einmal nennen und den Namen des Stalles noch einmal angeben: Der Herr heißt Jesus Christus, dem gehören wir. Der Name des Stalles lautet: Die Gemeinde, die Kirche. Da gehören wir hin.
Haben wir die fremden Ställe noch nicht satt? Haben wir die fremden Herren noch nicht satt? Ein Schrei genügt, und der rechte Herr holt uns zurück.
Wir gehören doch jemandem. Wir müssen genau wissen: Ihm!
Ich aber, dein geringster Knecht, ich sag es frei und mein es recht: Ich liebe dich, doch nicht so viel, als ich dich gerne lieben will.

Paul Gerhardt

22. Dezember *Du Bethlehem Ephratha, die du klein bist unter den Städten in Juda, aus dir soll mir der kommen, der in Israel Herr sei.*

Micha 5,1

Ach, dies Bethlehem! Wenn Joseph doch einen Abstecher nach Jerusalem hätte machen können.
Nun aber ist Jesu Geburt in Bethlehem passiert, in Bethlehem Ephratha, diesem kleinen Dorf, völlig abgelegen, völlig unbedeutend, höchst überflüssig, namenlos langweilig. — Ja, Joseph ist der erste, der sich mit dem Kreuz Jesu auseinandersetzen muß: Nicht Jesus von Jerusalem! Nicht Jesus im Palast! Nicht Jesus, der Sozialreformer! Nicht Jesus, der Volksführer! Nicht Jesus, der Weltbeglücker! — Nach Bethlehem ziehen die beiden. Weil Gott jetzt alles tun wollte. Nicht der Mensch sollte etwas tun. Jerusalem sollte keinen Namen abgeben. Das Bild allein tut's, ohne Rahmen. Der Mensch ist unbeteiligt am Bilde Gottes. Die ganze Erlösung wird durch Gott vollbracht. Er allein schafft's. Wir sind nur die Bedienten, nicht die Diener, nur die Erlösten, nicht die Erlöser, nur die Befreiten, nicht die Befreier. Darum mußte Jesus in Bethlehem geboren werden. Und wir singen es laut, wie es die Propheten Jahrtausende vorher schon gerufen haben, um Gottes Lob zu singen. Gottes Lob! — *Das hat er alles uns getan, sein groß Lieb zu zeigen an. Des freu sich alle Christenheit und dank ihm des in Ewigkeit.* Martin Luther

23. Dezember *Das Wort ward Fleisch und wohnte unter uns, und wir sahen seine Herrlichkeit, eine Herrlichkeit als des eingeborenen Sohnes vom Vater, voller Gnade und Wahrheit.* Johannes 1,14

Nicht über uns, nicht irgendwo. Nicht da, wo die Menschen ihn gern hätten, draußen vor der Tür, damit er nicht störe. Wenn es jetzt auf Weihnachten zugeht, muß man das wissen. Es geht um die Tatsache, daß Gottes Sohn bei uns Wohnung nahm. Wenn wir uns also in diesen Tagen mit Geschenken und Lametta, mit Paketen und Überraschungen auf Weihnachten einstellen, hat das immer mit Jesus etwas zu tun, oder wir haben Weihnachten unser Zimmer so zugebaut, daß wir ihn verdrängt haben. Viele wollen ihn verdrängen. Aber Jesus hat keinen Raum ausgespart, keinen Raum des Elends und keinen Raum des Betriebes, des Reichtums oder der Armut, der Gesundheit oder der Krankheit, der Frömmigkeit oder der Sünde, auch kein Weihnachtszimmer.
Denn Weihnachten ist der schlagende Beweis, daß Gott Ernst macht damit, daß er uns meint. Gott holt uns ab, wo wir sind.
Wenn Gott solchen weiten Weg gemacht hat, um uns zu erreichen, sollen wir uns erreichen lassen, daß wir seine Herrlichkeit sehen. Er kommt direkt vom Vater.
Sei mir willkommen, edler Gast! Den Sünder nicht verschmähet hast und kommst ins Elend her zu mir. Wie soll ich immer danken dir?

Martin Luther

24. Dezember *Euch ist heute der Heiland geboren.* Lukas 2,11

Nun hören wir die frohe Botschaft des Heiligen Abends in einem einzigen Satz. Uns ist heute der Heiland geboren.
Uns, wo wir auch wohnen. Uns, wie wir auch feiern.
Ob im Familienkreis oder auf der Reise, ob einsam oder gemeinsam, ob auf Schicht beim Zugpersonal oder im Dienst beim Telegrafenamt, ob im Haus der Trauer oder der Etage voller Freude, ob gesund oder im Krankenhaus, ob im Krieg oder im noch aufgeschobenen Krieg, ob mit eigenem Christbaum oder mit Gemeinschaftschristbaum in der Kantine, ob im Flüchtlingslager oder im eigenen Zimmer, ob einer noch in Gefangenschaft oder gerade auf unabsehbare Zeit verhaftet ist — uns ist heute der Heiland geboren!
Warum wir uns das heute so genau aufzählen? Weil keiner, keiner sagen darf, ihm sei der Heiland nicht geboren. Er darf es nicht sagen. Er kann es nicht mehr!
Denn so hat Gott die Welt geliebt und alle, die in ihr wohnen, daß er seinen eingeborenen Sohn gab. Darum darf sich heute jeder den Hirten, denen diese Botschaft als ersten galt, anschließen und die Geschichte sehen, die da geschehen ist.
Sie ist geschehen! Für dich und mich und die, an die wir heute abend denken.
Sehet doch da, wie Gott so freundlich und nah zu uns Verlorenen sich kehret.

25. Dezember *Und über die da wohnen im finstern Lande, scheint es hell.* Jesaja 9,1

Es war nicht nur ein Kerzenschein. So andächtig wir auch Weihnachten in die Kerzen blicken und so sehr wir uns auch freuen, wenn wir den Kleinsten auf den Arm nehmen und er mit seinen täppischen Händen nach den Kerzen greift. Nein, es war nicht eine Kerze. Vor Kerzen erschrickt man nicht. Es war eine Helligkeit mitten in der Finsternis, die diejenigen, die von diesem Licht angestrahlt wurden, ins Erschrecken brachte.

Denn Weihnachten ist eine ernste Sache. Und nur, wer Weihnachten von der ernsten Seite sieht, daß Gottes Licht auf diese Welt gekommen ist, in die Finsternis strahlt und entdeckt und verzehrt, was nicht in sein Licht paßt, kann sich an Weihnachten freuen.

Gott will Licht in der Finsternis schenken.

Es tut uns not. Wer das nicht weiß, lebt schon wie die Asseln in der Dunkelheit, weiß, kalt und nur noch zum Zertreten da, wenn der Tod kommt.

Gott aber will uns nicht zu Asseln haben. Sein Licht scheint in die Finsternis. Gott schafft Leben, Frieden und Freude. Endlich!

Sehet, was hat Gott gegeben: Seinen Sohn zum ewgen Leben. Dieser kann und will uns heben aus dem Leid ins Himmels Freud.

Paul Gerhardt

26. Dezember *Es ist in keinem andern Heil!* Apostelgeschichte 4,12

Unmittelbar nach Weihnachten!

In keinem andern Heil! Sucht das Heil nicht an andern Krippen! Unmittelbar nach Weihnachten wird in der Kirche von Stephanus gepredigt, der darum in den Tod ging, weil er in keinem anderen das Heil suchen wollte.

»Wie kann man auch nur so stur sein!« sagen die Gefängniswärter und stehen achselzuckend an der Zellentür der Apostel. »Ihr intoleranten Christen mit eurem Absolutheitsanspruch!« sagen die Gebildeten und lassen uns wie arme Irre laufen. »Mit solcher Parole wollt ihr uns beseitigen!« verdächtigen uns die Politiker und wollen die Kirche organisatorisch verkümmern lassen. »Warum denn auch wieder so einseitig?« raunt der Versucher und bietet mehrere Heilswege an: Sowohl Jesus als auch das Gesetz als auch Plato als auch die Kunst. Sowohl — als auch. Die Bibel sagt: Entweder — oder. Was hätte sich die Gemeinde durch Jahrtausende hindurch an Blut und Tränen erspart, wenn sie statt des »Entweder-Oder« den faulen Frieden des »Sowohl-Als-auch« gemacht hätte. Sicherlich — aber den Herrn hätte sie verloren. Das Heil hätte sie verloren und Unheil geerntet. Des sind wir alle Zeugen, seit Stephanus.

Den aller Welt Kreis nie beschloß, der liegt in Marien Schoß, er ist ein Kindlein worden klein, der alle Ding erhält allein. Martin Luther

27. Dezember *Wer zu mir kommt, den werde ich nicht hinausstoßen.*
Johannes 6,37

Wenn man von den Mächtigen dieser Erde empfangen wird, entdeckt man ihre für alle typische Innenarchitektur der Empfangsräume. Der Weg von der Tür zum Schreibtisch ist weit. Lautlos geht man über Teppiche, bis man endlich am Schreibtisch steht, dem Mächtigen gegenüber. Die Knie sind einem inzwischen weich geworden. Man hat bis dahin alles vergessen, was man sagen wollte. Genau dies ist der Zweck solcher Innenarchitektur.
So benehmen sich Menschen unter sich: Sie schaffen Distanz. — Gott hat alle Distanz unterbrochen, er hat sie überwunden. Weihnachten war lauter Einladung! Wer zu mir kommt, den werde ich nicht hinausstoßen. Gott hat es uns leicht gemacht, wir brauchen keine weichen Knie zu bekommen. Wenn wir schon wagen, die aufzusuchen in der Welt, die zwischen sich und uns Distanz schaffen, warum wagen wir uns so selten an den Herrn heran, der alle Distanz nahm? Weihnachten war der Termin Gottes.
Ganz nahe war er uns. Er wohnte unter uns.
Wir suchen dich nicht. Wir finden dich nicht. Du suchst und du findest uns, ewiges Licht. Wir lieben dich wenig, wir dienen dir schlecht. Du liebst und du dienst uns, ewiger Knecht. Albrecht Goes

28. Dezember *Weil du so wert bist vor meinen Augen geachtet, mußt du auch herrlich sein.* Jesaja 43,4

Wir sind nicht Muster ohne Wert. Wir sind wertvolle Menschen. Nicht weil wir schön wären und sympathisch, weil wir Charme hätten, sondern weil Gott uns wertvoll gemacht hat.
Wir sind bezahlte Leute.
Gottes Sohn war der Preis. Weihnachten hat er uns aufgelesen, wo wir uns verirrt haben. Nicht weil wir wertvoll waren, nochmals sei es gesagt, sondern weil er uns wert machen wollte.
Dann brauchen wir keine Komplexe zu haben über unser Unvermögen, auch nicht über unser Altwerden. Dann braucht sich keiner zu quälen darüber, daß er, wenn er auch augenblicklich in der Hochsaison seines Lebens wertvoll zu sein scheint, dann in der Spätsaison seines Lebens wertlos an den Rand gesetzt wird, weil Jüngere kommen mit ihrer Hochsaison. Nein, es braucht sich keiner daran zu quälen und keiner in Angst davor zu leben; selbst nicht, wenn er grausig verändert unter der Erde liegt. Dies wird nämlich keinem erspart.
Denn weil wir einen bezahlten Wert darstellen (Gottes Sohn war teuer genug), haben wir ewigen Wert. Keine Inflation, kein Rost und keine Motten können uns was anhaben. Eine herrliche Aussicht. Man sollte vor Jahresende ernst darüber nachdenken.

Sollt uns Gott nun können hassen, der uns gibt, was er liebt über alle Maßen? Gott gibt, unserm Leid zu wehren, seinen Sohn aus dem Thron seiner Macht und Ehren. Paul Gerhardt

29. Dezember *Ich werde nicht sterben, sondern leben und des Herrn Werke verkündigen.* Psalm 118,17

Wenn das dabei herauskäme! Heil geblieben im langsam zu Ende gehenden Jahr, behütet beim Verkehrsunfall, übriggeblieben auch vom Krieg, herausgerettet aus einer Epidemie, die Krankheitskrisen überstanden: mit einem neuen Programm! Nicht sterben zu brauchen, sondern des Herrn Werke verkündigen zu dürfen.

Das meint Gott, wenn er uns leben läßt, daß wir endlich den Punkt in unserem Lebensprogramm wahrnehmen, auf den Gott uns von Anfang an hat hinweisen wollen: Zu verkündigen die Werke des Herrn. Man braucht da nicht Theologie zu studieren, um zu verkündigen. Wer Autofahrer ist, soll weiter Auto fahren, und wer auf dem Büro ist, soll weiter im Büro bleiben, und wer in der Fabrik arbeitet, soll weiter dort arbeiten. Aber anders. Sein Autofahren, sein Stenographieren und sein Arbeiten darf er verstehen als ein dankbares Verkündigen der Werke des Herrn.

Leute, die Gott dankbar sind, arbeiten anders als Leute, die nichts zu danken haben.

Wenn wir die Tat Gottes an uns bedenken, werden wir ein Leben lang nicht zu Ende kommen, sie zu verkündigen.

Es ist ein unerschöpfliches Thema.

O Gott, du hast Großes an uns getan. Auch dies Jahr. Hilf, daß unser Leben kundmacht, was du an der Welt getan hast.

30. Dezember *Die Augen des Herrn, deines Gottes, sehen immerdar auf dies Land von Anfang des Jahres bis ans Ende.* 5. Mose 11,12

Noch zwei Tage im alten Jahr. Gottes Augen sahen auf uns die 363 Tage. Auch heute. Auch morgen. Auch im kommenden Jahr, von Anfang bis Ende. Weil das so ist, sind wir frei gemacht von aller Nervosität im Blick auf alles, was kam, und auch im Blick auf das, was kommt. Also auch im Blick auf unsere letzte Stunde, die ja auch noch kommt. Schämen wir uns, dieser Stunde zu gedenken? Haben wir Angst? Die Augen des Herrn sehen auch auf uns in solcher Stunde. Das ist ganz bestimmt. Darum sollen wir nicht ängstlich an die letzte Stunde unseres Lebens denken. Wir brauchen nicht aus Angst vor dem Tode ein ganzes Leben lang Knechte zu sein. Wir sollen aber auch nicht in gottloser Selbstverständlichkeit den Tod hinnehmen, wie unsre scheinbar so tapfre Generation es sich

angewöhnt hat: »Ihn hat's erwischt. Morgen mich. Wir kratzen ja alle ab.« Christen erwischt es nicht. Christen kratzen nicht ab.
Anfang und Ende des Jahres, Anfang und Ende des Lebens: Alles unter Gottes Augen. Gott ist höchst interessiert an unserem Leben, auch an seiner Dauer. Gott selbst ruft ab. Unter seinen Augen geschieht unsre letzte Stunde. Und eine Ewigkeit in seiner Umgebung wartet auf uns. Alles unter Gottes Augen!
Darum singen wir es sehr getröstet:
Ein Tag der sagt dem andern, mein Leben sei ein Wandern zur großen Ewigkeit. O Ewigkeit, so schöne, mein Herz an dich gewöhne. Mein Heim ist nicht in dieser Zeit. Gerhard Tersteegen

31. Dezember *Kommt wieder, Menschenkinder!* Psalm 90,3

Die Reise durch das alte Jahr ist zu Ende.
Wer auf die Reise geht, bekommt als letzten Gruß mit auf den Weg: Komm wieder, komm wieder! Wir haben diesen letzten Gruß auf der langen Wegfahrt nicht vergessen. Und es ist gut, daß wir am Ende wieder daran denken dürfen, daß wir wiederkommen können. Am Silvesterabend denken wir gern an diesen Vers aus dem 90. Psalm. Dieser Psalm wird heute in der Kirche gelesen, und in vielen Familien liest ihn der Vater allen vor. Auch wir sollten heute die Bibel aufschlagen und diesen Vers unterstreichen: Wer wiederkommt, wird etwas zu erzählen haben. Wenn Gott uns sagt: »Kommt wieder!«, werden wir berichten, was wir erlebten. Denn wir werden etwas sagen müssen, wenn wir ankommen. Kein Heimkehrer blieb zu Hause stumm.
Heimkehrer dürfen wir sein. Wir dürfen etwas sagen, wenn wir wiederkommen. Und wer heute das Rechte sagt, der weiß auch das Richtige zu sagen, wenn er endgültig heimgeht. Wir dürfen alle heim. Denn Gott hat ja gesagt: »Kommt wieder, Menschenkinder!«
Hab Lob und Ehr, hab Preis und Dank für die bisher'ge Treue, die du, o Gott, mir lebenslang bewiesen täglich neue. In mein Gedächtnis schreib ich an: Der Herr hat Großes mir getan, bis hierher mir geholfen. — Hilf fernerweit, mein treuster Hort, hilf mir zu allen Stunden. Hilf mir an all und jedem Ort, hilf mir durch Jesu Wunden; damit ich sag bis in den Tod: Durch Christi Blut hilft mir mein Gott; er hilft, wie er geholfen. Juliane Gräfin von Schwarzburg-Rudolstadt

Verzeichnis der Schriftstellen

1. Mose

1,27 . . . 8. Sept.
2,18 . . . 6. Juli
3,8 . . . 7. März
3,12 . . . 13. Mai
4,9 . . . 13. Juli
16. Nov.
12,2 . . . 20. Febr.
27. Sept.
13,9 . . . 18. Okt.
18,26 . . . 8. Febr.
18,32 . . . 5. Dez.
32,31 . . . 14. Jan.
50,19 . . . 29. Juli

2. Mose

3,11 . . . 24. Sept.
3,11.12a . 19. Juni
15,6 . . . 18. Mai
19,4 . . . 15. Nov.
20,10 . . . 1. Febr.
32,26 . . . 23. Febr.

4. Mose

14,9 . . . 7. Nov.

5. Mose

6,20.21 . 12. Sept.
8,4 . . . 21. Okt.
11,8 . . . 25. Sept.
11,12 . . . 30. Dez.

Josua

24,15 . . . 25. Juni
24,19 . . . 18. Nov.

1. Samuel

3,10 . . . 3. Juli
18,28.29 . 8. Juni
20,23 . . . 30. Mai
23,16 . . . 7. Juni

1. Könige

8,66 . . . 28. April
12,28 . . . 15. Okt.
19,7 . . . 10. Juni
19,8 . . . 11. Juni

2. Könige

20,5 . . . 20. Aug.

Hiob

16,2 . . . 9. Juni

Psalm

1,1 . . . 8. Juli
4,6 . . . 9. April
5,4 . . . 23. Aug.
23,1 . . . 11. Okt.
24,3 . . . 11. Febr.
27,8 . . . 21. Febr.
31,16 . . . 2. Jan.
28. Aug.
32,5 . . . 23. Nov.
33,3 . . . 8. Mai
34,9 . . . 7. April
39,13 . . . 12. Febr.
48,13 . . . 9. Okt.
50,15 . . . 28. Juli
14. Nov.
51,12 . . . 12. Mai
11. Juli
55,23 . . . 20. Juni
57,8 . . . 12. Juni
66,20 . . . 7. Aug.
69,7 . . . 4. März
77,14a . . 9. Jan.
17. Nov.
78,72 . . . 15. Mai
84,4 . . . 13. Jan.
17. Mai
84,5 . . . 4. Aug.
84,7a . . . 6. Mai
84,7b . . . 11. Aug.
90,3 . . . 31. Dez.
90,9 . . . 8. Nov.
90,16 . . . 23. Juni
91,7 . . . 22. Jan.
91,14 . . . 24. Nov.
94,11 . . . 3. Dez.
101,6 . . . 16. Aug.
103,13 . . . 4. Juli
107,7 . . . 19. Aug.
107,14 . . . 17. April
112,1 . . . 6. Aug.
118,15 . . . 10. April
118,17 . . . 29. Dez.
118,25 . . . 1. Jan.
119,11 . . . 29. Sept.
119,50 . . . 22. Aug.
127,3 . . . 29. Aug.
138,3 . . . 31. Jan.
139,3 . . . 16. Sept.
139,7.8 . . 27. Aug.
145,15 . . . 1. Okt.

Sprüche

11,25 . . . 5. Jan.
29. Okt.

13,7 . . . 8. Aug.
17,3 . . . 14. Dez.
23,26 . . . 28. Sept.

Jesaja

1,3 . . . 21. Dez.
8,18 . . . 27. Juni
9,1 . . . 25. Dez.
26,13 . . . 29. April
37,14 . . . 17. Jan.
38,17 . . . 19. März
22. Juni
6. Dez.
40,3 . . . 1. Dez.
40,21 . . . 9. Sept.
43,1 . . . 12. Juli
43,4 . . . 28. Dez.
43,25 . . . 30. Okt.
43,26 . . . 12. März
44,6 . . . 21. Jan.
45,4 . . . 10. Aug.
45,11 . . . 24. Jan.
46,4 . . . 12. Aug.
49,15 . . . 27. April
49,16 . . . 26. Nov.
55,1 . . . 18. März
19. Dez.
56,8 . . . 6. Febr.
58,11 . . . 21. Aug.
59,1 . . . 21. März

Jeremia

1,9 . . . 8. Jan.
2,35 . . . 9. Juli
12,13 . . . 14. Febr.
15,16 . . . 5. Febr.
17,14 . . . 27. Jan.
5. Juli
23,29 . . . 1. Aug.
29,11 . . . 13. Aug.
29,13.14 . 4. Mai
26. Sept.
29,32 . . . 5. Aug.
31,3 . . . 16. Okt.
31,18 . . . 22. Febr.
31,20 . . . 10. März
14. Aug.

Klagelieder Jeremias

2,14 . . . 4. Sept.
4,16 . . . 5. Sept.

Hesekiel

13,5 . . . 3. März
13,16 . . . 15. März

16,22 . . . 3. Sept.
18,22 . . . 19. Okt.
20,44 . . . 9. Mai
25. Okt.
22,30 . . . 22. März
33,33 . . . 7. Okt.
36,20 . . . 7. Mai
36,26 . . . 31. Mai

Daniel

9,8 . . . 17. März
9,18 . . . 13. März

Hosea

11,4 . . . 19. Febr.

Amos

7,12.13 . 10. Juli

Michia

1,2 . . . 1. Mai
12. Okt.
5,1 . . . 22. Dez.

Zephanja

3,17a . . 30. Jan.
7. Juli

Sacharja

2,12 . . . 25. Mai
2,14 . . . 12. Dez.
2,14b . . 17. Dez.
3,2 . . . 20. März
10. Sept.
9,9 . . . 7. Dez.
bis 11. Dez.
9,12 . . . 13. Dez.

Maleachi

3,20 . . . 22. Mai

Jesus Sirach

9,14 . . . 1. Sept.

Matthäus

3,2 . . . 24. Juni
5,45 . . . 30. Juli
7,9 . . . 17. Okt.
7,11 . . . 4. Febr.
8,23 . . . 22. Okt.
8,36 . . . 4. Nov.
9,37.38 . 16. Mai
13. Okt.
10,32 . . . 25. Jan.
26. März
11,6 . . . 15. Dez.
16. Dez.
11,28 . . . 28. März
16,21 . . . 5. März
16,22 . . . 6. März
18,11 . . . 11. März
2. Sept.
18,15 . . . 13. Febr.
18,21 . . . 15. Sept.
19,14 . . . 3. Febr.
24. Okt.
19,20 . . . 15. Febr.
20,6 . . . 2. Aug.
20,25 . . . 23. Okt.
22,11 . . . 19. Sept.
22,21 . . . 7. Sept.
23,8 . . . 2. Juli
24,24 . . . 29. Jan.
24,42 . . . 27. Nov.
26,1.2 . . 29. März
26,5 . . . 4. April
5. April
26,8 . . . 3. April
26,11 . . . 16. März
26,15 . . . 31. März
26,16 . . . 1. April
27,21 . . . 6. April
27,46 . . . 8. April
28,20 . . . 23. April
20. Sept.

Markus

10,7 . . . 17. Juni
12,42 . . . 3. Okt.
14,8 . . . 30. Juni
16,4 . . . 13. April

Lukas

1,51 . . . 4. Okt.
2,8 . . . 18. Dez.
2,8.9 . . . 20. Dez.
2,11 . . . 24. Dez.
4,21 . . . 3. Jan.
5,5 . . . 10. Febr.
2. Nov.
6,46 . . . 7. Jan.
9,23 . . . 23. Jan.
8. Okt.
9,41 . . . 20. Okt.
10,16 . . . 1. März
26. Mai
10,29 . . . 28. Mai
10,42 . . . 3. Aug.
12,20 . . . 20. Nov.
12,36 . . . 25. Nov.
2. Dez.
15,9 . . . 26. Febr.
15,13 . . . 15. Juli
15,28 . . . 26. Juli
16,9 . . . 5. Mai
18,34 . . . 30. März
22,61 . . . 24. März
22,62 . . . 25. März
24,29 . . . 15. Jan.
24,36 . . . 18. April

Johannes

1,14 . . . 23. Dez.
2,2 . . . 22. April
3,2 . . . 16. Jan.
5,39 . . . 6. Nov.
6,37 . . . 27. Dez.
6,54 . . . 28. März
7,37 . . . 27. März
8,34.36 . 30. Aug.
11,4 . . . 9. Febr.
13,5 . . . 23. März
13,12 . . . 2. April
14,1 . . . 2. März
14,6 . . . 26. Juni
14,27 . . . 11. Sept.
15,16 . . . 2. Febr.
24. April
16,14 . . . 4. Juni
16,27 . . . 18. Juni
26. Okt.
20,15 . . . 14. April

Apostelgeschichte

1,8 . . . 11. Jan.
2,1–2 . . 24. Mai
2,9–11 . . 29. Mai
3,6.8 . . 22. Sept.
4,12 . . . 26. Dez.
4,29 . . . 20. Jan.
21. April
14. Juni
15. Aug.
10. Nov.
8,30 . . . 7. Febr.
16,25 . . . 18. Febr.
13. Nov.

Römer

1,7 . . . 12. Jan.
3,28 . . . 31. Okt.
6,5 . . . 20. April
8,32 . . . 4. Dez.
9,16 . . . 9. Aug.
12,12 . . . 27. Febr.
11. Nov.
13,12 . . . 21. Sept.
15,7 . . . 21. Juni

1. Korinther

1,18 . . . 23. Mai
3,11 . . . 13. Juni

10,21 . . . 28. Febr.
31. Aug.
12,3 . . . 2. Juni
13,12 . . . 16. Febr.
15,20 . . . 16. April
15,57 . . . 11. April

2. Korinther

5,14 . . . 27. Okt.
12,9 . . . 10. Mai
12,10 . . . 17. Febr.

Galater

3,2 . . . 1. Juni
6,9 . . . 19. Jan.
3. Mai

Epheser

1,11.12 . 16. Juni
14. Okt.
2,14 . . . 1. Juli
30. Sept.
5,20 . . . 25. Aug.
6,10 . . . 3. Nov.
6,18 . . . 14. Juli

Philipper

2,1.2 . . 3. Juni
2,9 . . . 19. Mai
20. Mai
2,10 . . . 21. Mai
27. Mai
2,14 . . . 5. Okt.
2,15 . . . 17. Sept.
18. Sept.

2,21 . . . 27. Juli
3,7 . . . 28. Jan.
3,12 . . . 23. Sept.
3,14 . . . 15. Juni
4,4 . . . 25. Febr.
4,6 . . . 9. März
31. Juli
4,13 . . . 29. Juni
6. Okt.
12. Nov.

Kolosser

1,20b . . 14. Sept.
2,3 . . . 30. April
2,18 . . . 26. Aug.
3,1 . . . 15. April
19. April
3,10 . . . 14. Mai

1. Thessalonicher

5,17 . . . 2 .Okt.
5,25 . . . 18. Jan.

2. Thessalonicher

2.14 . . . 8. März
5. Nov.

1. Timotheus

1,5 . . . 13. Sept.

2. Timotheus

1,10 . . . 12. April
1,12 . . . 9. Nov.
2,19 . . . 6. Sept.

1. Petrus

1,13 . . . 18. Aug.
1,18 . . . 29. Febr.

1. Johannes

1,7 . . . 6. Jan.
3,1 . . . 14. März
24. Aug.
3,3 . . . 21. Nov.
4,1a . . . 5. Juni
6. Juni
4,16 . . . 1. Nov.

Hebräer

10,25 . . . 26. April
10,35 . . . 24. Febr.
12,2 . . . 4. Jan.
12,15 . . . 26. Jan.
19. Nov.
13,9 . . . 17. Aug.

Offenbarung

1,1 . . . 2. Mai
1,6 . . . 25. April
2,13 . . . 10. Okt.
2,16 . . . 22. Nov.
3,11 . . . 28. Juni
3,15 . . . 11. Mai
21,4 . . . 30. Nov.
21,5 . . . 10. Jan.
22,20 . . . 28. Nov.
29. Nov.

Ordnung nach dem Kirchenjahr

1. Advent	1. Dezember
Weihnachten	24.—27. Dezember
Epiphanias	6. Januar
Gründonnerstag	7. April
Karfreitag	8. April
Ostern	10.—11. April
Himmelfahrt	19. Mai
Pfingsten	29.—31. Mai
Erntedanktag	1. Oktober
Reformationsfest	31. Oktober
Buß- und Bettag	22. November
Totensonntag	26. November